INTRODUCTION TO AMERICAN LAW

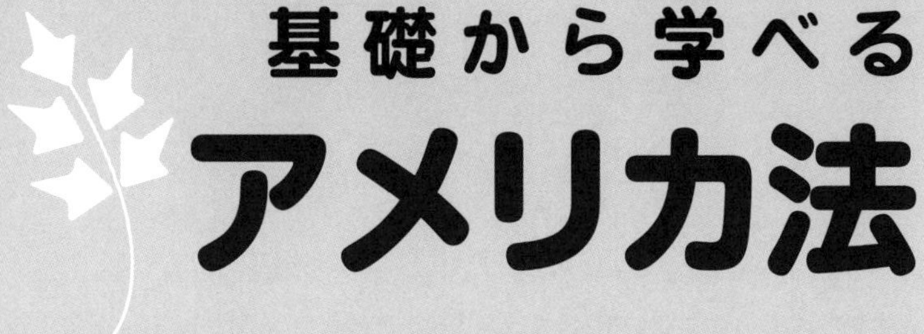

基礎から学べる アメリカ法

岩田太＋会沢恒＋髙橋脩一＋板持研吾  著

Futoshi Iwata＋Hisashi Aizawa＋
Shuichi Takahashi＋Kengo Itamochi

弘文堂

はしがき

本書は、「基礎から学べるシリーズ」の第4弾である。これまでに刊行されたのは、日本の特定の法分野を対象としたものであったが、本書はアメリカ合衆国全体の法を対象としているので、扱う分野が必然的に広範囲にわたっている。アメリカ法については、すでに優れた研究書や入門書が数多く刊行されている。そこで本書では、従来の入門書で取り上げられることの少ない、物権法・財産法、信託法、会社法や刑事法をも含めることにした。日本法との大きな違いや独特の歴史的な背景があり、特に初学者にとっては、なかなか理解することが難しいかもしれないが、初学者向けになるべくわかりやすい記述にするよう心掛けた。対象読者としては、大学ではじめてアメリカ法に触れる学部生のみならず、社会に出てからアメリカ法を学ぶ必要に迫られたビジネス・パーソンを想定している。網羅性を追求するよりも、それぞれの執筆者がアメリカ法で面白いと感じる部分、日本法との違いが際立つ部分にスポットを当て、読者が興味を持てるように努めた。

本書の構成について、概略だけを説明しておく。大きくいって、裁判の制度的枠組み、民事法、憲法、刑事法という4つのパートからなっている。最初の裁判制度の枠組みに関する部分では、第1章で連邦と州という2つの主体における裁判の制度的枠組みについて取り上げる。第2章では、第1章で説明した裁判を実際に運用する法の担い手である法曹について、第3章では、ビジネスの場面でもより関連の深い民事訴訟の手続の特徴について説明する。

次に、民事実体法分野に関する章が続く。第4章では、ビジネスと密接であり、また紛争を予防するためにもプランニングを重視するアメリカ法の特徴がよく表れている契約法について概説する。第5章と第6章では、日本の所有権絶対原則とは異なり、中世以来の影響が残り、財産の利用を内容面のみならず、時間軸にも柔軟に分割することを許し、複雑な様相をもつ物権法・財産法、さらに遺言の代わりとしても用いられる信託をめぐる法について扱う。初学者にはやや難解かもしれないが、本書の特色の1つでもあり、ぜひ学んでほしい。

さらに、ビジネスにおいて重要な会社法についても2章にわたって概説する。第7章では会社の組織と役員の行動に対する規律などについて、第8章では、現代においてより重要となっている、投資家保護など資本市場と関係する規制について取り上げる。

その次のパートでは、憲法について、歴史、統治機構、人権という3つの観点から論じる。第9章では、イギリスからの独立戦争と連邦憲法の成立、南北戦争以降の連邦政府の役割の拡大について説明する。第10章では、メディアに登場するアメリカの政治の理解にも重要な統治の枠組みについて、議会、大統領、司法といった主要なセクションについて概説する。第11章では、奴隷制の歴史を持つアメリカにとって必須の人種差別規制など、アメリカ社会の特徴が表れる人権問題を取り上げる。

最後のパートでは、これも従来のアメリカ法の入門書ではほとんど触れられることのない刑事法を扱う。第12章では、殺人罪や企業活動において無視できないホワイト・カラー・クライム、陪審審理を受ける権利などについて解説する。第13章では、第12章の刑事実体法・手続法の理解をより深めるために、刑事法の歴史についてその特徴を概観する。

以上に加えて、最終章では、アメリカ法をさらに学びたい読者のために、連邦最高裁の判決、法令などの文献検索の方法、アメリカ法に関するエンターテイメント、基本書などについてまとめている。

本書の構想は、2年ほど前に樋口範雄教授（現・武蔵野大学教授）を通じてお話をいただいたことから始まった。その間、樋口教授には検討会議をはじめとする執筆の工程にずっとお付き合いいただき、数えきれない様々なアドヴァイスをいただいた。また内容面、形式面での校正については、弘文堂の北川陽子さんと木村寿香さんに大変お世話になった。記して感謝したい。

2020年1月

執筆者一同

凡　例

本文中に挙げているアメリカの裁判例については、『アメリカ法判例百選』（有斐閣・2012）の項目番号を「＜百選○○＞」の形で示している。

かっこ書で条文を引用する際は、日本法の条文については「○○条」、アメリカ法の条文については「§○○」と表記している。なおアメリカの法令の記述は、原則として『英米法辞典』（東京大学出版会・1991）によった。

アメリカ法の用語として重要なものは、本文中に原語を示している。

用語については、必ずしも全体で統一していない。これは時代や文脈などによって使い分けが必要なためである。具体的には、以下のような言葉が編集会議の中で議論された。

- 「イギリス」と「イングランド」　大まかにいうと現在の連合王国や国全体を表す場合はイギリスと表記し、大陸法の影響の強いスコットランドを含まないことや法の生成の特徴や歴史などを強調する場合はイングランドとしている。
- （最高裁判所の長たる裁判官を意味する）「長官」と「首席裁判官」　前者は日本の表記に従うものだが、後者は官僚システムではなく、個々のポジションに任命され昇任がない、かつ、上下関係もないなどの制度的特徴を強調するものである（さらに、「判事」・「裁判官」なども個々の文脈により使い分けている）。
- 「判決」と「決定」　裁判所の判断について、日本法では厳密に区別するが、アメリカ法では同様の区別がない。裁判所が実質的な判断を行う場合には「判決」と表記している。

このような微妙な違いに気づいた場合は、その引っかかりをさらなる学びの契機にしていただきたい。なお人種の表記方法については、「アフリカ系アメリカ人（African Americans）」とすべきという議論もあったが、日常用語に従い「黒人」で統一している。

◉執筆者紹介◉

岩田 太（いわた・ふとし）　第12章～第14章

・現在　神奈川大学法学部教授

・経歴　1966年生まれ。立教大学法学部卒業、ウィスコンシン大学ロー・スクール修了（Master in Legal Institutions（M.L.I.); Master of Law（LL.M.)、東京大学法学政治学研究科博士後期課程修了（博士（法学））、上智大学法学部助教授・教授を経て、2020年より現職。

・著書　『陪審と死刑』（信山社・2009）、『患者の権利と医療の安全』（編著、ミネルヴァ書房・2011）、『アメリカ法判例百選』（共編著、有斐閣・2012）など。

・メッセージ　アメリカ法と一言で言っても、50州と連邦という複数の主体がそれぞれの法体系を持っており、文字通り多様です。しかも日本と違う文化で生まれたもので違和感を感じる場合も多いでしょう。私自身は、陪審や冤罪の法廷物のドラマや映画からアメリカ法に興味を持ちました。最初はそのような違和感やエンターテイメント的な関心でいいので、それを手掛かりに興味を感じて頂けると、日本や日本法との意外な共通点や面白みを感じることができると思います。

会沢 恒（あいざわ・ひさし）　第4章、第9章～第11章

・現在　北海道大学大学院法学研究科教授

・経歴　1971年生まれ。東京大学法学部卒業、同大学院法学政治学研究科博士課程退学（修士（法学））。ノースウェスタン大学ロー・スクールLL.M.課程修了。ニューヨーク州弁護士。北海道大学大学院法学研究科助（准）教授を経て、2012年より現職。

・著書　「連邦仲裁法をめぐる合衆国最高裁の判例動向」法と政治（関西学院大学）70巻1号（2019)、『違憲審査基準』（共著、弘文堂・2018)、「実体的デュープロセス・平等保護をめぐる合衆国最高裁の動向」法曹時報69巻7号（2017)、『新世代知的財産法政策学の創成』（共著、有斐閣・2008)、『アメリカ文化事典』（編集委員、丸善出版・2018）など。

・メッセージ　本書のあちこちに、日本（法）とは異なるアメリカ（法）の事象が描写されていることでしょう。そのことに、私たちとともに「！」というセンス・オブ・ワンダーを感じてもらえると嬉しいです。世界には我々と違うやり方もあって、それはそれで一定の合理性を持っている、と視野を広げること、翻って自分たちのやり方について改めて考え直してみる、本書がそのようなきっかけになればと願います。

髙橋脩一（たかはし・しゅういち）　第1章～第3章
・**現在**　専修大学法学部准教授

・**経歴**　1982年生まれ。東京大学法学部卒業、同大学院法学政治学研究科博士課程修了（博士（法学））。立教大学法学部助教、宮城教育大学教育学部准教授を経て、2019年より現職。

・**著書**　「『実体』法の実現における『手続』の役割（一）～（八・完）」法学協会雑誌132巻3号～10号（2015）、『アメリカの憲法訴訟手続』（共著、成文堂・2020）。

・**メッセージ**　日本で暮らしているのになぜアメリカ法を学ぶのだろうかと、疑問に思うかもしれません。アメリカ法を見ることは、自分たちの姿を見つめ直す機会になります。単に日本法を見ているだけでは、その特徴をつかむことはできません。自分の姿を見るためにはそれを映してくれる「鏡」が必要になります。アメリカ法はそのような「鏡」となって、私たち自身の姿を改めて考えるためのヒントを提供してくれます。

板持研吾（いたもち・けんご）　第5章～第8章
・**現在**　神戸大学大学院法学研究科准教授、オックスフォード大学法学部客員研究員

・**経歴**　1986年生まれ。東京大学法学部卒業、同大学院法学政治学研究科修士課程修了（修士（法学））、ジョージア大学ロー・スクール（LL.M.）。東京大学大学院法学政治学研究科助教、ジョージア大学ロー・スクール客員研究員、神戸大学大学院法学研究科特命助教を経て、2017年より現職（2019-20年にケンブリッジ大学法学部客員研究員）。

・**著書**　「アメリカの「規制による収用」を巡る最近の動向」神戸法学雑誌67巻4号（2018）、「倒産手続における優先順位からの逸脱に関する一考察」神戸法学雑誌68巻1号（共著、2018）、「デラウエア会社判例理解のための手続法的基礎」旬刊商事法務2208号～2223号（2019～2020）など。

・**メッセージ**　アメリカ法を学ぶことで日本法や日本社会への見方が変われば幸いです。試しに『基礎から学べる会社法／金融商品取引法』の関連箇所と本書第7章～第8章を読み比べてみてください。きっと新たな発見があると思います。

第1章 裁判制度 1

第2章 司法システムを支える人材 21

第3章　民事訴訟手続　36

第 4 章　契約法　57

第 5 章　物権法・財産法　77

第8章　会社法２　会社と資本市場　134

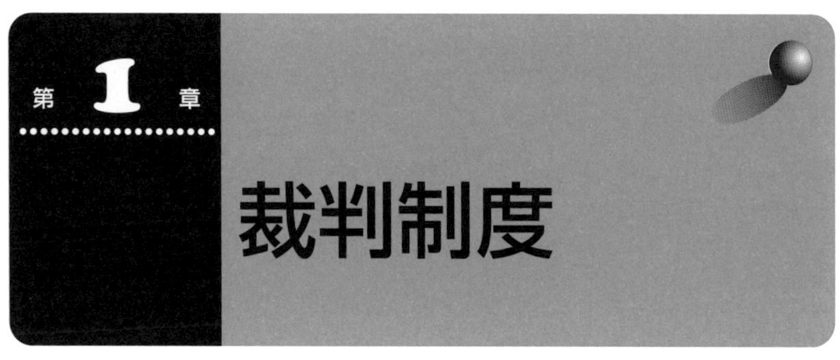

第1章 裁判制度

「社長！我が社の新製品がアメリカで訴えられました！」

オレンジ社が社運をかけて開発したスマートフォンが発売された。北米市場が今後の業績に大きな影響を与えると考えたため、今回の新製品はアメリカで大々的な販売キャンペーンを打った。その効果もあって順調に販売台数が伸びていたある日、カリフォルニア州サンフランシスコにある現地営業所から突如連絡が入った。同営業所に４つの訴状が届いたというのである。

訴状１：特許侵害訴訟

ライバル会社であるメロン社が、オレンジ社の新製品がメロン社の有する特許権を侵害しているとして、連邦特許法を理由とする訴訟をカリフォルニア北部地区連邦地方裁判所（U.S. District Court for the Northern District of California）に提起したという訴状。

⇒連邦法である連邦特許法の問題は、連邦裁判所が取り扱うことができる事件類型である（→Ⅱ❶）。カリフォルニア北部地区連邦地裁は、被告の住所地（**ドミサイル**［domicile］という）、すなわちオレンジ社の営業所があるサンフランシスコを管轄する連邦裁判所であり、適切な**裁判地**と考えられる（→Ⅳ❶(2)）。

訴状2：製造物責任訴訟1

新製品を使用中、突然火が出てケガをしたとして、オハイオ州の消費者がオハイオ州の製造物責任法に基づく訴訟を、オハイオ州ハミルトン郡一般訴訟裁判所（Hamilton County Court of Common Pleas）に提起したという訴状。ちなみに、オハイオ州にはオレンジ社の営業所もなければ従業員もいない。

⇒オハイオ州裁判所は、取り扱える事件類型に特段の制限はない。そのため、こうした製造物責任に関する事件を管轄することができる（**→Ⅱ❶**参照）。しかし、被告オレンジ社はオハイオ州に営業所も従業員も有していないので、オハイオ州裁判所に**領域管轄権**が認められるかが問題となる（**→Ⅲ❶**）。もしも認められるのであれば、オハイオ州の一般訴訟裁判所は、同州における一般的管轄権を持つ第一審裁判所であるため、本件を取り扱うことができるだろう。

訴状3：製造物責任訴訟2

カリフォルニアに旅行中に新製品を使用していたところ、突然火が出てケガをしたとして、オハイオ州の消費者がカリフォルニア州の製造物責任法に基づいた訴訟を、オハイオ州ハミルトン郡一般訴訟裁判所に提起したという訴状。

⇒**領域管轄権**等の問題は、**訴状2**の事件と同じである。管轄権が認められた場合、この事件にオハイオ州裁判所でカリフォルニア州の製造物責任法が適用されるかは、オハイオ州の抵触法による（**→Ⅲ❷**）。カリフォルニア州法が適用される可能性もある。

訴状4：製造物責任訴訟3

訴状3と同様に、使用中に新製品から火が出てケガをしたとして、別のオハイオ州の消費者グループがオハイオ州の製造物責任法に基づく訴訟を、カリフォルニア北部地区連邦地方裁判所に提起したという訴状。

⇒オハイオ州法に基づく訴訟ではあるが、原告（オハイオ州民）と被告

（カリフォルニア州民）の州籍が相違しているので、連邦裁判所もこうした事件を扱うことができる可能性が高い（→Ⅱ❶）。この事件にオハイオ州法が適用になるのかは、カリフォルニア北部地区連邦地裁が所在するカリフォルニア州の**抵触法**（州法）による（→Ⅲ❷）。もしもオハイオ州法が本件の適用法ということになれば、同連邦裁判所はオハイオ州法を適用して判断を下すことになる。

アメリカの裁判制度は複雑である。日本は、単一国家であり、法も裁判所も単一の体系になっている。法は憲法を頂点として、裁判所は最高裁判所を頂点として、それぞれ１つの体系のみが存在する。

しかし、アメリカは**連邦制**をとっており、分散的なシステムとなっている。これは我が国でしばしば話題に上る「地方分権」とは性質の異なるものである。アメリカでは、裁判所も法も、連邦と州という２つの種類が併存しており、その間で複雑なルールが構築されている。

そのため、素人が訴訟を提起しようにも、なかなか手を出せるものではない。専門家が是非とも必要になる理由でもある。裏を返せば、こうした制度の複雑性は、弁護士の腕の見せ所でもある。

また、分散的な法や裁判所は、多様な法や判決を生み出すことにもつながっている。そのため、いわばアメリカは「**法の実験室**」のようでもあり、それぞれの法や裁判所が競い合いながら展開している（→**第７章Ⅰ❷**(2)、**発展学習９**）。

本章では民事訴訟を念頭に置きながら、「**連邦裁判所**」と「**州裁判所**」の領分について、そして、「州裁判所」間の関係性について説明した上で、連邦裁判所と州裁判所それぞれの内部の構造について、その概略を見る（→**図表1-1**も）。

Ⅰ　連邦制――２種類の「裁判所」と「法」の併存

アメリカの大きな特徴の１つは**連邦制**である（➔**図表1-2**も）。それぞれが主権を持つ国家であった“State”が、その主権を維持しつつも、連邦憲法に列挙された事柄については全米に統一的な政府（**連邦政府**［federal government］）にそれを委ねた、というのが現在の**アメリカ合衆国**（“United States” of America）の基本的な形である（➔こうした合衆国の成り立ちについては、**第９章**）。一般的な権限を持つ**州政府**（State）と、限定された権限のみを持つ連邦政府が併存する形になっているのである。

【図表1-1　裁判所の関係性】

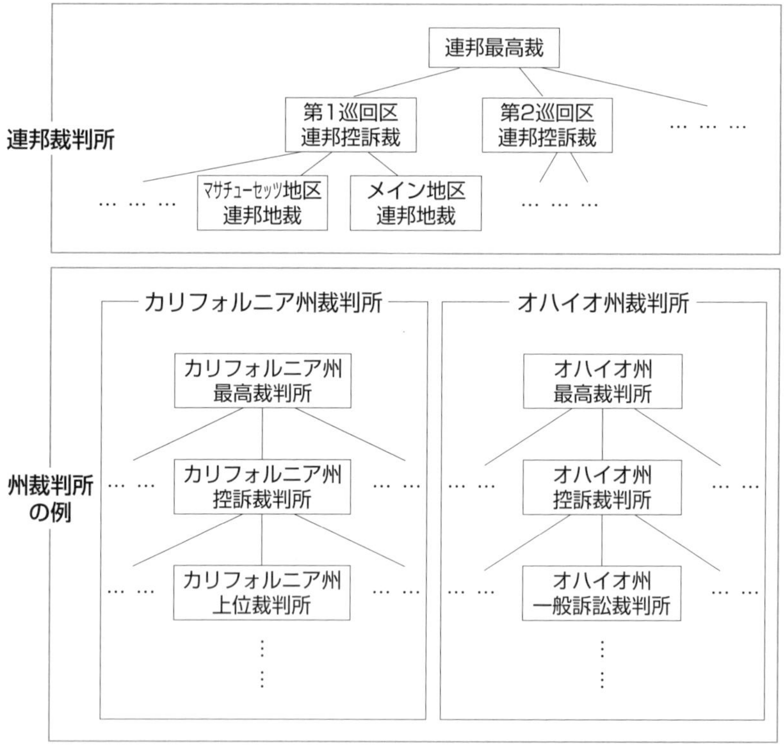

連邦裁判所

- 連邦最高裁
  - 第1巡回区連邦控訴裁
    - ………
    - マサチューセッツ地区連邦地裁
    - メイン地区連邦地裁
  - 第2巡回区連邦控訴裁
    - ………
  - ………

州裁判所の例

カリフォルニア州裁判所

- カリフォルニア州最高裁判所
  - ……　カリフォルニア州控訴裁判所　……
    - ……　カリフォルニア州上位裁判所　……
      - ⋮

オハイオ州裁判所

- オハイオ州最高裁判所
  - ……　オハイオ州控訴裁判所　……
    - ……　オハイオ州一般訴訟裁判所　……
      - ⋮

一般的な権限を維持している州は、1つの国と同じように、自らの領域を統治するため、憲法（州憲法）を有し、統治機構として、立法を担う州議会、執行を担う州知事、そして司法を担う州裁判所を持つ。

一方で、連邦政府もその権限は限定されているが、委ねられた権限の範囲内では主権を有する存在である。連邦憲法の下で統治機構を有しており、立法を担う連邦議会、執行を担う大統領、そして司法を担う連邦裁判所を持つ。

このように裁判所について見ると、アメリカには大きく分けて、「州裁判所」と「連邦裁判所」という　2つの種類の裁判所が併存している。

さらに、法についても、大きく分けて2つの種類がある。1つは「連邦法」である。これは連邦がその権限の範囲内で制定し、連邦（特に連邦最

COLUMN1

「連邦法」の領域と「州法」の領域

ある法分野を学ぼうとするとき、それが連邦法の領域なのか州法の領域なのか、知っていると調べやすい。日本でも関心が高いと思われるいくつかの法分野について、それが主に「連邦法」と「州法」のどちらの領域となっているのか、以下の表に概略を示す。

多くの法分野は連邦法と州法の両方にまたがっているため、両者を調べる必要がある。それらの分野については特段記載しなかった（つまり、記載されていない分野については、連邦法・州法の両者を調べてほしい）。なお、連邦法と州法が競合する分野ではあるが、一方が特に重要という法分野については、いずれかに分類した。

連邦法	州法
・特許法・著作権法	・家族法
	・教育
・独占禁止法（反トラスト法）	・一般的な犯罪
	・契約法
・倒産法	・不法行為法
・証券規制	・財産法
	・会社法

高裁）が最終的な解釈権限を有する法である。

一方で、それぞれの州も自らの主権に基づいて制定した「**州法**」を有している。それぞれの州法の最終的な解釈権限はそれぞれの州にある（➔連邦法と州法の関係性については、**第10章Ⅱ❸**）。

【図表 1-2　連邦制】

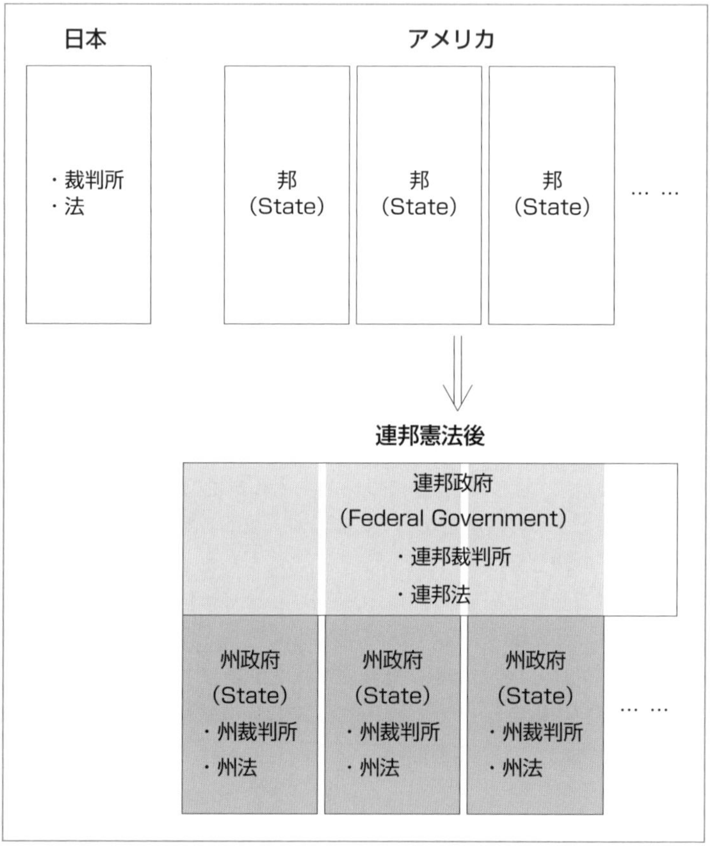

日本
・裁判所
・法

アメリカ
邦 (State)
邦 (State)
邦 (State)
……

⇓

連邦憲法後

連邦政府
(Federal Government)
・連邦裁判所
・連邦法

州政府 (State)
・州裁判所
・州法

州政府 (State)
・州裁判所
・州法

州政府 (State)
・州裁判所
・州法

……

Ⅱ　連邦裁判所と州裁判所の関係

「連邦裁判所」と「州裁判所」それぞれの裁判所の領分はどうなっているのだろうか。それぞれの裁判所が取り扱える事件類型は、重なり合う部分もあるが、異なっている。

提起された事件について裁判所が裁判を行うためには、その裁判所に当該事件を裁判するための権限がなければならない。これを**裁判管轄権**という。そして裁判管轄権の中で、ある「事柄」について裁判する権限のことを、**事物管轄権**（subject matter jurisdiction）という。言い換えれば、事物管轄権はその裁判所が取り扱うことのできる事件類型の範囲を決めるものである。提起された事件の類型に対して事物管轄権を有していないのであれば、その裁判所は裁判する権限を持たないので、当該事件について裁判することができない（そのため、当事者がその裁判所での裁判に合意していても、裁判が可能になるわけではない）。連邦裁判所と州裁判所では、この事物管轄権に違いがある（→**図表1-3**も）。

❶………連邦裁判所の事物管轄権

連邦裁判所は事物管轄権について制限がかけられている。一定の事件類型についてのみ管轄権を及ぼすことができるのである。その範囲については、連邦憲法第3編に規定されている事柄を最大限として、連邦議会による制定法によって定められている。大きく分けると、争われている「内容」に着目した管轄権（海事事件、大使・領事等に関する事件、連邦問題事件に対する管轄権）と、争っている「当事者」に着目した管轄権（州籍相違事件、合衆国政府を当事者とする事件、州が当事者の事件に対する管轄権）に分けられる。ここではその中でも主要な事件類型である、**連邦問題事件**、**州籍相違事件**の２つを取り上げる。

⑴　**連邦問題事件**（federal question case）　**連邦問題事件**とは、連邦法が問題となっている事件である。連邦憲法や連邦制定法、合衆国が締結し

た条約などの下で生じた事件がこれに当たる。

先にも述べたように、連邦法の解釈権限は連邦裁判所（特にその最終権限は連邦最高裁）にある。そのため、連邦裁判所は連邦法の解釈を行うために、連邦問題事件についての管轄権を有している。

⑵ **州籍相違事件（diversity of citizenship case）** **州籍相違事件**とは、相異なる州民の間の事件を言う。つまり、冒頭の**訴状3**の事例のように、オハイオ州民（原告）とカリフォルニア州民（被告）の間で法的紛争が生じた場合である。連邦裁判所はそうした紛争を取り扱うことが可能である。

連邦裁判所にこうした事件類型について事物管轄権が認められているのは、中立的な裁判所を提供するためである。建国当時においては、州裁判所が他州民よりも自州民を優遇するのではないかとの懸念が出された。上記事例でいえば、カリフォルニア州裁判所で裁判が行われれば、カリフォルニア州裁判所は自州民である被告のカリフォルニア州民をひいきし、他州民である原告のオハイオ州民を不利に扱うのではないかという懸念である。そのため中立的な裁判所として、連邦裁判所の利用が認められたのである。

州籍相違事件に関する連邦裁判所の管轄権は、現在では制定法により訴額（紛争で争われる額）に制限が課せられており、訴額が一定以上（現在は7万5,000ドル超）の事件しか、連邦裁判所は取り扱うことができない。

❷………州裁判所の事物管轄権

連邦裁判所に対して州裁判所は、特許・著作権事件や倒産事件といった連邦裁判所の専属管轄とされる一部の例外を除き、すべての事件類型を裁判することができる。つまり、これらの例外以外は、連邦裁判所に事物管轄権が認められている事件類型であっても、州裁判所は取り扱うことができるのである。

❸………どちらの裁判所に行けばよいのか？

では、訴訟を提起する当事者は連邦裁判所と州裁判所のどちらに行ったらよいのか。当事者の視点から、事物管轄権についてまとめてみよう。

連邦裁判所に事物管轄権がない場合には、連邦裁判所はその事件を扱うことはできない。したがって、連邦裁判所に事物管轄権が認められている以外の事件類型に関する訴訟を提起する場合には、州裁判所に行くしかない。一方で、連邦裁判所の専属管轄とされる連邦法の特許権などについては、連邦裁判所に行かなければならない。

しかし、連邦裁判所に事物管轄権が認められている事件類型であっても、連邦の専属管轄ではない場合、当事者は連邦裁判所か州裁判所かを選択することができる。つまり、連邦問題事件や州籍相違事件については、いずれに訴訟提起することも可能なのである。

【図表 1-3　連邦裁判所と州裁判所の領分】

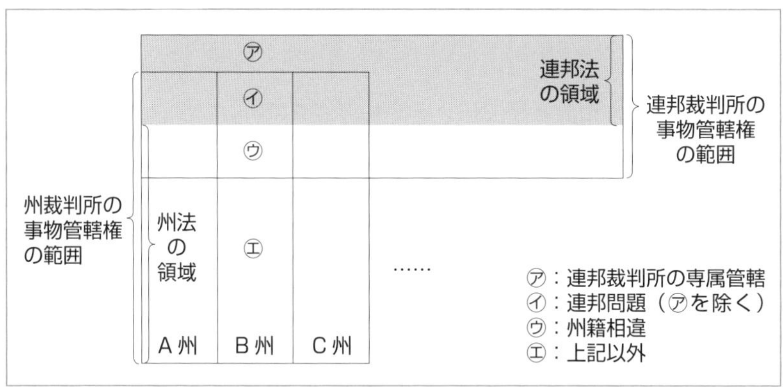

❹………裁判所間の移動

このように、連邦裁判所にも州裁判所にも事物管轄権がある場合、原告にはどちらの裁判所に訴えるかの選択権がある。では、被告は原告の選択に常に従わなければならないのだろうか。

被告には移管（removal）という手段がある。原告が州裁判所に訴えた場合でも、連邦裁判所に事物管轄権が認められる事件であれば、一定の条件の下で連邦裁判所に事件を移すことができる。しかしながら、原告が最初から連邦裁判所を選択した場合には、被告は州裁判所に事件を移すことはできない（➔上訴における連邦裁判所と州裁判所の関係については、Ⅳ❸）。

❺………適用される法

先にも述べたように、アメリカには裁判所だけでなく、法についても「連邦法」と「州法」という２つの種類がある。連邦裁判所と州裁判所で適用する法は異なるのだろうか。ここでは「**実体法**」と「**手続法**」の区別が重要になる。

⑴ **手続法**　訴訟手続を定める手続法については、連邦裁判所と州裁判所で異なる法が適用される。連邦裁判所で適用される手続法は、常に連邦の手続法である。連邦第一審裁判所（連邦地裁）の民事事件では、共通して**連邦民事訴訟規則**（Federal Rules of Civil Procedure）が適用される。

一方で、州裁判所では、各州が定める手続法がそれぞれ適用されることになる。

⑵ **実体法**　権利義務関係を定める実体法に関しては、連邦法と州法のどちらを適用するのかにつき、基本的に連邦裁判所と州裁判所で共通している。連邦法がある場合には連邦法を適用し、連邦法がない場合には、州法を適用する。

連邦裁判所に関しては「**判決準則法**（Rules of Decision Act）」という法律があり、同裁判所で適用する実体法について次のように規定している：「各州の法は、合衆国の憲法もしくは条約または合衆国議会の法律が別段の要求または規定をしているのでない限り、それらが適用になる事件において、連邦裁判所での民事訴訟の判決準則とみなされなければならない」。つまり、連邦法（単に議会制定法だけでなく、憲法も含まれる）がある場合には、それを適用する。連邦裁判所の事物管轄権が設定されている連邦問題事件は、まさに連邦法が問題となっている事件であるから、その場合には連邦法を適用することになる。

一方で、連邦法が存在しない場合（連邦政府が連邦法を作れる事柄は限定されていたことを思い出してほしい。➔Ⅰ）には、州法を適用するのである。この州法には、州の制定法はもちろんのこと、州の判例法も含まれる（連邦裁判所は州法の領域で独自の判例法を形成することはできない。この点を判示したエリー判決［Erie Railroad Co. v. Tompkins〈百選20〉］にちなみ、これは**エリー・ドクトリン**とも呼ばれる）。州籍相違事件の場合、当事者の州籍が異なるだけで、通常の契約に関する事例が連邦裁判所に持ち込まれる場合もある（契約法はもっぱら州法の領域である。→COLUMN1）。こうした連邦法が問題となっていない事件では、連邦裁判所も州法を適用することになるのである。

州裁判所についても、実体法については連邦裁判所と同様、連邦法がある場合にはそれを適用しなければならない（連邦憲法第6編2節において、各州の裁判官は州の憲法または法律中に反対の定めがある場合でも、連邦法に拘束されると規定されている）。一方で、連邦法が存在しない場合には、州法を適用することになる。

COLUMN2

意見照会手続

たとえ当該訴訟で問題となっている事柄につき、州にそれを扱った判例さえ存在しない場合であっても、連邦裁判所は州裁判所がその問題について判断すると思われるところを推測して判断することが求められる（後に述べるように、州裁判所が他州の法を適用する場合も同様のことが起きる）。そうはいっても、推測するというのは難しいし必ずしもその通りとなるわけではないので、連邦裁判所から州最上級裁判所に対し、同州法の内容について問い合わせをする「意見照会手続（certification）」が用意されている場合もある（ただし、これは事件を移管するわけではない）。

Ⅲ　州裁判所間の問題

ここまでは、「連邦裁判所」と「州裁判所」という２つの種類の裁判所を対比させる形で、それぞれの領分とそこで適用になる法について見てきた。

しかし、「州裁判所」といっても、それも単一ではない。アメリカには50の州がある。つまり、カリフォルニア州裁判所、オハイオ州裁判所といったように、大きく分けて50の異なる「州裁判所」があることになる。では、州裁判所間の関係はどうなるのであろうか。

❶………領域管轄権

州裁判所間の関係という観点から問題となるのが、州裁判所が裁判管轄権を行使できる地理的な範囲である。それが**領域管轄権**（territorial jurisdiction）の問題である。

⑴ **問題となる状況**　例えば、日本で暮らしているあなたが、日本で自動車を運転中、歩いていた日本人を轢いてしまった場合を考えてみよう。日本の裁判所があなたを被告とするその事件を裁判する権限があるということは問題ないであろう。

それでは、日本在住のあなたが、たまたま日本に来ていたフランス人を車で轢いてしまった場合、そのフランス人がベルギーの裁判所にあなたを被告とした訴えを提起した場合を考えてみよう。ベルギーと全く関係のないあなたが、日本から遠く離れたその裁判所で被告となるのは公平ではないと思うだろう。

これと同じ問題が、アメリカでは州裁判所間で起こる。A州内で訴訟の原因となる事件が起き、原告も被告もA州内にいるのであれば、基本的にA州裁判所が事件を取り扱うことができると考えて問題ないだろう。一方で、被告に全く関係のないB州裁判所で裁判が行われるのは、被告にとって公平ではない。問題は、被告と州の間にどこまでのつながりがあれば、当該州裁判所がその被告の事件を取り扱うことができるのかである（原告の場合は、訴えを提起する裁判所を自ら選ぶことができるので、関係の薄い州の裁判所を選んだとしても、通常公平性の問題は起こらない。自らは裁判所を選ぶことのできない被告の側に、もっぱら公平性の問題が生じる。そのため、事物管轄権と異なり、当事者が合意したり、被告が応訴したりすることによって、領域管轄権は認められることがある）。

(2) **州裁判所の領域管轄権**　州裁判所の領域管轄権を定めるのは、第一には各州である。伝統的には州内の人や物について、州裁判所は領域管轄権を認めてきた。

しかし、人や物の移動が盛んになると、自州内で起きた事件ではあるが、被告が州内には居ないといったことが起こるようになった。例えば、オハイオ州で機械の欠陥によりケガを負った人が出たが、その原因となった機械はカリフォルニア州の会社がカリフォルニア州で製造販売したものだったということが起こるようになったのである。この場合、ケガをした原告がオハイオ州裁判所に民事訴訟を提起した場合、同裁判所はカリフォルニア州の会社に対して管轄権を及ぼすことができるのかが問題となる。

こうした問題について州は、**ロング・アーム法**と呼ばれる法律を制定している。これは、他州に居る被告に対しても民事管轄権を及ぼすことを可能にする州法である。

ロング・アーム法の規定の仕方は州によって異なるが、大きく分けて2つの型がある。1つは「同州内で不法行為を行った場合」など、管轄権を州の外に拡張できる事件類型を具体的に列挙する型で、ニューヨーク州がその代表である。

もう1つは「合衆国憲法に抵触しない範囲の裁判管轄権をすべて認める」というように、一般的な規定を行う型で、カリフォルニア州がその代

◆発展学習1　「一般的管轄権」と「特定的管轄権」

「最小限の接触」に関して、領域管轄権はさらに「一般的管轄権（general jurisdiction)」と「特定的管轄権 (specific jurisdiction)」に区分される。一般的管轄権は、あらゆる事件に関して管轄権が認められる（被告になるということ）もので、その州と継続的かつ組織的な関係が要求される。基本的に会社の設立準拠地（➔**第7章I❸**）や主たる営業所（本社）などがある場所でそれは認められる。他方で、継続的な関係がなくとも、その州における事業活動に関連して何らかの紛争が生じた場合には、その事件に限定して領域管轄権が認められることがある。これが特定的管轄権である。

表である。この場合、以下で述べるような連邦憲法の許容する最大限度まで管轄権が拡張される。

(3) **州裁判所の領域管轄権の限界：連邦憲法上の制約**　どこまで自州裁判所の領域管轄権を拡張するかは各州が決める。しかし、そこには連邦憲法上の制約が課せられている。連邦最高裁は、連邦憲法第14修正のデュー・プロセス条項により、その州と被告との間に「フェア・プレーと実質的な正義という伝統的な考えに反しないと言い得るような最小限の接触」がなければ、領域管轄権を行使することは認められないとしている（International Shoe Co. v. Washington〈百選76〉）。

❷………適用法

50の異なる「州裁判所」があるように、法についてもカリフォルニア州法やニューヨーク州法といったように、50の異なる「**州法**」が存在する。そうなると、問題は一体どこの州法（州実体法）を適用するのかである。

事件も当事者も訴訟が提起された州裁判所も、すべてがA州の中で完結するような場合には、A州法を適用することで大きな問題はないだろう。

問題となるのは、複数の州にまたがる事件である。例えば、ニューヨーク州で起きた交通事故について、被害者であるカリフォルニア州民が加害者であるオハイオ州民をオハイオ州裁判所に提訴した場合（もちろん、この問題の前提として、上述したような、訴訟が提起された裁判所に当該事件に対する裁判管轄権が必要である）、オハイオ州裁判所は当該事件にどの州法を適用するのかという問題が起きる。

もちろん、どの州法を適用しても結論が同じになるのであれば、これはさほど大きな問題とはならない。しかし、州法の内容は各州が決定する事柄であるから、適用される州法によっては結論が異なることも往々にしてあり得る。

こうした問題を扱うのが、**抵触法**（conflict of laws）、その中でも特に「**準拠法選択**（choice of law）」と呼ばれる分野である。各州裁判所は自らの州の抵触法（抵触法も各州で異なる）に従い、当該事件の適用法を決定することになる。そこでは、場合によっては州裁判所が他州の法を適用することもある。つまり、オハイオ州裁判所がカリフォルニア州法を適用して事件を解決することもあり得るのである。

どの州法を適用するか、アメリカでは様々な利益を衡量して決定するアプローチが主流になっている。そのため、どの州法が適用になるかを一概に言うことは難しい。

なお、連邦裁判所が州法を適用する場合にも、どの州法を適用すべきかという問題が生じる。その場合は、その事件を取り扱う連邦地方裁判所が所在する州の州裁判所が適用する抵触法を使い、どの州の実体法を適用するのかを決定する。同じ州内にある連邦裁判所と州裁判所で異なる法が適用されると、当事者は自らに有利な裁判所を選択しようとしてしまう。同種の事件でもたまたま当事者の州籍が異なっているがために連邦裁判所に行くことができ、それだけで異なる法の適用を受けられるというのは不公正でもある。こうしたフォーラム・ショッピングを防止するために、連邦裁判所と州裁判所で同じ実体法が適用されるよう、こうしたルールとなっているのである。

COLUMN3

フォーラム・ショッピング

日本では「法廷地漁り」とも訳されるが、訴える裁判所によって異なる法が適用になる場合に、当事者が自らに有利となる法廷を選んで訴訟を提起することをフォーラム・ショッピング（forum shopping）という。本文で述べたように、適用法の選択に当たってはフォーラム・ショッピングの防止という考慮が働く。

しかし、州によって抵触法が異なるなど、アメリカでは選択する裁判所によって異なる法が適用される余地がある。どこの裁判所に行くことができるのか、そしてそれぞれの裁判所ではどの法が適用になるのか、こうした複雑なルールを前提として依頼人に最も有利な法廷を選択するのが、アメリカの弁護士の腕の見せ所でもある。

Ⅳ　連邦裁判所・州裁判所それぞれの内部構造

以上では、連邦制を前提として、連邦裁判所と州裁判所の関係、そして州裁判所間の問題について見てきた。続いてここでは、連邦裁判所と各州裁判所それぞれの内部構造について概略を見る。

❶………連邦裁判所の内部構造

連邦憲法上、**最高裁判所**（Supreme Court）が設置されることは予定されている一方、下級裁判所の設置そしてその構成については、議会の制定する法律に委ねられている。現在、下級裁判所としては、主に**控訴裁判所**（Court of Appeals）と**地方裁判所**（District Court）が設置されている。

⑴　**控訴裁判所**　　中間上訴裁判所となる控訴裁判所は、全部で13存在する。それぞれの控訴裁判所が担当する区域のことを**巡回区**（circuit）と呼ぶ。この名称は、かつて裁判官が各地を巡回して裁判（巡回裁判）を行っていたことの名残である。

現在、全国は地理的に11に分けられており、第1巡回区から第11巡回区までがある。また、コロンビア特別区（D.C.）にも巡回区が設定されており、この控訴裁判所は、制度上は他の巡回区と対等であるが、その地理的な理由から行政事件を数多く扱うため、その分野の専門性が認められている。

そして、もう1つの巡回区が、連邦巡回区（Federal Circuit）である。この巡回区は、特許などの一定の法分野について、全国的に管轄する控訴裁判所である。日本の知的財産高等裁判所のモデルになったとも言われる。

⑵　**地方裁判所**　　連邦の第一審裁判所である地方裁判所は、地理的に各州に少なくとも1つは設置されている。それぞれの州には1つから4つの地区が設定され、地区ごとに地方裁判所が置かれており、全国に94の地方裁判所が存在する。

事物管轄権など、裁判管轄権が連邦裁判所に認められる事件の場合、一

COLUMN4

不便宜法廷地（フォーラム・ノン・コンヴィニエンス）

連邦裁判所に裁判管轄権が認められる場合であっても、当事者や証拠などの便宜から、連邦裁判所以外の裁判所が適切な法廷である場合もある。そういう場合に連邦裁判所は、不便宜法廷地としてその訴訟を却下することがある。

これは、州裁判所間でも問題となり得る。領域管轄権が拡張されている結果、A州も裁判管轄権を有するけれども、当事者や証拠などの便宜からはB州裁判所のほうが適切な法廷であるような場合である。こうした場合にも、フォーラム・ノン・コンヴィニエンス（forum non conveniens）法理が使われる。

体どこの連邦地方裁判所に訴訟を提起すればよいのか。アメリカは国土が広大なため、遠くの裁判所での訴訟は、当事者や証人など関係者に大きな負担となり得る。各地にある連邦地裁の内で、一体どの地の連邦地裁が当該事件を取り扱うことができるのか、これが**裁判地**（venue）という問題である。

連邦裁判所の裁判地は基本的に、①被告の居住地、②問題の事件が発生した場所や係争物が所在する地を管轄する地方裁判所となる。原告が誤った裁判地に民事訴訟を提起した場合、連邦地裁は基本的に訴訟を却下せず、適切な地の連邦地裁に**移送**（transfer）する。

⑶　各裁判所における裁判官の配置と意見の書き方　　最高裁判所は長官（Chief Justice）と陪席裁判官（Associate Justice）8人の計9人で構成されている。日本のように小法廷に分かれることはなく、全裁判官で裁判を行う。控訴裁判所では、基本的に3人の裁判官によって裁判が行われる。ただし、再審理などを行う場合には、全員法廷（en banc court）が開かれることもある。一方で、地方裁判所での裁判は、通常単独の裁判官によって行われる。

最高裁判所の判決については、多数（9人参加の場合5人以上）が結論だけでなく意見でも一致すればそれが**法廷意見**（opinion of the Court）となり、先例的価値を持つことになる。

アメリカでは日本とは異なり、最高裁判所だけでなく控訴裁判所の裁判官も反対意見などの個別意見を出すことができる。そして、すべての審級のすべての意見について、基本的にそれを執筆した裁判官の名前が明示される。

⑷　**上訴**　連邦地方裁判所の判決に不服がある当事者は、最低１回は権利として上訴ができる。「三審制」という用語を習ったことがあれば、なぜ「２回」でないのかと思ったであろう。それは、連邦最高裁がほとんどの事件類型で、**裁量上訴制**を採っているからである。上訴された事案を取り上げるかどうかは最高裁の裁量であって、理由を示さずに上訴を受理しないことができるのである。裁量上訴は**サーシオレイライ**（certiorari）と呼ばれ、基本的に９人の裁判官のうち４人の裁判官の賛成がある場合に上訴が受理される。重要な連邦法の問題につき、控訴裁判所間等で異なる判断がなされているときなど、やむにやまれぬ理由がある場合にのみ、連邦最高裁は事案を取り上げる。

裁量上訴制により、連邦最高裁が実質的な判決理由を書くのは、年間に80件程度のみとなっている。上訴不受理の場合、結論としては原判決（通常は控訴裁判所の判決）が維持される。しかしそれは、連邦最高裁が「取り上げなかった」というだけであって、控訴裁判所の判断を「認容した」という意味ではないので注意が必要である。

❷………州裁判所の内部構造

州裁判所の構造は、基本的に各州が決める。単に一般管轄権を持った裁判所だけが存在する州もあれば、家庭裁判所や租税裁判所など、特定の事柄のみを扱うことができる裁判所が設けられている州もあり、様々である。

また、多くの州には日本の三審制のように、第一審裁判所、中間上訴裁判所、最上級裁判所という３つの審級の裁判所があるが、州の中には中間上訴裁判所（日本で言えば高等裁判所レベル）が存在していない二審制を採るところもある。

それだけでなく、それぞれの審級に付けられる裁判所の名前も各州で異なっている。その中でも注意が必要なのが、ニューヨーク州裁判所である。連邦裁判所などで最高裁判所を意味する“Supreme Court”が、同州では第一審裁判所の名前となっている。一方で、同州の最上級裁判所は“Court of Appeals”であり、これは連邦裁判所などでは中間上訴裁判所に付けられている名前である。

❸………上訴制度

州裁判所の上訴制度も、各州が定める。そのため、各州によって異なる。連邦裁判所のように、最上級裁判所が裁量上訴制を採るところも多いが、例えば死刑に関する事件など、特定の事件については必ず審査しなければならないとする州もある。

各州裁判所そして連邦裁判所は、異なる裁判所体系であるため、その間を上訴において事件が行き来するということはない。先に述べたように、州裁判所から連邦裁判所へは移管という手続があるが、同手続が採られず、州裁判所での訴訟の係属が決定すれば、その後は同州裁判所の中で手続が

【図表 1-4　連邦裁判所と州裁判所の領分】

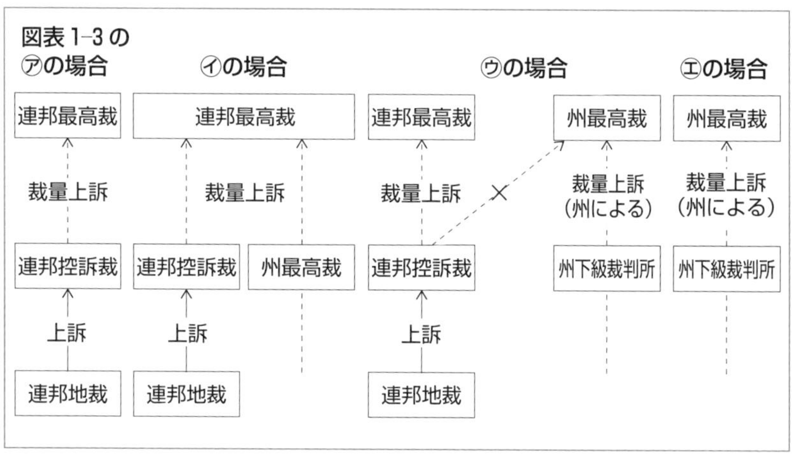

進み、上訴についても当該州の州上級裁判所に対してなされる。A州第一審裁判所の判決に対する上訴はA州の控訴裁判所になされるのであって、B州の控訴裁判所や連邦控訴裁判所になされることはない。

ただし、連邦法に関する問題については、州最上級裁判所から連邦最高裁判所へと上訴する道がある。つまり、カリフォルニア州最高裁判所から連邦最高裁判所へと上訴することができるのである（もちろん、その事件を取り上げるかについても、連邦最高裁判所の裁量ということになる（裁量上訴））（➔前頁の**図表1-4**も）。

COLUMN5

法の解釈を決定する権限

州法の解釈権は州（州裁判所）にある。つまり連邦最高裁であっても、カリフォルニア州法の解釈権を有するわけではない。あくまでも、カリフォルニア州法の最終解釈権限はカリフォルニア州最高裁にある。そのため、先に述べたように、連邦裁判所が州法を適用する場合にその州法の内容を当該州最上級裁判所に照会する手続（意見照会手続➔COLUMN 2）が用意されている場合もある。

一方で、連邦法の最終解釈権限は連邦裁判所の最上級審裁判所である連邦最高裁にある。そのため、連邦法に関する問題の場合、州最上級裁判所から連邦最高裁へ上訴する道が用意されているのである。

第2章

司法システムを支える人材

アメリカの法曹の特徴はその多さである。日本では「弁護士」と直接関わる機会はそう多くはないだろう。日本の弁護士人口は他の先進諸国と比べても少ない。一方で、アメリカはその対極にある。アメリカは、ほかの先進諸国と比べても特に弁護士人口が多い。

こうした多くの弁護士は、アメリカ社会のいろいろな場所で多様な役割を担っている。個人で開業する者もいれば、何百人もの弁護士を擁する事務所に所属する者もいる。企業の中で法務を担当する者もいれば、人権に取り組む組織で活動する者もいる。さらには、大学教授や、行政官、議会の議員になる者も多い。こうした中には、もちろん訴訟における弁護活動を行う者もいるが、紛争を予防するための業務や、法務業務に特化せず法的なスキルを生かした業務を行うなど、直接的な弁護活動を行わない者も多い。

そして、アメリカにおいては、他の業種と同様、弁護士の業界もその流動性が高い。上記の職に一度就くとそのままというわけではなく、ポジションを次々と変えていろいろな経験を積んでいく。多様な経験を積んだ弁護士が社会のあらゆる場所で活躍することで、アメリカの法曹は社会における幅広い法的ニーズに応えることができるのである。

裁判官に関しても、日本のキャリア・システムとは異なり、アメリカでは弁護士として多様な経験を積んだ後に、その中から裁判官になる者が選ばれるという**法曹一元制**を採っている。

以下ではまず、法曹養成制度について簡単に見た後、弁護士、そして裁判官について概観する。法曹に関しても、全米に通ずる部分がある一方で、州ごとに異なるというローカルな部分もあることが見て取れるだろう。

I　法曹養成

アメリカの法曹養成の中心は、**専門職大学院（ロー・スクール）**である。その数は多く、アメリカ法曹協会（American Bar Association = ABA）認定のロー・スクールだけでも、2019年現在200以上もある。卒業生も、年間3万4,000人を超える（2018年）。

アメリカでは、日本のような大学の学部レベルでの法学教育は、基本的に行われていない。通常は、学部レベルで法学以外を専攻した上で、大学院レベルになってはじめて法を学ぶことになる（日本流に言えば、全員が「未修者」である）。また、社会経験を積んでからロー・スクールへ入学する例も珍しくない。さらに外国人法曹も、ロー・スクールの1年間のプログラム（LL.M.）で、司法試験の受験資格を得られる場合もある。こうしたシステムもまた、様々な経験を有した法曹を養成するのに役立っている。

ロー・スクールは、基本的に3年コースである。特に重要なのが1年目と言われ、契約法や不法行為法など、法の基本を学ぶことになる。

学生は「ケースブック」と呼ばれる、判例などの資料が多数収録されたテキストを事前に読み込んだ上で授業に臨む。授業ではそのケースについて教員が質問を投げかけ、学生と対話を展開するのである。いわゆる**ソクラティック・メソッド**と呼ばれる方法で、ロー・スクール教育の特徴と言える。特に、上述の契約法や不法行為法など、法の基礎的な部分については、こうした方法での教育が中心となっている。

その一方で、アメリカのロー・スクールでは、学際的な教育も重視されている。「法と経済学」や「法と心理学」といった、複合的な科目も増えている。

さらに、臨床的教育も盛んに行われている。「**リーガル・クリニック**」と呼ばれるこうした授業は、裁判所の許可を得て学生が実際の事件の弁護を行ったり、法的助言を与えたりするものである。近年こうした公益的活動を行う授業の重要性が高まっている。

COLUMN6

“出世”への道
——ロー・ジャーナルそしてロー・クラーク

ロー・スクールは、法律雑誌（ロー・ジャーナル）を出版している。その多くは、学生が、運営から掲載する論文の選定までも行っている。ロー・ジャーナルの編集委員の経験は、ロー・クラークの採用など、その後のキャリアにも影響するといわれる。そしてその編集委員になるためには、1年次の成績が肝心である。

ロー・クラークとは、日本ではしばしば裁判所書記官と訳されたりもするが、その役割は日本の書記官とは大きく異なる。ロー・スクールを卒業して間もない者が、裁判官ごとに採用され、その裁判官の下で判決を下す際のリサーチなどを行う。

ロー・クラークの経験もその後のキャリアに影響を与え、特に連邦最高裁裁判官のクラークを務めることは、出世コースである。現在の連邦最高裁裁判官も、その多くは連邦最高裁裁判官のクラークを務めた経験を有する。

Ⅱ　弁護士

アメリカでは、法曹資格を取得したのち、多くの者が基本的には弁護士となる。アメリカの弁護士の数はとても多く、2018年末において全米で合計135万人を超えている。これは日本の弁護士数4万人強（2019年3月現在）と比べると30倍以上の数値である。この規模の大きさから察せられる通り、アメリカでは社会のあらゆる場所に弁護士が存在しているといっても過言ではない。弁護士が行う業務も自ずと幅広いものとなっている。

❶………資格の付与

アメリカにおいて、「アメリカ弁護士」といった資格は存在しない。弁護士としての資格を付与するのは各州である。つまり、「カリフォルニア州弁護士」や「ニューヨーク州弁護士」といった、各州の弁護士資格があるだけで、アメリカ全土で通用する資格は存在していない。カリフォルニア州弁護士だからといって、自動的にニューヨーク州でも弁護活動ができるわけではない。他州の弁護士である場合には比較的容易に資格取得ができたり、個別事件で弁護する許可を得られたりする場合もあるが、それも各州が定めるところによる。

資格取得のプロセスも州によって異なるが、基本的にはロー・スクールを卒業して、司法試験を受験し合格することが必要となる。日本では司法試験に合格者数の制限が課せられており、一定の水準を満たしているかどうかを審査する「資格試験」とは異なる意味合いがあるが、アメリカの司法試験はその意味ではより純粋に「資格試験」となっている。

司法試験は年に2回実施されるところが多く、受験回数の制限もない。多くの州の司法試験合格率は50%～80%ほどとされ、最終的にロー・スクール卒業生のほとんどが合格する。また、日本の司法修習のような過程を経ずに、司法試験に合格してすぐに資格が与えられる州も多い。

❷………弁護士の所属と職域

アメリカでは、弁護士があらゆる組織に所属していて、そこで多様な役割を担っている。

(1)　**法律事務所（law firm）**　弁護士の所属先として真っ先に思い浮かべるのは、法律事務所だろう。アメリカでも多くの弁護士が法律事務所に所属している。アメリカの法律事務所は多様であり、世界的にオフィスを展開し何千人もの弁護士を擁する大規模法律事務所がある一方で、弁護士数10人以下の小規模法律事務所もある。

7割以上の法律事務所は、弁護士数が5人以下の事務所である。約半数の弁護士は、こうした少人数の法律事務所に所属していたり、個人で開業していたりする。

法律事務所が取り扱う業務の内容についても、法律事務所ごとに様々である。大規模な法律事務所が主に企業向けの総合的な法的サービスを提供する一方で、知的財産法や租税法など特定の法分野に特化した法律事務所（ブティック型法律事務所とも呼ばれる）もある。また、少人数の法律事務所は、「町の弁護士さん」として、離婚など身近な法律問題を広く取り扱うところが多い。

⑵ **企業内弁護士**　企業にも多くの弁護士が雇用されており（こうした企業内弁護士は、インハウス・ローヤーと呼ばれる）、契約など日々の法律業務（企業が法律に反した行動をとらないよう予防すること（予防法務）も含む）を行う。アメリカでは弁護士資格を有する者が取締役となっている場合も多く、法令に反した業務執行が行われないよう、監督する役割も果たす。

COLUMN7

弁護士のダイバーシティー

アメリカ法曹協会の資料によれば、2018年にロー・スクールを卒業した者のうち、その7割が弁護士資格を必要とする職に就いた。法律事務所（2人から500人以上）に就職した者が46.9%、企業に就職した者が11.4%、政府に就職した者が12.1%、公益関連が4.9%、そして裁判官のクラーク（連邦や州などを含む）が9.8%となっている。

このようにロー・スクール卒業後には多様な道が開かれているのであるが、それでは、弁護士自体の属性に関する多様性はどうだろうか。この点男女比を見てみると、2019年において弁護士人口の64%が男性、36%が女性とされる（ただし、ロー・スクールにおける女性の割合は現在5割程度となっている）。

一方で人種については、弁護士の85%が白人であり、アフリカ系アメリカ人やヒスパニック系は5%に過ぎない。

(3) 政府の弁護士　また、政府にも多くの弁護士が所属している（アメリカでは検察官も、政府に雇用される弁護士というニュアンスがある。➔検察官については、**第13章Ⅲ❶**）。連邦の司法省にも多くの弁護士が所属しており、こうした弁護士は、刑事事件に限らず、法令の執行に関する訴訟や政府が関係する訴訟などにも対応する。

(4) 公益的団体の弁護士　さらには、市民的権利の擁護など、公益的な活動を行う団体（例えばACLU：アメリカ自由人権協会）にも多くの弁護士が所属しており、訴訟も含めた幅広い活動を展開している。

❸………弁護士費用――原則としての各自負担

アメリカの民事訴訟において、弁護士費用は各自負担が原則である。制定法によって特別に規定されていない限り、敗訴しても相手方当事者の弁護士費用を支払う必要はないし、勝訴しても自らにかかった弁護士費用を相手方当事者から回収することはできない。つまり、勝っても負けても、自らにかかった弁護士費用のみを支払うことになる。

では、弁護士の報酬はどのように算定されるのか。弁護士会が報酬基準を設定したりすることは、基本的に認められていない。弁護士と依頼人の間で合意により決めることになる。

アメリカの弁護士報酬は主に、①**固定制**、②**時間制**（タイム・チャージ）、③**成功報酬制**（contingent fee）という3つの方式のいずれかによって決定される。

①**固定制**：予め取り決めた一定額の報酬で業務を行うものである。この方式は主に訴訟事件以外で用いられる。

②**時間制**：弁護士それぞれに、1時間当たりいくらといった単位報酬が設定されていて、それに当該依頼人のために稼働した時間数を掛けて報酬を算定する方式である。企業と法律事務所との間で一般的な方式となっている。この方式の下では、稼働時間を長くすることによって利益を得ることができるので、弁護士が事案を引き延ばそ

うとする可能性もある。

③**成功報酬制**：この方式では、依頼人は当初何も支払う必要はない。勝訴などによって相手方から賠償金を得た場合にのみ、その一定割合（例えば3分の1）を支払う。一方で、敗訴した場合には一切費用を支払う必要がない。資金に乏しい者が弁護士を得るのにこの方式は有用であり、特に依頼人が原告となる場合に用いられる。しかしながらこの方式では、せっかく得た賠償金からかなりの割合を引かれてしまい、依頼人の手元にあまり残らないということにもなりかねない。

④その他：弁護士の社会的責任から、貧困者などのために無報酬で依頼を受ける場合もある。これを「**プロ・ボノ**（pro bono）」と呼び、弁護士は年間一定の時間数をプロ・ボノ活動に充てるよう推奨されている。

❹………プロフェッションとしての弁護士の役割

何か法的な問題を抱えたとき、頼りになるのは弁護士である。依頼人の利益を全力で守るのが、弁護士の第一の役割である。

しかし、今自分が必要とする弁護士は一体どのような弁護士なのか、またそのような弁護士を見つけられたとしても、依頼したその弁護士が最善を尽くしているのかどうか、依頼人が判断することは難しい。弁護士と依頼人の間には、法律に関する能力に大きな格差があるからである。弁護士は専門職として法的な専門性を有しているが、依頼人の側にはそのような知識は乏しい。そのため、ともすると、依頼人は専門家である弁護士の食い物にされかねない。こうした点から、弁護士には一定の規律が求められる。

また弁護士は、専門職として社会的な責任も負っている。先に言及したプロ・ボノ活動は、そうした考えの表れである。特に英米では、弁護士も「**裁判所の職員**（officer of the court）」と呼ばれ、法や司法制度を擁護する役割も負っている。こうした観点からも、弁護士に対しては厳しい職業倫理が課されるのである。

(1) **弁護士の規律**　誤った弁護活動によって損害を被ったとして、弁護士は依頼人から訴訟を提起される可能性がある。こうした**弁護過誤訴訟**も、弁護士の活動に対する一定の規律と言える（→**第6章Ⅱ❷(2)**）。

しかし、こうした外側からの規律だけでなく、弁護士には、弁護士とい

COLUMN8

法曹倫理

アメリカで法曹倫理（legal ethics）は、ロー・スクールの必修科目ともなっており、法曹資格を得るためには、司法試験とともに（全米に共通する）法曹倫理に関する試験を受ける必要があるところがほとんどである。

弁護士倫理を定めるのは各州であるが、全米に共通する点も多い。アメリカ法曹協会は、モデル規定（Model Rules of Professional Conduct）を作成しており、多くの州がこれを採用している。

アメリカの弁護士倫理は、日本のそれと比べると、具体的に規定されている。具体的な場面においてどのように行動すべきなのか、一定の指針を提供するものとなっているのである。アメリカ法曹協会の上記モデル規定では、弁護士と依頼人の関係や弁護活動、法的サービスに関する情報（宣伝行為等）などについて規定がなされている。

前述の通り、弁護士の第一の役割は、依頼人の利益を擁護することである。その一方で、法や司法制度の擁護という役割もある。しかしながら、この2つの役割は、時として対立する場合がある。例えば、依頼人が自らの裁判を有利に進めるために偽証しようとしていることを、弁護士が知った場合を考えてみよう。その場合、依頼人の利益を追求するならば、偽証を指摘しない方がよいかもしれない。しかし、偽証は犯罪であり、真実を追求する場でもある司法制度の擁護という観点からは、偽証を見過ごすわけにはいかない。

連邦最高裁はこうした場合について、アメリカ法曹協会のモデル規定なども引用しながら、弁護士は裁判所に報告したり、時には弁護人を辞任したりする必要があると判示した（Nix v. Whiteside）。

う職業集団による規律がある。倫理規定が定められており、それに基づいた懲戒手続も設定されている。

こうした弁護士の規律についても、その権限は州にある。倫理規定も州ごとに定められており、懲戒についても州に権限がある。実際は、懲戒のための委員会が設定されていたり、強制加入となっている州の弁護士会が担っていたりするが、その最終的な権限は州の最上級裁判所が持つ。懲戒処分としては、業務停止や弁護士資格の剥奪といった処分が定められている。

COLUMN9

弁護士会

日本では、各県にある弁護士会に加入しなければ、弁護士業務を行うことはできない（強制加入団体）。アメリカでは、強制加入の弁護士会がある州もあるが、そのような弁護士会がない州も多い。なお前述のアメリカ法曹協会（→Ⅰ）は任意加入の団体である。

⑵ **広告規制**　一般市民が弁護士を依頼しようとする場合、自らにどのような法的サービスが必要であり、どの弁護士に依頼すればよいのか、わからない場合も多い。そこで、法的サービスや弁護士に関する情報提供が必要となる。広告はそうした場面で重要な役割を果たす。

けれども、先に述べたように、市民がそうした情報を自ら判断することは難しい。広告内容を適切に評価できない恐れもあり、誇張された広告などによって誤導される可能性もないとは言えない。弁護士が必要となっている状況は、多くの場合、何らかの法的トラブルを抱えて「困っている」ときである。そのような弱い立場にある市民が、いわゆる悪徳弁護士に食い物にされないためにも、弁護士の広告に対しても一定の規制が必要となる。

アメリカでも、事故の被害者の家を直接訪問して勧誘したり（こうした勧誘はしばしば“ambulance chaser”と揶揄される）、一定の状況においてダイレクトメールの送付が禁じられたりしている。

しかし同時に、アメリカでは弁護士にも表現の自由があると強調される（Bates v. State Bar of Arizona〈百選 65〉）。虚偽や誤導のない広告をする権利は認められなければならないのである。弁護士人口の増加や法的なサービスの多様化・専門化などに伴い、近年は広告規制を緩和する方向に向かっている。

Ⅲ　裁判官——法曹一元制

アメリカでは様々な経歴を持った人が裁判官となる。その1つの要因として挙げられるのが、**法曹一元制**である。

日本の法曹は一般的に、法曹資格を取得してすぐにキャリアが分かれる。弁護士になる者・検察官になる者・裁判官になる者と、司法修習を終えるとすぐに法曹三者に分かれ、その後のキャリアも変わらない場合が多い。裁判官も、多くは法曹資格取得後すぐに裁判官となり、法曹としてのキャリアを裁判所組織の中で過ごすことが多い。

一方で、アメリカでは、法曹資格を取得した者は、基本的に弁護士とな

COLUMN10

裁判官のキャリアと法改革

裁判官になる前の経験は、裁判官となった後の判例の形成にも大きな影響を与えている。例えば、元連邦最高裁裁判官のギンズバーグ氏（1993～2020 年）は、女性の法曹として困難を経験したことから、大学教授や弁護士として性差別に関する訴訟に携わるようになり、大きな成果を上げた。その功績から連邦最高裁裁判官に任命されたが、その後も裁判官として、性差別に関する判例をリードしてきた。こうした彼女の活躍については、2018 年に公開された『RBG（邦題：RBG 最強の 85 才）』という映画で、知ることができる。

る。そして、弁護士やその他のキャリア（検察官や政府、企業、大学教授など）を積んだ後に、裁判官として任命されるのである。そのため、裁判官になる前のキャリアは裁判官それぞれである。こうした裁判官集団における経験の多様性は、法の解釈の中に多様な考えを取り込むことにもつながっている。

❶………連邦裁判官――任命プロセスの高度な政治性と任命後の高度な独立性

連邦裁判所（最高裁判所、控訴裁判所、地方裁判所など連邦憲法に基づく連邦裁判所）の裁判官は、任命後に高度な独立性を享受する。そのために、その任命プロセスは近年、高度に政治的になる傾向がある。

⑴ **任命方法：高度な政治性**　合衆国憲法上、連邦裁判官となるための資格は特段定められていない。大統領が指名をし、議会上院が多数によっ

COLUMN11

連邦裁判官の構成

2019年現在、連邦裁判所に関して、控訴裁裁判官の36.8%、地裁裁判官の34%が女性裁判官となっている。

一方、日本の裁判官（判事・判事補・簡裁判事を含む）で、女性裁判官の割合は2018年度末において19.9%である。

連邦最高裁は前述の通り（➔第1章Ⅳ❶⑶）ごく一握りの裁判官によって構成されているが、そのバック・グラウンドは多様である。現在の裁判官の多くは、過去に連邦最高裁裁判官のロー・クラークや控訴裁判所の裁判官を務めた経験を持つが、それでも大学教授や司法省出身者なども広く登用されている。

そのような中でも、歴代の連邦最高裁裁判官で最もユニークな経歴を持つのは、第10代の連邦最高裁長官ウィリアム・ハワード・タフト（1857年～1930年）であろう。彼は、訟務長官、陸軍長官、さらには第27代アメリカ合衆国大統領までも務めたという前歴を持つ。

て承認すれば任命される。上院の承認手続では実質的な審議も行われ、近年では候補者の法律家としての適格性はもちろん、候補者の政治・思想的傾向や司法哲学など、かなり突っ込んだ議論もなされる。

承認手続の政治性は、最近ますます高まっている。アメリカの連邦裁判所は、例えば同性婚の問題や医療保険制度についてその合憲性を判断するなど、政治的にも大きな影響を与える。しかも、次に説明するように、裁判官の任期は終身のため、一度任命されるとその裁判官が長くその地位にとどまることが考えられる。そのため近年、連邦裁判官、特にその最高裁裁判官の任命は政治的にも非常に重要となっており、承認手続が加熱し、上院で票が割れることもしばしばである。

⑵ **身分保障**　連邦裁判官は、ひとたび任命されれば高度な独立性が与えられる。それは、連邦裁判官には憲法上、**任期**と**報酬**に関し、手厚い保障がなされているからである。

①裁判官の任期については、連邦憲法第3編第1節が「最高裁判所および下級裁判所の裁判官の任期は、非行なき限りとする」と規定している。これは実質的に**終身**を意味しており、連邦裁判官は自ら辞めるか死亡しない限り、その地位にとどまることができる。

②連邦裁判官の報酬に関しては、連邦憲法第3編第1節が「これら裁判官は、その職務に対して定時に報酬を受ける：その額は、在職中

COLUMN12

裁判官の異動

連邦裁判官は、単に連邦裁判官として任命されるのではなく、特定のポスト——例えば、カリフォルニア北部地区地方裁判所裁判官やコロンビア地区控訴裁判所裁判官など——に対して任命される。そのため、日本の裁判官のように、就任後に昇進したり転勤したりすることもない。控訴裁判所の裁判官から最高裁の裁判官になる場合などもあるが、それはあくまでも別個の任命プロセスを経てなされるものであり、キャリア・システムの中での昇進とは異なる。

減ぜられることはない」と規定している。つまり、連邦裁判官は報酬を受け取ることが保障されるだけでなく、その額についても保障されているのである。

⑶　**連邦裁判官の懲戒**　裁判官といえども、非行がないとは言えない。身分保障がなされているとはいえ、先に見た憲法の規定に「非行なき限り」という文言があることからもわかるように、非行があった場合には一定の処分を行う必要性も認められている。

しかし、裁判官が政治的な思惑からその職を解かれたり、脅しをかけられたりする事態は、裁判官の独立を確保する必要性から避けなければならない。そのため、連邦裁判官を懲戒する手段は非常に限定されている。

①弾劾手続

連邦憲法上、連邦裁判官は議会による**弾劾手続**（下院の過半数による弾劾の発議と、上院における出席議員の３分の２の賛成による裁判）によって「反逆罪、収賄罪その他の重大な罪または軽罪」を認定された場合には解任される。

しかし、合衆国憲法が制定されて230年以上が経つ現在においても、これまで弾劾裁判で有罪とされた連邦裁判官は８人しかいない。弾劾手続による解任は極めて稀な事態と言えるだろう。

②司法部内部での懲戒

権力分立の観点から、他の統治部門が連邦裁判官を懲戒する手続は上記弾劾手続に限られる。しかし、連邦司法部の内部手続であれば、一定の懲戒も可能とされる。

実際、1980年には「司法における行動及び不能に関する法律」が制定されている。同法に基づき、いかなる者も問題のある連邦下級裁判所の裁判官に関して、当該裁判所を管轄する控訴裁判所に苦情を申し立てることができるようになっている。こうした申立てについては、最終的に譴責（けんせき）などの措置が採られる場合もある。もちろん、司法部内部の懲戒手続であっても、判決内容に関して苦情を申し立てることはできない。また、同手続によって連邦裁判官を解任することもできない。

❷………州裁判官

第1章で見たように、州の裁判制度は、州ごとに異なっている。そのため、州裁判官の選任方法や任期などもまた、州ごとに異なっている。傾向としては、連邦の裁判官よりも、より政治的な影響を受けやすい制度となっている。

(1) **選任方法** 裁判官の選任方法も州によって異なる。しかしながら、大きく分けると3つの方法がある。①立法部や行政部といった、**他の統治部門が選ぶ方式**、②**選挙方式**（さらに党派的選挙の場合と無党派選挙［どの政党に所属しているかを明らかとしない形での選挙］の場合に分かれる）、③**メリット・プラン**と呼ばれる方式である。傾向としては、時代を経るに従い、①の他部門による選択方式から、②の選挙方式、そして③のメリット・プ

COLUMN13

裁判官選挙の政治化

日本においては、国民審査で罷免された最高裁裁判官はこれまで存在しない。しかしアメリカでは、信任投票で州裁判官がその地位を追われるといったことも実際に起きている。1986年にはカリフォルニア州裁判所のローズ・バード最高裁長官が信任を得られなかった。

また、2010年にはアイオワ州の最高裁裁判官3人が、選挙で信任を得ることができなかった。これは、最高裁が同性婚を支持したことが影響したともいわれている。

そして、不法行為改革（→COLUMN16）の中で、それを支持する州裁判官を当選させようと、近年州裁判官選挙に多額の選挙資金がつぎ込まれるようになっているという。

もちろん、多額の選挙資金援助を行った者が当事者となっている事案を援助を受けた裁判官が担当することは、デュー・プロセス（適正手続）という点から問題となる（Caperton v. A.T. Massey Coal Co.〈百選64〉）。

ラン方式へと、優勢な方式が移行してきた。

裁判官といえども公職であるから、民主的な責任を負うべきというのが選挙方式の考えである。一方で、過度な政治性から裁判官の独立を保護するという観点から採られたのが、**メリット・プラン方式**である。このメリット・プラン方式は1940年にミズーリ州が採用したため、**ミズーリ・プラン**とも呼ばれる。裁判官指名委員会と呼ばれる法曹の代表やその他の者からなる組織が形成され、それが裁判官にふさわしい能力を有する候補者の名簿を作成し、その名簿の中から知事が任命するという方式である。州によっては再任のときに、市民の信任投票がなされる場合もある（日本の最高裁裁判官の国民審査はこれをモデルにしたとされる）。

裁判官選挙は、議員選挙ほどの規模ではないために、かえって特定の支援者の影響を受けやすく、特に近年、その政治性は増しているとの指摘がある。そして、実際に裁判官の判断が、選挙で支援してくれたグループに有利な場合も多いことが、最近の研究で統計的にも示されている。それでも、現在でも多くの州で選挙方式が採用されている。

⑵　**身分保障と裁判官倫理**　　裁判官の身分保障も州によって異なる。ただし、連邦とは異なり、裁判官に定年や任期が定められているところがほとんどである。

裁判官にも倫理規範が定められており、各州には裁判官や弁護士、市民の代表などからなる裁判官の非行等を調査する懲戒機関が設けられている場合が一般的で、最終的に州の最上級裁判所が懲戒の決定を行う。

選挙など政治的な活動も必要となる州裁判官も、不適切な政治活動は控えなければならない。しかしアメリカの場合、法の改善のための著述や発言などは、むしろ積極的に行うよう推奨されている。

第3章

民事訴訟手続

アメリカの民事訴訟手続については、以下の5つの特徴を挙げることができるだろう。

①一般市民が参加する陪審制を前提として、訴訟手続が組み立てられている。

②本案に根ざした民事裁判を実現することを理念として設計されており、訴訟の提起を容易とする訴訟手続となっている。

③ほとんどの事件は、正式事実審理前に和解等によって終わる。

④訴訟の提起を容易とする民事訴訟手続は、私人を通じた法の実現に資するものとなっている。

⑤訴訟提起を容易とする手続は、他方で不当な和解への圧力を生むとされ、近年その改革が行われている。

I　アメリカにおける民事訴訟手続

アメリカは連邦制を採っており、連邦法と州法の2種類の法が存在する（→**第1章**）。民事訴訟手続に関しても同様である。州裁判所で使われる民事訴訟手続は各州によって定められており、連邦裁判所で使われる民事訴訟手続は連邦レベルで規定されている。

連邦第一審裁判所（連邦地方裁判所）における民事訴訟手続を定めてい

るのが、**連邦民事訴訟規則**（Federal Rules of Civil Procedure）である。この規則は州の民事訴訟手続にも大きな影響を与えていると言われ、それを見ることでアメリカの民事訴訟手続の大枠を理解することができる（もちろん、州ごとに違いはあり、その違いが重要な意味を持つようにもなっているが）。以下では連邦民事訴訟規則に依拠して、アメリカの民事訴訟手続について概観する。

連邦民事訴訟規則の基本コンセプトは、「**本案**（merits）**に根ざした裁判の実現**」である。手続ミスによって決着がつくような裁判のあり方ではなく、関連する証拠をすべて出し合い、一体何があったのか事実をしっかりと見極めた上で、当事者の権利義務関係に基づいた判断を確保するという理念に基づいて設計されている。特に、以下で見るプレトライアルの手続に、こうした理念を見て取ることができる。

Ⅱ　民事訴訟の流れ

❶………民事訴訟手続の目的──「事実」と「法」の確定

裁判を行うためには、主に２つの情報が必要となる。１つは「**事実**」に関する情報、もう１つはルール、つまりは「**法**」に関する情報である。

争っている当事者間に一体どのようなことがあったのか、事件の真相がわからなければ判断のしようがない。交通事故に関する損害賠償を請求する訴訟であれば、加害者とされる人がどのような運転をしていたのか、被害者はちゃんと横断歩道を渡っていたのかなど、その事件の「事実」を確定しなければならない。

しかし、事実だけで判決を下すことはできない。裁判は法に則って行われる必要がある。脇見運転は「過失」であり、「過失」によって他者に損害を出した場合はその損害を賠償する責任を負う、といった事実を評価するためのルールが必要となる。それが「法」である。「法」を確定するのには、例えば「過失」とは何か、といった法解釈の問題がつきまとう。

訴訟手続は、こうした「事実」と「法」という２種類の情報を、「公正・安価・迅速」に確定して、判断を下すためのものということができるだろう。そしてアメリカにおいては、この「事実」と「法」の区別は、以下に見るように、訴訟手続の上でも大変重要な意味を持つ。

❷………アメリカの民事訴訟における３つの段階

アメリカの民事訴訟手続は、①**プレトライアル**、②**トライアル**、③**ポストトライアル**、というように、トライアルを中心として、その前後という形で大きく３つの段階に分けることができる（➔**図表3-1**）。トライアルは**正式事実審理**を意味し、当該事案の事実を正式に確定する段階を指す（➔**Ⅳ**）。

裁判を執り行う人と言えば、すぐに思い浮かぶのは裁判官であろう。法律の専門家であり、職業として裁判を取り仕切り、判決を出す役割を担っている人である。しかし、アメリカの民事裁判においては、事件の判断に一般市民が関与するメカニズムが存在している。それが**陪審制**である。

トライアルでは、この陪審による審理が行われる場合がある。そのため、必ずしも法律の知識があるわけではない一般の市民が適切に判断を下せるよう、それ以前の準備がとても重要になる。トライアル後の手続も含め、アメリカの民事訴訟手続は、全体としてこの陪審制の存在を中心として構築されていると言ってよいだろう。

大きく分けると、「事実」を確定するのがトライアルの役割であり、ト

【図表3-1　民事訴訟（第一審）の流れ】

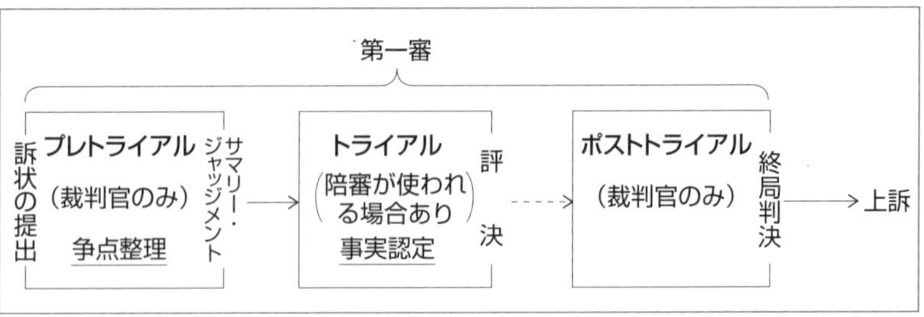

ライアルに向けた準備およびその後の処理に関して、法的な観点からそれを行うのが、プレトライアルとポストトライアルの役割である。

❸………実態としてのプレトライアル段階の重要性

アメリカの民事訴訟手続では、事実を確定するための正式事実審理であるトライアルの段階と、それへの準備段階であるプレトライアルの段階は明確に区別される。プレトライアルの段階では、弁護士や裁判官ら法律の専門家が、争点整理などトライアルに向けた準備を行う。

しかしながら、アメリカの民事訴訟の現実においては、プレトライアル段階がトライアルの準備段階以上の意味を持っている。アメリカでは多くの民事訴訟が提起されているが、トライアルにまで至る事件は、提起された訴訟のうちのほんの一握り（１％に過ぎない）とされる。つまり、ほとんどの事件が、トライアルの前、プレトライアルの段階までで処理されているのである。

なぜこのようなことが起こるのか。プレトライアル手続を見るとその理由の一端が見えてくる。

COLUMN14

民事訴訟件数

日本の民事第一審通常訴訟事件の新受件数は、2018年において、地裁と簡裁を合わせ47万9,791件であった。一方、2018年4月から2019年3月までの間にアメリカの連邦地方裁判所に提起された民事訴訟は、28万6,000件あまりであった。しかし、アメリカには連邦裁判所だけでなく、50州それぞれに州裁判所がある。統計の取り方などの違いもあるが、2017年に州裁判所に提起された民事事件は約1,600万件とも言われている。

Ⅲ　プレトライアル手続──争点整理

トライアルに向けた準備手続であるプレトライアル手続には、上述した**「本案に根ざした裁判の実現」**という連邦民事訴訟規則のコンセプトが色濃く表れている（➔**図表 3-2** も）。訴訟の開始段階で事案を振り落とすことを極力避け、関連する情報をすべて出し合うことを通じて、事実に根ざした判断を確保するような手続となっている。訴訟の間口を広げ、相手方が有する証拠などにもアクセスできる仕組みとなっているのである。そのため、多くの訴訟が提起される一方で、正式な事実審理に至る前に、和解や取下げによって終結する事案が多くなっている。

【図表 3-2　プレトライアル手続の流れ】

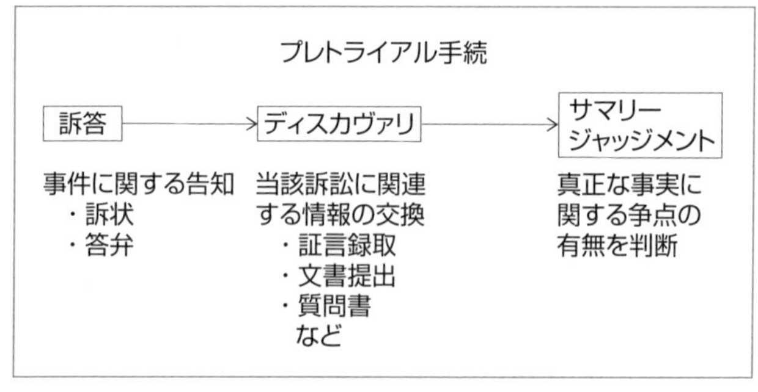

❶………訴答（プリーディング）

民事訴訟は、管轄権のある裁判所（➔管轄権については、**第 1 章**）に、原告が、請求や求める救済を記載した訴状を提出することによって開始される。相手方に訴状の送達が行われ、相手方から答弁書の提出がなされる。当事者がそれぞれの主張を書面で交換したり裁判所に提出したりするこの手続のことを**訴答**（pleading）と呼ぶ。

「本案に根ざした裁判の実現」という理念によって制定された連邦民事訴訟規則は、訴答を非常に簡素なものとし、この段階で事件を排除してしまうことを極力避ける設計となっている。訴答の役割は、相手方や裁判所に対し、事件についての告知を行うことに限定されている。この事件は一体どういう事件であり何が要求されている事案なのかを伝えることだけが求められるのである。

そのため、訴答に記載すべき事項は非常に限定されている。原告は「救済を得る権利を有することを示す、請求に関する簡潔で明確な言明」を記載すればよい。自らの請求が根拠とする事実について、詳細に書き記すことは必要とされていない。

そして、提出することができる書面も、原則として原告の訴状とそれに対する被告の答弁のみであり、裁判所が認めたときにのみ、原告による反対訴答が許される。一方で、訴答の補正はかなり自由に認められる。

裁判管轄権がない場合などを除き、訴答の段階で原告の訴状が却下されるのは、（被告の申立てにより）原告が訴状に記載した事柄のすべてを真実だと仮定してもなお、救済が与えられるべきことを示す請求が記載されていないと判断される場合などに限定されている。つまり、訴状の内容が本当だとしても、法的に救済を与えようがない場合のみに限定されているのである。ただし、嫌がらせなど不当な目的で根拠薄弱な訴答や申立てを行った弁護士（本人訴訟の場合は当事者本人）に対しては、制裁が科され得る。

COLUMN15

訴答における記載事項基準の引上げ

近年連邦最高裁は、救済が与えられることが「もっともらしい」と考えられるような事実に関する記載を要求するような判決を出しており、記載すべき事項の詳細さについて基準が引き上げられたとも捉えられている（Ashcroft v. Iqbal〈百選 68〉）。

❷………ディスカヴァリ

訴答の段階を通過すると、次の段階であるディスカヴァリへと移る。連邦民事訴訟規則は、訴答を事件の告知という機能のみに限定し、書面の段階で事件をふるい落とすことを極力避けた。しかしながら、そうした仕組みでは、争われている事柄が明確でなかったり、根拠のない請求がそのままともなりかねない。

そこで連邦民事訴訟規則が採用した仕組みが、ディスカヴァリである。訴訟に関連する情報を、有利不利を問わずに出し合わせ、そうした情報に基づいて争点を整理したり根拠のない請求をふるい落としたりするのである。すべての情報が提示されてこそ、「本案に根ざした裁判」が可能になると考えられたのである。

こうした考えの下、連邦民事訴訟規則で開示が求められる情報は、大変広い範囲に及んでいる。関連する書類はもちろんのこと、電子的に保存されたデータも開示の対象となる。また、開示の対象となる情報の種類も広く、トライアルで使える証拠に限定されず、当事者の請求や防御方法に関連する情報も開示の対象となる。このような広範な情報開示は、日本の民事訴訟では見られない制度である。なお、ディスカヴァリにかかる費用は、各自が負担することになっている。

⑴ **ディスクロージャー**　では、具体的にどのようにして、事件の「事実」に関する情報を共有していくのか。1つには、当事者には当然に開示しなければならない情報が設定されている。**ディスクロージャー**と呼ばれる手続では、自らの主張を支える情報を有する人物や文書について、相手方から請求されなくとも開示を行わなければならない。その他にも、トライアルにおいて証言してもらう専門家や、提出する予定の証人や証拠に関する情報も、当然に開示することになっている。

⑵ **ディスカヴァリ**　もう1つの手続が、（狭義の）**ディスカヴァリ**と呼ばれる手続である。この手続では、当事者の請求に基づき、相手方や第三者が情報の開示を行う。その方法には、①証言録取、②質問書、③文書提出・土地への立入り、④身体および精神検査、⑤自白要求の5つの方法がある。

①証言録取：一般的には、情報を有する者を証人として呼び出し、宣誓をさせた上で、両当事者が交互に口頭で尋問を行い、その内容を書面やビデオなどで記録する方法である。ここでの証人は当事者以

外の者であってもよい。会社などに対しては、適切な証言ができる者を連れてくるよう要求することもできる。

②質問書：一方の当事者が相手方に対して、書面で質問を送り、それへの回答を求める手続である。回答を求められた側は、しっかりと調査をして回答する必要がある。

③文書提出・土地立入り：文書提出は、一方の当事者が相手方当事者や第三者に対し、持っている文書の閲覧や複写を求める手続である。また、土地立入りも、当事者や第三者に対し、その管理する土地や建物に立ち入って検証することを求める手続である。

提出を求める文書については、ある程度の具体性を持ってカテゴリーを特定しさえすればよいとされている。つまり、文書を個別的に特定する必要はなく、そういった文書が存在するのかどうかを知っている必要さえもない。

④身体・精神検査：交通事故による傷害が争われている訴訟など、当事者の身体や精神の状態が争点になっている場合に、その者について身体・精神検査を行う手続である。一方の当事者が依頼した医師の診断が争われている場合に、相手方も自らが指定した医師による診断の機会が得られるべきだとの考えによるものである。規則上は、検査に正当な理由があると裁判所が判断したときに認められる。

⑤自白要求：相手方に対し、その訴訟に関する事柄につき、「事実」などを認める（＝自白）よう、書面で要求する手続である。

⑶ **裁判所の関与**　これらの手続は、基本的に裁判所が関与することなく、当事者間（多くの場合は弁護士間）で行われる。証言録取などは弁護士事務所などで行われ、裁判官は同席しない。特定の情報について開示をしなければならないのかといった争いが当事者間に起こった場合にのみ、裁判所にその争いが持ち込まれる。

ディスカヴァリが自主的に進む要因の１つには、強力な制裁が控えていることが挙げられる。証言などで嘘をついたり情報を隠したりすれば、**裁判所侮辱**などの制裁（➔裁判所侮辱については、**第６章Ⅲ❸⑵**）が加えられる。証言録取でも、証人の出頭を強制するために、裁判所から召喚状を出してもらうことが可能であり、召喚状が出ているにもかかわらず出頭を拒めば、裁判所侮辱として拘禁や罰金といった制裁が科される可能性がある。また、当事者が命令に従わない場合には、主張している請求などについて不利な認定がなされたり、相手方が被った弁護士費用などを支払うよう当事者やその弁護士に対して命令がなされる場合もある。こうした強力な制裁があるため、「自発的」な開示がなされる。

⑷ **例外**　既に述べたように、連邦民事訴訟規則によって当事者間で開示される情報は広い範囲に及んでいる。しかし、それでも例外はある。主な例外として挙げられるのは、秘匿特権とワーク・プロダクトと呼ばれるものである。

秘匿特権（privilege）は、配偶者間や、弁護士・依頼人間、医師・患者間など、特定の関係性において認められる。こうした関係下でのコミュニケーションは、それが公になる可能性があるとなればそもそも関係性自体を壊しかねない。例えば弁護士・依頼人間の場合を考えてみよう。依頼人が弁護士に話したことが後に公になり得るとすれば、依頼人は弁護士に対してすべてを包み隠さず話すことができなくなってしまうだろう。そうなれば、弁護士は適切な法的助言をすることができず、自らの役割を果たせなくなってしまう。そのため、こうした情報については、開示の対象から除外されているのである。

また、当事者や弁護士が訴訟のために作成した文書など、**ワーク・プロダクト**と呼ばれるものについても、例外が認められる。こうした文書も開示を求めることができるとなれば、自分では訴訟の準備をせずに相手方が準備した資料にいわば「ただ乗り」することができてしまうからである。

その他にも、嫌がらせ目的の開示の要求や、プライバシーや営業秘密などが問題となる場合については、裁判所が保護命令によって不開示とする場合もある。

⑸ **機能**　ディスカヴァリには、トライアルの前段階の手続として、主に３つの機能があるとされる。１つは証拠の保全である。証言録取など

で証言を記録しておくことで、証拠を確保しておくことができるようになる。

2つ目は、トライアルの準備としての機能である。陪審審理も行われるアメリカのトライアルは集中審理で行われる必要があり、トライアルの途中で不意の証拠が出てきて手続がストップしてしまうことは望ましくない。事前に証拠を共有することで両当事者が事実審理前にしっかりと準備をすることが可能になる。

そして3つ目の機能としては、争点整理がある。有利不利を問わず関連する情報を両当事者が提示し合うことで、それぞれが自らの主張の強弱を評価することができるようになる。そうなれば、この段階で見込みのない争点は取り下げられ、事案自体も和解によって終結したりする可能性が出てくる。

(6) 意義　さらに、ディスカヴァリには、**実体法を実現**するための手段を提供するという意義が指摘される。反トラスト法や証券詐欺、環境法、雇用差別などの分野について、ディスカヴァリがなければ、実際にこうした法を実現することができなくなってしまうと言われる。

例えば、ある会社での昇進を議論する会議において、昇進の候補となっていた女性が、“女性らしくない”という理由によって昇進を見送られていたとしよう。これは明らかに性差別である。この会議の資料さえあれば、その女性は差別を受けたことを立証することができる。しかし、会社で行われた会議の資料は、通常女性の側にはなく、会社の側にしかない。会社から会議の資料を得る手続が存在しなければ、実際に差別が行われていたにもかかわらず、女性の側はそれを立証することができず、違法行為が不問に付されてしまいかねない。

(7) 問題点　その一方で、ディスカヴァリは、違法行為の有無とは無関係に、相手方に「**和解**」を強いるための手段として「**濫用**」されているという批判もある。相手方に多くの開示請求をして、「それに対応して多くの労力をかけるくらいならば、少しのお金を払って和解した方が得策」と思わせ、和解金をせしめるための手段になっているとしばしば主張される。

ただし、多くの事件では、そもそもディスカヴァリが行われる必要がなかったり、あっても少しの開示請求のみで、この手続は問題なく運用されているとも言われる。しかし一部の事件ではあるが、上記のような問題が生じているとの批判もあり、近年ディスカヴァリは制限される方向で改正が行われることが多い。現在では、開示の範囲や、証言録取の件数などに制限がかけられたりしている。プリーディング（訴答）の記載事項の詳細さの基準が引き上げられたのも、こうしたディスカヴァリの濫用に対する懸念からであった。

❸………サマリー・ジャッジメント

プレトライアル手続の出口であり、次のトライアル段階へと当該事案を進めるべきか判断する、いわば関門の役割を果たす手続が「**サマリー・ジャッジメント**」である（➔**図表 3-1**）。この手続では、ディスカヴァリを経てもなお、事実に関しての争いが残っているかどうかが判断される（➔**図表 3-2** も）。

トライアルは陪審によって審理される場合もあり、コストがかかる。そのため、正式事実審理を開いて確定しなければならない「事実」に関する争いがないのであれば、それを開かずにこの段階で終結させるのである（「事実」に争いがなくても、訴訟が提起される場合はある。裁判に必要な情報は「事実」だけではない。当事者間で「法」について争いがある場合もあるのである）。

サマリー・ジャッジメントについて、判断を行うのは裁判官である。開示された資料や宣誓の下で作成された供述書などから、トライアルで提出される可能性のある証拠をすべて被申立人に有利に解釈してもなお、その当事者がトライアルで勝訴することがあり得ないと判断した場合には、サマリー・ジャッジメントが下される。一方で、矛盾した証言がありどちらに信憑性があるのかといった問題が残っている場合など、事実に関して争いが残っている場合には、サマリー・ジャッジメントは下されず、正式事実審理＝トライアルで判断されることになる。

Ⅳ トライアル――正式事実審理

トライアルでは、事実を認定し、法の適用が行われる。先に述べたように、アメリカの民事訴訟でトライアルが行われるのは極めて限られた数の事件のみである。しかしながら、それはトライアルが無意味ということを意味しない。プレトライアル手続で当事者は、トライアルで陪審審理が行われる場合もあるということを念頭に行動するからである（陪審は一般市民から選ばれるので、その判断に予測がつきづらい（と考えられやすい）ので、一か八かトライアルに命運をかけるよりも、その前の段階で和解をしようとするインセンティブにもなる）。

❶………陪審審理が行われる事件類型

アメリカの民事訴訟のすべての事件類型で、陪審審理が行われるわけではない。伝統的に英米法にある2つの主要な法体系である**コモン・ロー**と**エクイティ**（➔コモン・ローとエクイティについては、**第6章Ⅱ❹**）のうち、**コモン・ローの事件でのみ陪審審理**は行われる。エクイティの事件では原則として陪審審理は行われない。

契約や不法行為に基づいて金銭賠償を求める事件や、動産・不動産の占有回復を求める訴訟などはコモン・ローの事件として陪審審理が行われる一方で、信託といった分野はエクイティの事件として陪審審理は行われない。誤解を恐れず大まかに分けると、金銭を要求する訴訟では陪審が使われる一方で、当事者に対して何らかの行動をとるような命令（差止命令など）を求める訴訟では陪審は使われない。

アメリカで陪審審理を受けることは、**当事者の権利**と考えられている。連邦裁判所での訴訟については連邦憲法第7修正により、また州についてもほとんどの州憲法で、一定のコモン・ローに関する民事訴訟に陪審審理が保障されている。

陪審審理を受けるのは「権利」であるから、当事者は放棄することもできる。民事訴訟の場合、陪審審理が保障されている訴訟類型においては、どちらか一方の当事者が望む限りは陪審審理が行われることになる。陪審なしとなるのは、両当事者が放棄した場合のみである。

❷………陪審の任務――陪審と裁判官の役割分担

陪審審理が行われる場合であっても、裁判官がいなくなるわけではない。裁判官は引き続きトライアルに参加する。では、トライアルで陪審と裁判官はそれぞれ一体何を行うのだろうか。

陪審と裁判官の役割分担については、「**事実は陪審に、法は裁判官に**」が原則である。訴訟指揮と法に関する判断は裁判官の役割である。一方で、事実を認定し、法にその認定した事実を当てはめて判断を下すのは陪審の役割である。

例えば交通事故に関する損害賠償請求事件について、損害賠償が認められるのは、運転者が「過失」ある運転をした場合であり、その「過失」は「その情況におかれた通常人が払うであろう注意を怠ることである」という判断基準を示すのは、裁判官の役割である。また、提出された証拠について、それが証拠法上提出できない証拠ではないかといった異議が出された場合にそれを判断するのも裁判官である。

一方で、当該事件で問題となっている運転者が、実際に信号無視をしたのか、そしてその信号無視が上記「過失」に該当するのかを判断するのは、陪審の役割となる。そのときに、証人が証言したことの信用性を判断するのも陪審である。

陪審はこうした判断の結果（**評決**［verdict］と呼ばれる）として、原告・被告のどちらが勝訴したのかを回答する。そして原告勝訴の場合には、懲罰的損害賠償を含む損害賠償の額も決定する。なぜそのような判断をしたのかについては、通常答える必要はない。ただ上記結論だけを述べればよい。

❸………陪審審理

陪審によるトライアルの流れは、基本的に刑事手続と共通である。そのため、細部については、**第12章**を参照してほしい。民事の陪審も、伝統的には12人で構成されるが、現在では6人以上12人の範囲で構成されることがある。基本的に、全員一致で判断を下すが、1人や2人の反対があっても判断を下すことが認められる場合もある。しかし、過半数で決定可能ということはない。

❹………証明度

アメリカの民事訴訟においては、通常、事実に関しては「**証拠の優越**（preponderance of evidence）」での証明が必要とされる。これは、事実認定をする者が両当事者によって提出された証拠をすべて検討した結果として、その事実があった可能性がなかった可能性よりも少しでも高いと考える場合には、その事実をあったと認定する、ということを意味している。簡単に言い換えれば、すべての証拠からその事実があった可能性が50%を上回ると考えられる場合には、その事実が「あった」と認定するということである。両当事者はこの「証拠の優越」の基準を前提に証明活動を行うことになる。

V　ポストトライアルの手続

陪審審理の場合、陪審によって評決が下されるが、基本的に評決に従った判決がなされる。

ポストトライアル手続の目的の1つは、トライアルの誤りをチェックするというものである。ただし、この段階での事実に関するチェック機能は、非常に限定されている。裁判官が陪審の決定を覆すことは、基本的に認められない。それが簡単に認められてしまえば、陪審審理を受ける権利の保障が骨抜きとなりかねないからである。

しかしながら、裁判官には法律問題として、陪審とは異なる結論を下すことができる場合がある。それは、合理的な陪審であったならばトライアルで提出された証拠からその当事者を勝訴させることはあり得ないと判断できるような場合である。これは「**法律問題としての判決**（judgment as a matter of law）」と呼ばれ、トライアル後であっても、陪審が評議に入る前であっても、さらには評決を出した後であっても、下すことができる。

また、あり得ないとまでは言えないとしても、証拠から見て評決があまりにもおかしい場合や、陪審員が審理中に寝ていたなど、陪審審理の過程で不適切な行為があったことが評議開始後に判明した場合にも、**再審理**を命じることができる。

その他にも、評決の結果として出された賠償額（評決額）が過大であるという場合には、不利益となる勝訴原告の同意があれば、裁判所は再審理せずに、合理的と言える額にまで減額することも認められている（remittitur と呼ばれる手続）。

Ⅵ　上訴

上訴は通常、終局判決に対してのみ可能である。例えば、証拠の採用に関する異議が却下された場合であっても、その裁定に対して直ちに上訴することはできない。

裁判制度のところで見たように、第一審の判決に不服がある当事者は、権利として１回は上訴が認められる。しかしそれは、どのような事柄でも上訴することができるというわけではない。ここでも「事実」と「法」という区分が重要になる。

アメリカにおいて、事実の認定（つまりトライアル）は、通常第一審しかできない。基本的に、上訴審が第一審の認定した事実を覆すこともできない。特に、第一審で陪審審理が行われた場合はそうである。もしも上訴審が容易に陪審の事実認定を覆すことができれば、陪審審理を受ける権利の保障がないがしろになってしまうからである。つまり、アメリカにおいて「事実」を争えるのは、基本的に１回のみということになる。

では、上訴審の役割は一体どこにあるのだろうか。それは法解釈の提示である。上訴審は下級審が前提とした法解釈に縛られることなく、法を解釈することができる。特に最高裁判所は、下級裁判所間の異なる法解釈の統一を図ることが、主な役割の１つとなっている。

Ⅶ　クラス・アクション

ここまでは、基本的に原告・被告ともに１人ずつ（または複数であっても少数）の訴訟を念頭に、訴訟の提起から第一審の終了そして上訴に至る全体的な流れを説明してきた。けれども、アメリカの民事訴訟では多数の当事者が関係する手続が重要な役割を持っている。ここではアメリカに特徴的な**クラス・アクション**（class action）について紹介する。

❶………概要

クラス・アクションとは、多数の人々が共通の事実的・法的問題を抱えている場合に、代表者による訴訟を通じてその解決を図ることを可能にする手続である。共通の問題を抱える人々を「クラス」とし、そのクラスを代表する（少数の）人がクラス全員のために訴訟遂行することを認めるものである。

クラスの代表者や代理人は、基本的に自ら名乗り出た者が務め、クラスを構成する人によって選出されるわけではない。代表者以外のクラスに該当する人たちは、自ら名乗り出たりするわけではなく、通常訴訟手続にも参加しない。けれども、代表者による訴訟遂行の結果については、たとえそれが敗訴など望ましいものでなかったとしても、拘束されることになる。

つまり、この手続のもとでは、クラスを構成する人たちの権利が、代表者によって処分されてしまう恐れがあるのである。そのためクラス・アクションでは、訴訟手続に関与しないがその結果に拘束されることになる、代表者以外のクラスを構成する人（**不在構成員**と呼ばれる）の利益をどのように保護するかが課題となる。

クラス・アクションにはいくつかの「型」が設定されているが、ここではその中でも特に重要となる、共通した損害が多くの人に広がっているものの、1人1人の損害額がとても小さく、個別に訴訟することが実際上不可能な場合に関するクラス・アクションを念頭に記述する。

❷………手続の流れ

クラス・アクションが認められるためには、共通の問題を抱えた人が多数存在することが求められ、代表として名乗り出ている人がそうした人々の代表を適切に務められることが必要となる。さらに、そこでの紛争を公正にしかも効率的に解決するにあたって、クラス・アクションが他の手段（例えば、訴訟の併合など）よりも優れた手段であることが求められる。

クラス・アクションは、当事者がそれを主張すれば認められるというものではない。不在構成員の保護が問題となるため、裁判所による監督が行われる。裁判所は、訴訟の早期において上記の要求を満たしているかをチェックして、クラス・アクションとして訴訟遂行することを「**認証**する（certify）」か判断しなければならない。この「認証」において、クラスに含まれる人の範囲や争点が確定され、クラス代表や代理人についても任命が行われる。

認証後、クラスに含まれるとされた人たちに対しては、クラス・アクションの**告知**をしなければならない。自らの権利を代表者に処分してほしくないと思う当事者は、クラスから**離脱**することが認められている。そのため、こうした人たちに自らの権利が処分される可能性のあることを告知しなければならないのである（ただし、自ら離脱するための手続を採らなければ、クラスの範囲に該当するとされた人はクラス代表者による訴訟遂行の結果に拘束されることになる［そのため、しばしばこの型のクラス・アクションは「**オプト・アウト型**」と呼ばれる］）。

また、クラス・アクションについては、和解や訴えの取下げについても特別な扱いがなされている。通常の訴訟では和解をするかしないか、そしてそれをどのような内容で行うのかは、当事者の自由である。しかしながらクラス・アクションにおいては、和解や訴えの取下げをする場合にも、裁判所の認可が必要になる。クラス代表者やその代理人が相手方当事者に対し、不在構成員の権利については「安い」和解とすることを条件に、自らの和解や報酬については高く設定するといったことを行いかねないからである。和解案に関しても、クラス構成員には告知しなければならず、異議を申し立てることも認められている。そして裁判所は和解案を実質的に審査した上で、公正・適切と判断した場合にのみ認可する。

❸………政策目的

こうしたクラス・アクションが導入された政策目的は、請求権を有するけれども、費用の面から実際上訴訟を提起できない場合にも訴訟を可能にするというものであった。

例えば、ある会社が不当な取引を行い、1万人の被害者にそれぞれ10ドルの損害を出した事例を考えてみよう。この場合、各被害者個人は10ドルの請求権を有する。しかし、10ドルのために訴訟を起こす者はいないであろう。些少な請求額に比して訴訟費用は多大だからである。そうなれば、その会社は違法な行為を行っていたにもかかわらず、それは不問に付され、会社はいわば「やり得」となってしまう。これを放置すれば、他にも違法行為を誘発しかねない。

しかし、10ドルの損害1万人分を1つに集めることができれば、合計額は10万ドルとなる。それならば訴訟は可能となるだろう。やり得を許さないだけでなく、ひいては違法行為を抑止することもできるようになる。

❹………批判

しかしながら、近年クラス・アクションは、特に被告となることの多い企業などから、和解を強いるための手段になっているとして批判されている。多くの人の損害を1つにまとめるクラス・アクションは、1つの訴訟で争われる額を莫大なものにし得る。そうなれば、たとえ違法行為をしていなかったとしても、万が一にも（特に陪審によって）巨額の賠償金を課せられるぐらいならば、ある程度の和解金を払ってでも穏便に済ませざるを得ない。このように、クラス・アクションとしての訴訟追行が認証されれば、企業としては和解をせざるを得ず、こうしたメカニズムを使って原告は不当に和解金をせしめているというのである。

また、クラス・アクションは、当初想定されていなかった事案でも利用されるようになった。同じ不法行為による被害ではあるものの、個々の被害（額）が大きく、個人でも十分に訴訟が可能である「**大規模不法行為**」と呼ばれる事案である。この場合も、そもそもクラス・アクションとして訴訟する必要性について否定的な見方が強まっていった。

こうした批判から、連邦最高裁は大規模不法行為におけるクラス・アクションの利用を制限する判決を出すなど、近年その利用は全体的に制限される傾向にある。

Ⅷ　連邦民事訴訟規則の目的と変化——不法行為改革の影響

連邦民事訴訟規則は、「本案に根ざした裁判」という理念の下、訴訟の間口を広げ、関連する情報をすべて明らかとすることにより、それを実現しようとする設計となっていた。

そして、それによって導入されたディスカヴァリやクラス・アクションといった仕組みは、実体法を実現する手段としてその意義が考えられていた。現実に違法行為が行われていても、相手方にしか証拠がなかったり、訴訟にかかる費用が損害額と釣り合わなかったりする実際上の問題を踏まえ、そうした場合にも実体的な権利を追求できる仕組みとして認識されていた。つまり、私人自らが民事訴訟を通じて、実体法を実現できる訴訟手続となっていたのである。

COLUMN16

不法行為改革

アメリカでは、1970年代頃から、「不法行為改革（tort reform）」を求める声が大きくなっていった。これは、企業の製造物責任などを追及する不法行為訴訟に関し、それを削減するための司法制度改革を主張するものである。アメリカでは不法行為訴訟が数多く提起されており、企業側はそうした訴訟によって経営が圧迫され、ひいてはアメリカの経済の足かせにもなっているとして、こうした改革が主張されているのである。

これには実体法の面での改革と手続法の面での改革の２つの側面がある。実体法の面では、損害賠償額に上限を設けたり、抗弁事由を増やしたりするなどして、被告側の責任を限定するような改革がなされている。他方で、これまで見てきたように、簡素な訴答やディスカヴァリ、クラス・アクションなど、アメリカでは民事訴訟を提起しやすい制度が採られていたが、こうした訴訟手続の制限についても主張されている。

しかし近年では、不法行為改革の推進や前述のようなクラス・アクションに対する批判（→Ⅳ❹）から、こうした手続には制約が課されるようにもなっているのである。

COLUMN17

強制仲裁条項

訴訟を容易とする訴訟手続が制限されるだけでなく、近年アメリカでは、そもそも民事訴訟を起こすことが難しくなってきている。その１つの原因が、強制仲裁条項（mandatory arbitration clause）の普及である。この条項は、その契約の下で当事者間に何か問題が起きた場合には、訴訟ではなく仲裁によって解決をするという条項である。こうした条項が、消費者と企業、労働者と使用者の間の契約でも取り入れられるようになっている。仲裁人は通常企業側が選ぶため、仲裁では、いつもそれを申し立てる企業側が圧倒的に有利と言われる。近年連邦最高裁は、一般的に力の差があると考えられるこうした当事者間の「合意」についても、その有効性を認めて仲裁での解決を支持し、訴訟への道を狭めている（AT&T LLC Mobility v. Concepcion）。しかし、消費者・労働者保護の観点から、強制仲裁に否定的な見解も根強い。

第4章 契約法

I　法源──「アメリカ契約法」とは？

❶………州法でありコモン・ローとしての契約法

本章の主題は契約法である。日本でも、民法の主要な一部として、法律学の中でも基本に位置付けられているが、その点はアメリカでも変わらない。契約法はロー・スクールでも初年度で学習する基本科目に位置付けられている。

ではアメリカ契約法を知ろうということで、アメリカの民法を見てみようとすると、その期待は何重もの意味で裏切られる。まず、アメリカを含めた英米法には「民法」という枠組み自体が基本的に存在しない。契約法、不法行為法、財産法（物権法）、家族法といった、日本の民法がカバーする法領域はそれぞれ認識されているものの、それらをまとめて「民法」という枠組みで把握しようという発想はない。「民法」というのは極めて大陸法的な概念である。

では「契約法」という名の「法律」を探してみようとすると、これまた途方に暮れることになる。少なくとも、日本の感覚で、つまり六法に載っているような「条文の形になった」「契約法全体について規定している」「規範性を伴った公式文書」はきっと見当たらないことだろう。

そもそも、「アメリカ契約法」とは、「アメリカ法」とは、「アメリカ」

とは何なのか、から問われねばならない。本書の各所で触れているように、アメリカは**連邦制**を採用している国家であり、ここの問題との関連で言えば、連邦法とは別に州法が存在する、ということがポイントである。ニューヨーク「州」やカリフォルニア「州」といったアメリカ合衆国を構成する50の州は、日本での地方自治体のようなものではない。それぞれが独自の主権を有し、議会や知事、裁判所といった独自の統治機構を有し（→発展学習12）、そしてそれらの機関が運用するルール、つまり独自の法を有している。

このように、連邦レベルの統治機構と連邦法、州レベルの統治機構と州法との二重構造が、アメリカ法を理解する上での出発点である。本章の話題に立ち返れば、契約法は典型的な州法分野であり、したがって厳密に言えば「アメリカ契約法」は存在せず、「ニューヨーク州契約法」や「カリフォルニア州契約法」等々が50（＋α）並立している、というのが実情である（したがって、日本などでは国境をまたがないと生じない準拠法選択の問題が、州境を越えただけで発生することになる。その点を規律する抵触法ルール――日本の国際私法に相当――も存在する。→第1章Ⅲ❷）。

それでは改めて、「ニューヨーク州契約法」という法律を探そうとすると、やはり見当たらない。それでは法律家は――例えば裁判所は――契約に関わる法律問題をどのようなルールに依拠して解決するのか。それを見るには判決文を見るのがわかりやすい。アメリカの判決文での主役は、別の判決、である。その事件よりも前に判断された先例を参照して、そこからルールを導き出している。逆に言えば、ある判決が行った判断は、後の裁判所を拘束することになる（**先例拘束性**［stare decisis］）。このように、個々の判例とその蓄積から法を導き出すアプローチは「**コモン・ロー**（common law）」と呼ばれ、中世のイングランドに遡るものであり、独立に際してアメリカもこれを継受した。フランスやドイツといった大陸法国が経験したような法典編纂の動きがアメリカにもなかったわけではないが主流にはならず、コモン・ロー型の法観念は現在でも（一応）継続している。契約法はその典型的な分野ということになる。

❷………州法の調和・統合

このように契約法は州法であるとしたが、それでは「アメリカ契約法」を語ることはできないのだろうか。個々の法の実体はそれぞれの州法として存在するが、だからといって必ずしも50州の法ルールはそれぞれバラバラである、というわけでもない。各州法の発展を同じような方向へと向けさせる契機がいくつかあり、結果として緩やかな“傾向”ないし“一般論”としての「アメリカ契約法」を（そして他の州法分野における「アメリカ法」を）語ることができる。

まず、契約法は判例法の体系であるコモン・ローが妥当する分野であるわけだが、その際に参照するのは自らの州の判例のみとは限らない。当該事件で問題となっている論点について既に判断している先例があればそれを参照することになるが、そのような先例が見当たらないのであれば、その論点について取り扱った他州の判決に依拠して当事者（の弁護士）が主張を行い、裁判所もこれを受け入れる、ということがあり得る。場合によってはたとえ直接の先例が自州に存在するときでも、判例変更を当事者が求め、裁判所がこれに応じることもある。他州の判例は拘束力を持たないものの、**説得的権威**（persuasive authority）としての相互参照を通じて、同じような方向へ法が発展していくことが見受けられる。

また、法制度を運用する人とそのトレーニングもまた、「アメリカ法」の調和の上で重要な機能を有する。法曹となるためにはロー・スクールで教育を受けるのが原則となるわけだが（**➔第２章Ⅰ**）、特にトップクラスのロー・スクールは、全米から学生を集め、その卒業生も全米各地に散って活躍する。したがって、そこでの教育も、各州法の平均的なあり様に焦点が合わせられることになる。

さらに、よりフォーマルなアメリカ法の調和・統合の契機もある。特に契約法分野は州をまたぐことも多い取引関係に関わることから、法の調和への要請が強い。

代表的なものとして、州法に属する法分野であっても、統一的な法案を策定し、これを各州の議会が採択することで、法統一を目指そう、とのアプローチがある。その主要なプレイヤーとして、**統一法委員会**（Uniform Law Commission；統一州法委員全国会議［NCCUSL］）という全米的な組織があり、法の統一・調和の必要な分野を同定し、法案を策定して各州に採択を呼びかけている。この委員会の活動分野は幅広いが、一番の成功例として知られるのは取引関係に関する**統一商事法典**（Uniform Commercial Code［UCC］）であり、50州すべてで採択されている。特にその第2編は（消費者取引を含めた）動産の売買という、日常的にも重要な契約類型をカバーしていることからそれ自体として重要性を持つとともに、UCCの直接適用されない契約法一般に対しても影響を及ぼしている。なお、統一法委員会以外にも、**アメリカ法曹協会**（American Bar Association）や連邦

COLUMN18

リステイトメント

法の調和との関係で他に重要な機能を果たしているものとして、**リステイトメント**（Restatement）と呼ばれるプロジェクトないし文献がある。契約法分野のようなコモン・ローの領域は判例法を通じてルールが供給されるから、現在どのようなルールが妥当しているのか、いささか見通しが悪いのは事実である。また、州法であるということは50州でそれぞれ異なるルールが妥当している（可能性がある）ということであり、やはり見通しが悪い。そこで、ある時点でのアメリカにおける一般的な法状態がどのようなものであるか（あるべきか）を、条文の形でとりまとめた（「re（再）state（述）した」）ものがリステイトメントと呼ばれる文献であり、**アメリカ法律協会**（American Law Institute = ALI）という団体が契約法を含む主要な法分野について編纂している。ALIは民間の団体であり、形式的にはリステイトメント自体は法的な拘束力を持つものではない。だが、ALIはその時代においてアメリカを代表する高名な法律家をメンバーとする組織であり、その成果であるリステイトメントも事実上、高い権威を持つものとして、裁判所などでも頻繁に参照されている。

司法省などが同様にモデル法案を提案することもある（**第2章Ⅱ❹**・**COLUMN 8**で言及される弁護士行動準則模範規定や**第12章Ⅰ❶**に登場する模範刑法典など）。

❸………コモン・ロー（最狭義）とエクイティ

さて、契約法は判例法が規律すると述べてきた。さらに付け加えれば、「判例法」もまた、一枚岩ではない。中世イングランドに遡ると、複数の系列の裁判所が存在しており、それぞれ別々の判例法が展開されていた。このうち、国王裁判所で運用されていたのが（最狭義の）コモン・ローである。これに対し、大法官府という機関で運用されていた判例法があり、これを**エクイティ**（equity）と呼ぶ（➔より詳しくは、**第6章Ⅱ❹**）。

アメリカ法も独立時にこの区別をも継受したが、その後、19世紀中盤から後半にかけて裁判所組織や手続が統合された。だが、エクイティ由来のルールには、現在もその特徴が残されている。場合によっては法分野全体がエクイティ起源のこともあり、例えば信託法がそれに当たる（➔**第6章**）。他方、1つの法分野で両者が混ざり合っていることもある。契約法分野にもそれが見られ、これによって大陸法とは対照的な帰結がもたらされているので、そこから契約法本体の議論に入ることとしよう。

Ⅱ　契約救済法

❶………損害賠償

(1)　原則的救済としての損害賠償　　取引関係における当事者の行動とは順番が逆になるが、まず、契約違反が生じたら何が起きるのか、債務不履行の際に債権者はどのようなことを求めることができるのか、から議論を始めよう。契約に法的な拘束力を認める意義は何か、と言い換えてもよい。

日本の民法の下で、債務不履行に対して債権者は、原則として履行を請求することができ（414条）、加えて必要に応じて損害賠償を請求できる

(415条)(さらに解除も考えられるが、ここでは割愛する)。これに対し、アメリカ契約法では、履行請求(英米法では「**特定履行**(specific performance)」)が認められるのは例外的な場合に限られる。契約違反があった場合に債権者が求めることのできる原則的な救済は、**損害賠償**(damages)としての金銭支払いである。

伝統的な説明では、コモン・ローとエクイティの区別がこの帰結をもたらしているとされる。すなわち、コモン・ローにおける原則的救済が損害賠償であるのに対し、特定履行はエクイティ上の救済である。そして、歴史的経緯により、エクイティ裁判所はコモン・ロー上の救済では不十分だと考えられる場合にのみ救済を与えてきた(➔第6章Ⅱ❹)。このことから、契約違反の場合もコモン・ロー上の損害賠償がまず追求されるべきであり、それでは不十分な場合にのみ特定履行が認められることになる。

さらに、損害賠償が契約違反に対する救済の原則であるということは、債務不履行がありさえすればそれだけで賠償請求が認められる、ということも意味する。日本法における帰責性のような、追加的な要件は必要なく、その意味で契約責任は厳格責任(無過失責任)だと言える。

では、どの程度の額を損害賠償として求めることができるのであろうか。損害賠償の基準の問題である。これについては、契約の保護する利益として3種類のものが観念され、これらを基礎に分析される。第一に**原状回復利益**(restitutional interest)、債権者が債務者に反対給付として与えたものを取り戻す利益である。第二に**信頼利益**(reliance interest)、契約を締結する以前の状態に復帰させる利益である。第三に**期待利益**(expectation interest)、契約が履行されていたとすれば実現したであろうものと同等の状態を達成する利益である(日本法の履行利益に相当する)(Sullivan v. O'Connor〈百選101〉も参照)。

そして、契約違反の際には期待利益の賠償を求めることができる、というのが原則である。売買契約で買主側が不履行した場合で言えば、売主が出捐を免れたもの(例えば材料費や労賃)を売買代金から控除した額、売主側の不履行の場合には買い主の予定していた転売による利益をイメージすればよいであろう。

(2) 損害賠償を限定する諸ルール　期待利益の賠償が得られるということは、実際には契約内容が実現していないにもかかわらずそれと同等の利益を得られるわけだから、ずいぶんと気前のよいルールだと思う読者もいるかもしれない。だが実際には異なる。損害賠償を限定する様々なルールが発達していることも、アメリカ契約法の特徴である。

例えば、契約の目的物について債権者が個人的な思い入れをもって高く評価していることも考えられるが、債務不履行により目的物が滅失したとしても、そのような主観的な価値は賠償の対象とはならない。あくまでも客観的に評価される価値のみが賠償の対象となる。同様に、精神的損害に対する賠償も認められないのが原則である。あるいは、理論上は客観的に評価可能であったとしても、確実な金額を合理的に算定できない場合にもやはり、賠償は認められない。

また、契約違反によって認められる損害は通常生じるものに限られる。債権者側の事情により、契約違反を契機として諸々の損害が連鎖的に拡大していくことも考えられるが、その場合でも、契約締結時に債務者が予見可能な損害しか賠償の対象とはならない（イギリスの判例［Hadley v. Baxendale〈百選 102〉］に由来するルールで、それが取り入れられて日本民法の 416 条 2 項となった）。

あるいは、損害賠償を請求できると思って、契約違反をされた債権者が漫然と事態を放置することは許されない。損害の拡大を防止・回避するために行動することが求められ、そのような措置を講じないで生じた損害については賠償が認められない（**損害軽減**［mitigation］ないし回避可能な損害のルール［avoidable consequences rule］）（Parker v. Twentieth Century-Fox Film Corp.〈百選 103〉参照）。典型的には、反対債務の履行を停止したり、代替取引の可能性を探ることが求められる。

「訴訟社会」アメリカを象徴する高額賠償をもたらすものとして有名なものに、**懲罰的賠償**（punitive damages）という制度がある。これは、行為者の行為の悪質性が強い場合に、通常の填補賠償を超えて命じられる金銭の支払いである。だがこれは、不法行為やそれに類する訴訟原因について認められるものであり、通常の債務不履行についての損害賠償としては認められない。先に、損害賠償の請求に際して帰責性等は要しないと述べたが、逆に債務者が故意ないし悪意をもって履行しなかったとしても、それ自体で賠償が拡張されるということはない。

(3) 損害賠償額の予定と違約罰　このように期待利益の賠償が認められると言っても、それを算定するのは一筋縄ではいかない。複雑な取引であれば尚更である。そこで、当事者が予め契約中に、契約違反の際に支払うべき金額を規定する、**損害賠償額の予定**条項（liquidation clause）を設けることもある。

この額が穏当ないし控え目である分には、裁判所も差し支えなくその効力を認める。当事者が意図的に、低額な賠償・限定的な救済のみを規定する責任制限に合意することも考えられる（この場合おそらく、代金額が低廉に抑えられるとともに、債権者は別途、不履行の際の対応を講ずることになろう）。他方、あまりに高額な賠償額が契約中に規定されると、**違約罰**（penalty）として評価され、（懲罰的賠償を認めないのと同様に）裁判所は効力を認めない。この点でも、賠償額を限定するというアメリカ契約法の方向性は一貫している。

❷………特定履行

それでは、例外的に特定履行が認められるのはどのような場合であろうか。損害賠償のみでは債権者の救済が不十分な場合として伝統的に認められてきたのは、目的物が非代替物である場合である。典型的には特定の土地、あるいは著名画家による絵画の売買契約をイメージすればよい（そのように考えると、日米における契約救済法の原則の差異は相対的なものであり、実際に違いが生じるのはもっぱら目的物が種類物である状況だとも言える）。

20 世紀中盤に普及した UCC は特定履行が認められる状況を拡張した。UCC は特定履行が認められる状況として、目的物が唯一無二である場合に加え、「その他適切な場合」を付け加えた。このような拡張傾向の下で例えば、ガスの卸売業者と小売業者との間の供給契約（典型的な種類物の売買）に関し、卸売業者が供給を拒んだ事案について、小売業者が安定供給を前提にガス管などを整備していたという事情に着目してガスを供給するよう命じた裁判例（Laclede Gas Co. v. Amoco Oil Co.〈百選 104〉）などがある。

Ⅲ　契約の成立

❶………約束と合意

さてそれでは、違反すれば前節のような救済の認められる契約とはどのようなものであろうか。

Y 氏名義による「この写真のうちのネコを連れてきてくれた方に 100 ドルを差し上げます」という張り紙を見た X 氏がこのネコを Y の元に連れて行ったら、Y は支払いを拒んだとしよう。この場合、XY 間に「合意」は存在しないが、Y が何ら責任を負わないとするのは多くの読者の直観に反するであろう。実際、英米法でもこの場合、契約の成立を認める（一方的契約［unilateral contract］）。

アメリカ契約法で契約の中核に位置付けられているのは「約束」である。約束、つまり将来において特定の事柄を行う（場合によっては行わない）と請け合うことで、将来的な協力関係をデザインすることを可能にする制度だと考えられている。

とはいえ、両当事者が相手方に提供可能なものを提案し、相互が納得して受け入れた、その意味で合意した事項が契約になるというのが典型であることも確かである。

そして伝統的には、合意はさらに**申込み**（offer）と**承諾**（acceptance）という枠組みで分析される。申込みに関するルールで特徴的なものに、撤回自由の原則がある。申込者は相手方が承諾するまではいつでも自由に申込みを撤回できる。仮に申込み自体に承諾期間の定めがあっても撤回可能である。何をもって承諾とするかは申込者が指定することができる（ただし特段の事情がない限り単純な沈黙は承諾とはならない）。承諾は、申込みの内容をそのまま認めることが求められており（mirror image rule）、変更や条件を付け加えた場合には承諾とはならない（反対申込みとなる）。

だが、申込みと承諾に関するルールは伝統的コモン・ローにおいては厳格なものであったが、現在ではもっと緩やかな形で運用されている。例えば、UCCでは、契約の成立について合意の存在を示すあらゆる方法で可能であるとし、成立時点が特定できなくても、あるいは一部の条項が不確定であっても、契約の成立を認め得るとしている（ProCD, Inc. v. Zeidenberg〈百選93〉も参照）。同様にUCCは、商人による動産売買の申込みについて、一定期間、撤回しない旨の署名付きの申込みについて、撤回できない（firm offer）、と伝統ルールを修正している。

❷………約因法理とその例外

しかしながらアメリカ契約法の下では、単純な約束ないし合意のみでは法的な契約として認められることはない。加えて、「**約因**」が必要となる。「約因」の原語は“consideration”であり、辞書を開けば（下のほうに）「報酬」「対価」という訳を見つけることができる。つまり、契約と認められるためには、何らかの反対給付がなされ、交換的取引の形態が形作られることが求められる。その意味で、アメリカ法においてすべての契約は有償契約であると言える。もっとも、ここで言う反対給付は物的な給付である必要はなく、作為・不作為や、将来何らかの事柄を行うという反対約束でもよい。

⑴ **贈与**　約因法理によって契約と認められない典型的な例は、単純な贈与の約束である。XがYにある財産を将来、無条件で譲ると約束しても、アメリカ契約法の下では約因の欠如により法的な拘束力を認められない。つまり、Xが自発的に財産を移転すればともかく、それをしなかった場合にYがXに目的物の引渡しを（あるいは損害賠償を）請求することはできない。

古典的事例として、病気になった旅行中の旅人を介護した人に対し、旅人の親が介護費用等の支払いの約束をしたものの、実際には実行されなかったという事案で、介護者からの支払請求が認められなかった、という判例がある（Mills v. Wyman〈百選 94〉）。約束に先立って自発的に介護がなされたのであり、約因が欠如しているからである。

とはいえ、これは何を約因として認定するか次第であるとも言える。一般に裁判所は約因の相当性を審査せず、何らかの反対給付がなされていれば十分とされる（peppercorn rule）。別の言い方をすれば、約因法理は対価的均衡を保証するものではない。したがって、緩やかに約因を認定するとすれば、贈与に近いシチュエーションでも有効な契約とされることがある。やはり著名な例として、富裕な叔父が未成年の甥に、21 歳になるまで酒やタバコを控えたのならばまとまった金額を贈ると約束し、実際に甥のほうがそれを実行したので支払いを求めた、という事案で、裁判所は甥の請求を認めている（Hamer v. Sidway〈百選 94〉）。「21 歳になるまで酒やタバコを控えること」を約因と認めたわけである。

⑵ ビジネス取引と約因法理　約因法理が交換的取引を保証するものだとすると、基本的に有償の関係が取り交わされるビジネス取引には無縁と考える読者もいるかもしれない。だが、必ずしもそうではない。

前項で申込みの撤回は自由だというのが伝統的ルールだとしたが、その理由として、申込みには約因が伴っていないから、と説明されることがある。そこで、申込みを受けた当事者は、撤回されることを避ける――つまり、承諾という一方的な意思表示によって確定的に契約を成立させる――権利を確保するために、一定の（少額の）金銭を支払うことがある。このような契約を**オプション契約**（option contract）という。例えば、一定の金額で会社の株式を買う権利をコール・オプション、逆に売る権利をプット・オプションと言い、金融取引の世界では重要な取引形態である。

あるいは約因法理の系として、一見約束をしているようでいて実は将来の行為にコミットしない言明は、交換的取引を形成しないから契約を成立させない。ある工場（の担当者）が「必要になったらしかるべき分量の原材料を購入する」あるいは「生産した製品をすべて売る」と述べたとしても、実際には当該原材料が全く必要とされない、あるいは当該製品を全く生産しない、ということも考えられるから、伝統的コモン・ローでは契約としての拘束力が認められないこととなる（illusory contract）。しかし実際にはそのような取引関係を取り結びたいという需要もある。そこでUCCは伝統的ルールを修正し、誠実にビジネスをしていれば一定のプラスの必要量ないし生産量が生じるのであれば（事前ないし通常の見積もりから大きく外れないことを条件に）、そのような契約も許容している（Laclede Gas Co. v. Amoco Oil Co.〈百選104〉も参照）。

あるいは、既に義務付けられていることの履行ないしその約束も約因を構成しない。したがって伝統的ルールでは、既存の債務を一方的に切り詰める契約の改定（例えば債務の一部免除）は拘束力を持たないことになる。しかしこれもまた、いったん契約が成立してしまうとその後で関係を再調整することが困難になってしまい不便である。UCCは契約の改定に約因は不要であると伝統的ルールを変更している。

⑶ 約束的禁反言　このように、契約には約因が必要とのルールが原則として維持されつつ、不都合が生じる場合には一部修正されている。だが、それでは受け止めきれない状況も発生し得る。

例えば、次もまた著名事件（Feinberg v. Pfeiffer Co.）の事案である。XがY会社Yに長年勤務し貢献したことについて、Yは取締役会決議を通じて、退職後の終身年金をXに約束した。Xはさらに数年勤務した後に退職し、年金の受取りを始めた。だが、また数年後、Yの経営者が変わってXに対する年金支払いを取りやめた。この場合、年金支払いに対する約因は存在しない（先の旅人の事例と同様に、XによるYへの貢献は過去のものである）から、通常の約因法理の下ではXからYへの年金の支払請求は認められないことになる。

しかし、約因法理の不都合を補完するものとして、**約束的禁反言**（promissory estoppel）という法理が認められている。これは、約束をすることで相手方が不利益な行動・地位の変更を行うことが予見でき、実際に約束を信頼してそのような行動・地位変更がなされた場合、約束を強制することで不正義を回避できる場合には拘束力が認められる、というものである。上の例でも、XはYの年金支払いの約束を信頼して退職という地位変更を行っており、裁判所はXの請求を認めた。

Ⅳ　契約の拘束力の制限、契約責任からの解放

このようにして契約が成立すれば、当事者はそれに拘束されることになる。人々の間の関係を自らデザインするための制度が契約なのだとすれば、理の当然である。

しかし、そもそもそうした関係に入るための基礎が確保されていない、あるいはその他の外在的事情により、契約の拘束力が制限されたり、事後的に契約責任からの解放が認められることもある。以下ではアメリカ法上のそうしたルールの幾つかに触れるが、前提として、これらが認められるのは稀なことだということを確認する必要がある。当事者が締結した契約関係へ裁判所が後見的に介入してくるのは例外的な状況に限られ、そうした介入を控えることこそがアメリカ流の「正義」であると考えられている。

❶………契約締結過程の瑕疵

拳銃を頭に突きつけられながらサインした契約に拘束されると考える者はいないであろう。アメリカ法でも、強迫（duress）、すなわち不当かつ他の合理的選択が失われるような重大な脅威によって締結させられた契約は取り消すことが可能である。ここでいう脅威は、生命・身体に対するものに限られず、財物や経済的利益一般についてのものであっても認められ得る。さらに、そのような客観的な脅威が存しなくとも、予め一方当事者が他方当事者を特に信頼するような関係があり、後者が前者に不当な影響力を行使して契約を締結させた場合には、やはり取消しが認められることがある（不当威圧［undue influence］）。

契約締結過程における情報的瑕疵、すなわち日本法の詐欺や錯誤に相当

する状況については**不実表示**（misrepresentation）法理が対応する。事実について虚偽の表示が行われ、これが詐欺的（すなわち表示者に欺罔の意図があった場合）または重大であった場合、これを信頼して締結された契約について、相手方は取り消すことができる。事実の不開示についても不実表示の成立が認められ得る。他方、あらゆる表示・不開示に対する信頼が保護されるわけではなく、将来の予測は含まれないし、事実ではなく意見としての言明を信頼することも原則として認められない。

契約法上の不実表示の効果は契約の取消しとそれに伴う原状回復であり、追加的に損害賠償が認められることもある。実務的には、取引対象や取引に関連する諸事実を契約中に記述した上で、各当事者がそれを真実であると保証する条項が置かれることも、特に大規模な取引では少なくない（いわゆる**表明保証**［representation and warranty］条項）。

あるいは、そもそも当事者が契約関係に入るに足る能力（capacity）を有しない場合はどうか。未成年者（minor. ほとんどの州で18歳未満）が契約を締結した場合、彼（彼女）（やその法定代理人等）はこれを取り消すことができるし、取消し後の清算についても現存利益を返還すればよい。日本のように法定代理人（親権者）が締結した契約が未成年者を拘束するということもない。例外として生活必需品の調達については未成年者自身で契約締結が可能だが、それ以外に未成年者を拘束する契約関係に入ろうという場合には裁判所の許可が求められる。若干の差異はあるものの、精神障害者についても同様である。

❷………非良心性その他の契約内容についての調整

次に、契約当事者間に不均衡がある場合の調整法理である、**非良心性**（unconscionability）法理を紹介しよう。この法理は、契約を無効にするほどではないが契約締結過程に一方当事者に不利となる瑕疵があり、これによって他方当事者に一方的に有利な契約条件となっている場合に、当該契約の効力を否定・制限するというものである。講学上、前者を手続的非良心性、後者を実体的非良心性と呼んでいる。この法理が使われる典型的なシチュエーションは消費者契約であり、定型約款／標準書式が使われる状況である。多くの裁判例は、非良心性の認定のために、手続的非良心性と実体的非良心性の双方が揃っていることを要求している（Williams v. Walker-Thomas Furniture Co.〈百選 100〉も参照）。これらの関係は相関的であり、一方の問題性が特に強い場合には他方の要素が弱い場合でも非良心性を認定する場合がある。

非良心性法理の効果は、契約の拘束力の否定・制限である。UCC でもリステイトメント（→**COLUMN18**）でも、契約全体の強制を認めない、一部の条項が非良心的な場合にはその条項のみを強制せず他の部分の強制を命じる、不適切な結果を回避するよう非良心的な条項の適用を制限するなど、裁判所が裁量的に命じることのできる多彩な選択肢を与えている（エクイティ由来の法理としての特徴である。→**第６章Ⅱ❹**(3)）。

契約内容への規制が制定法によって設けられることもある。消費者保護等を目的として、一定の取引関係（例えば金融取引）について独自の規制を加える諸々の制定法が、連邦・州双方のレベルで採択されている。この場合、契約上の実体的な権利義務を直接に制定法が規制することもある。が、アメリカの立法例でよりメジャーなのは、事業者に情報開示を義務付けたり、契約書の記載を目立つものにするなど、契約締結過程を規制するものである。当事者の選択の余地を残しつつ、不利な（と思われる）条項を選択するのならば意識的に行わせる仕掛けである。

そのような制定法がなくとも、契約関係があまりに不適切だと考えられる場合には、**公序**（public policy）に反するとして、裁判所がその効力を否定したり制限したりすることも、稀ではあるが皆無ではない。

❸………契約責任からの解放

前述の通り、英米法上の契約責任は厳格責任であり、履行がなされなかったのならば債務者は理由を問わず責任を負わなければならない（損害賠償の支払い、という形でだが）。別の言い方をすれば、契約上に別の定めのない限り、履行不能のリスクは債務者が負うのが原則である。

とはいえ、契約締結後の後発的事情により履行が不能または著しく困難となった場合、債務者が免責されることがないわけではない。当事者が当該事情の発生しないことを契約の基本的な前提としていたにもかかわらずこれが生じてしまった場合、そのことについて当事者に過失がなく、契約上、当該リスクの負担もしていないのであれば、債務者は債務不履行責任を免れ得る（後発的不能［impossibility］ないし実行困難性［impracticability］）。同様に、発生しないことが当然の前提となっていた事情が発生したことによって、契約目的の達成が不能になった場合にも、債務者の免責が認められることがある（目的の達成不能［frustration of purpose］）。

もっとも、こうした事情によって裁判所が実際に免責を認めることはめったにない。むしろ、将来の事象のリスクについては予め契約の中で配分しておくべきだというのが、アメリカ契約法の基本的な態度だと言える。実務的には、そのような契約の基本目的が覆され、債務者が免責される事情（例えば、天変地異や戦乱、革命や暴動、ストライキ等）を**不可抗力**（force majeure）として列挙する条項が置かれることも少なくない。

V　契約書の意義

契約と契約書は別物である、契約自由の原則の系である方式の自由により（特別法によって要求されている場合を別にすれば）契約書がなくても口頭のみで契約は成立し、契約書は契約の存在や内容についての証拠に過ぎない……このように民法の授業で習った読者も多いであろう。

アメリカでも、ある程度はこのことは正しい。しかし、アメリカ契約法における契約書の重要性は日本法においてよりもかなり大きい。むしろ、原則と例外が逆であるとさえ言える。

❶………詐欺防止法

まず、一定の類型の取引については、契約の存在を示すよう書面が作成され、債務者の署名がない限り、拘束力が認められない。これを**詐欺防止法**（statute of frauds）という。17世紀のイングランドの制定法に由来し、アメリカもそれを継受した。

具体的にどのような契約類型がカバーされるかの詳細は州によって異なり得るが、第2次契約法リステイトメントは次の5つを挙げている。

①遺言執行者・遺産管理人が、被相続人の債務について負担するとの契約

②保証契約

③婚姻を約因とする契約

④土地上の権益の売買契約

⑤締結後1年以内に履行されない契約

また、UCC第2編は500ドル以上の動産売買について、書面を要求している（UCC第2編の2003年改訂はこれを5,000ドルに引き上げたが、諸州は従わず、03年改訂の提案は撤回された）。

もっとも、当該書面が契約関係を完全に文書化している必要はない。契約の存在が示され、債務者の署名がありさえすれば、カバーされていない条項や誤記があったとしても差し支えない（売買契約における目的物の数量を除く）。レストランの勘定書の裏に書かれたメモで十分だともされる（Lucy v. Zehmer参照）。そのようなことがあるので、不用意かつ不要な責任負担を避けるべく、複雑なビジネス取引をめぐる長期に亘る契約締結交渉などの場合、最終合意に至る前の段階では、交渉内容についての覚書きが作成されるときにも、あえて「拘束力を持つものではない」と明示し、契約の成立を意図的に否認することもある。

また、詐欺防止法の対象となる類型の契約であっても、書面がないことによって契約が無効となるわけではなく、裁判所で請求が認められなくなるのみである。よって、債務者が自発的に履行することは可能であるし、一部履行は契約を強制する根拠となる。

加えて、契約の改定に関して、書面化され、両当事者による署名がない限り、改定の効力を認めない、と規定する契約条項も広く使われている。

❷………口頭証拠排除則

詐欺防止法は「とりあえず何らかの書面」を求めるルールであるのに対し、**口頭証拠排除則**（parol evidence rule）は「きちんとした契約書」を要求するルールだと言える。

この法理は、契約内容の確定に関するものである。契約が締結され、契約書が交わされた場合、契約上の権利義務の確定に際して、当該契約書以外の証拠を持ち出して契約書に記述されている事項を否定・反駁することは許されない。加えて、契約書が当事者の権利義務関係を完全に記述していると考えられる場合には、外部証拠を持ち出すことで追加的な権利・義務を主張することも認められない、とされることもある。「口頭証拠」ルールという名で知られているが、口頭でのやり取りについての証言のみならず、交渉過程で作成されたメモなども排除される。

このうち、否定・反駁の禁止の部分については比較的容易に説明できる。契約締結交渉の過程において両当事者は様々な提案を行い、契約内容を練り上げていく。それらを最終的に集約して合意したものが契約書となるのであって、そこに盛り込まれなかった事項は取り下げられたものとみなさざるを得ない。だとすれば、交渉過程でのやり取りについての証拠を持ち出して契約書を攻撃することは、合意に至った事項を合意していない事項で置き換えようという試みに他ならないことになる。

他方、権利や義務の追加の主張の禁止についてはもう一捻り必要である。問題となっている契約書が当該契約上の権利義務のすべてを、全体としてバランスの取れたものとして記述しているのであれば、前段の議論の延長で説明できる。だが、契約書が契約関係の全体を規定していると、どのようにして言えるのであろうか。この点、契約書それ自体からそのように認定できるとする州と、そのような認定のために外部証拠を許容する州とに分かれている。口頭証拠排除則の適用を確実にするために、当該契約書が契約関係の全体を規定していると宣明する条項（完結条項［integration clause, merger clause］ないし完全合意条項［entire agreement clause］）を設ける契約実務も広く行われている。

なお、口頭証拠排除則は契約内容の確定に関する法理であり、詐欺や約因の欠如のような、そもそも契約が不成立であったり拘束力を有しないとの主張については無関係である。また、契約書中の規定・文言が曖昧であるために解釈が必要な場合に外部証拠を参照することも認められる。さらに、口頭証拠排除則によって提出が認められなくなるのは当該契約書の採択に先行する（あるいは同時の）コミュニケーションについての証拠であり、それより後のやり取りの証拠についてはその限りではない。もっとも、前項で触れた書面変更条項がこの点をカバーしているとも言え、実務的にも完全合意条項と書面変更条項とがセットで規定されることは少なくない。

❸………契約の解釈とドラフティングの重要性

さて、このように取り決められた内容に従って各当事者は自らの履行（performance）を行うことになる。それぞれが相手方の履行に満足すれば円満に取引はその目的を達成する。だが、現実にはそうはならないこともあるし、だからこそ裁判所や法ルールが必要とされる場面が際立つのである。

実際の契約紛争では、契約上の債務内容の理解が当事者間で食い違っているという形で争われることも多い。つまり、当事者間に有効な契約が存すること自体には争いはないが、債務者が契約に従った履行だと思って提供したものが、債権者の理解していた内容と異なる、という局面である。この場合、裁判所は契約を解釈していずれの理解が適切であるかを裁定しなければならない。

それでは裁判所はどのようにして契約を解釈するのか。アメリカの裁判では陪審を伴った審理が行われるが（**→第３章Ⅳ**）、契約の解釈は裁判官の判断する法律問題であり、陪審の判断する事実問題ではないとされる。かと言って明確に白黒を付けることのできる一般的ルールがあるわけでもない。当事者の了解を離れて裁判所の一方的な理解を押し付けることは避けるべきだと現在では考えられているが、他方で当事者の純粋な主観に依拠するのではなく、あくまで契約書をはじめとする客観的に表示されたものに基づいて判断しなければならない。契約締結時の当事者の立場に立ち（その際には両当事者間に先行する取引があればその経過や、当事者の属する業界の慣行なども参照される)、契約全体を整合的なものとして取り扱いつつ、当事者がその契約を通じて達成したい目的に沿う方向で解釈すべきである、とされる。関連して、契約の目的や締結時に各当事者の置かれている状況を、契約書（通常は冒頭）に記載するという実務も広く行われている（recital ないし whereas 条項)。また、当該契約に基づいた履行が既に争いなく行われていた場合、その経過もまた当事者による契約理解の証拠として考慮に入れられる。

他方、契約書中に曖昧さや欠缺を残しておくことは歓迎されない。制定法や判例法が補充ルール（default rule ないし gap filler. 日本法の任意規定に相当する）を用意していてそれに依拠する意図があれば格別、そうでもないのに曖昧さや欠缺を意識的に残すのは、特に契約締結に法律家が関与する場合、望ましくない行動である。紛争の解決だけでなく予防もまた、法律家の重要な職務であると考えられており、そうだとすれば契約中の曖昧さや欠缺は紛争の種以外の何物でもない。むしろ、将来生じるかもしれないあらゆる事態とリスクを想定し、それに対処した契約条項を書くことこそが、契約締結に関わる法律家のあるべき姿だとされる。

裁判所が契約解釈に際して援用する補助ルールも、当事者による契約の明確化を促している。例えば、相手方が自らと異なる契約理解をしていると知っていた（または知るべきであった）場合、不利に解釈される。あるいは「作成者不利（*contra proferentem*）の原則」というものがあり、一方当事者が書面を用意し他方はこれを承諾したのみである場合には、書面を用意した側に不利な解釈が採用される。先行する取引経過や業界慣行も考慮要素となると先に触れたが、これも当事者がそれとは異なる契約条件を採用したい場合にはそのことを明示することを求めていると言える。あるいは、前項の口頭証拠排除則も契約内容の明確化を促進していると言えよう。

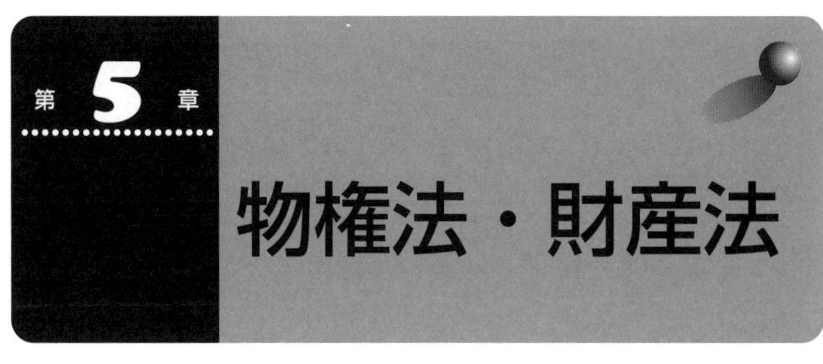

第5章 物権法・財産法

「Xが物αに対して権利を有する」というとき、それは法的に何を意味するか。そのような権利は他者Yを排除する正当化事由となるということは、説明の1つだろう。他者Yと権利者Xとの間に事前に何らかの法関係（例えば契約）がなかったとしてもXが自己のαに対する権利をYに対し主張できるとき、Xにはαに対する物権（property）がある、という。

本章で学ぶアメリカのpropertyという領域は、このような状況を主として対象とする、我が国の物権法に相当する分野である。権利者が（他者を排除して）財産を自由に使用・収益・処分等できるようにし、個人の自由と市場経済を保障する私法上の制度である。

しかし他方で、特に土地は所有者以外の多くの主体が利害関係を有しやすく、権利者の好き勝手を許すばかりではかえって有害なこともある。そのため、私人間で所有者の権利を制約したり所有者以外に何らかの使用権を与えたり、政府が介入したりもする。特に本章後半で見るように、アメリカのpropertyの授業ではゾーニングや公用収用といった我が国では行政法や憲法で扱われるトピックも扱う。全体を通して、権利者が財産に関する権利を享受するという側面と、権利者の個人的利益と社会的・公的な利益を調整するという側面とが、アメリカのpropertyには通底する。

このように狭義の物権法に限られない様々な制度や権利を内容とする性格を強調する際、本章ではproperty, law of property, property rightといった表現の翻訳語として「財産法」や「財産権」を用いることにする。

COLUMN19

Property と英米法／大陸法

"Property" は比較法学の文脈では大陸法の「物権（法)」ないし「所有権（法)」の訳語として用いられる。特に強調するときには "proprietary rights"（物権）という語が用いられる。これと対置される「債権（法)」は（law of）obligation という。「物権」については本章で見るように内容に大きな違いが見られるので使用には注意が必要であるし、「債権（obligation)」についてはアメリカでは国内法の法律用語として使うことはほぼなく、翻訳語である。

I　Property の対象と特徴

❶………Property を有することの意味

⑴ 2つの不法行為　「X が物 α に対して権利を有する」というとき、それは法的には、X には他者を排除する正当化事由があることを意味すると説明できる。アメリカの財産法ケースブックには、この特徴を強調して導入するため、X が権利侵害者 Y に対して提訴し得る二種の不法行為から話を始めるものがある。これに倣ってみよう。

1つ目は**トレスパス**（trespass）である。Y が X の土地に侵入したり、Y が X の土地にゴミを投棄したり、といった物理的な侵入をした際に、X はトレスパスの訴訟を通じて権利を回復することができる。もう1つは**ニューサンス**（nuisance）と呼ばれ、Y が発生させた煤煙や騒音などが X の土地上に迷惑な状態を引き起こした場合に、X は Y に対するニューサンスの訴訟を通じて権利を回復することができる。

いずれの不法行為訴訟においても、X は Y に対して当該侵害行為をやめるよう求めることができる（インジャンクション［injunction］)。これは2つの点で重要である。第一に、契約違反に対するコモン・ロー上の救済は原則として金銭賠償である（→**第４章Ⅱ**）。不法行為も同様で、特定的救済であるインジャンクションは裁判所が有するエクイティ上の権限に基づく例外的なものである（→**第６章Ⅱ④**）。第二に、それにもかかわらず土地に対する侵害として位置付けられるこれら２つの不法行為では、Ｙによる現実の侵入を排除する特定的救済が与えられる可能性が非常に高く、結果において追い出すことができるのが原則とも目される。

(2) **物それ自体の取戻し**　そもそも property に直接基づく訴訟として、物それ自体を取り戻すこともできる。例えばＸの所有する宝石がＺに盗まれ、それを知りつつＺから購入したＹの手元にあり、Ｙが任意に引き渡さない場合、ＸはＹに対して宝石を返還するよう求めることができる（価格相当の金銭支払いを求めることができるのにとどまらない。日本でも民法 192 条の即時取得はＹの善意を要件とするため結論は同じになるが、アメリカではそもそも即時取得が生じない。→Ⅲ❶）。

このように、property を有する権利者Ｘは、対象物 α に対して他者を排除して α の占有・使用・収益・処分などを享受できることに、property の権利としての特徴がある。

❷………物権・財産権の特徴

こうした特徴をもって、**救済法**（law of remedies）の観点から、財産権（物権）に基づく救済と金銭による救済とを区別する考え方が提示され、ある種の法と経済学の基本的な枠組みになっている。権利者Ｘが物 α に対して有する権利を侵害された際に与えられる救済には、一方で、物 α 自体に対する侵害を絶対的に排除する方法がある。これは **property rule** と呼ばれ、侵害行為を差し止めたり、物自体を取り戻させたりすることを意味する。他方で、侵害によって生ずる損害を金銭で賠償させる **liability rule** による方法もあり得る。

Ｙの側から見れば、物 α に影響を与えたりＸの権利を侵害したりするような行為を行おうとした場合に、property rule の下ではＸの何らかの許諾を得なければその行為ができない。他方、liability rule の下では最終的に損害賠償を支払いさえすれば当該権利侵害行為を行うことも可能であるということになる。

「権利保護として property rule を用いる」とか「property としての保護をある権利に与える」ということは、当該物に対する権利侵害行為への拒否権に相当する強い地位を権利保有者に与えることになる。

❸………対世的権利としての物権

しばしば、物権は「世界の誰に対しても主張できる権利」と表現される。これは契約や不法行為に基づく権利と対比される特徴である。

隣接地を所有するＸとＹの間で、ＸがＹの所有地 a を通り抜けることを認める、という約定を例に考えてみよう。ＸとＹは契約を締結して、例えばＸがＹの土地 a を通行させてもらう対価として毎年いくらかの金銭を支払うことにしたとする。この契約には約因（対価）もあり、有効な契約とされる（➔約因については、**第４章Ⅲ❷**）。ところが、契約締結から数ヶ月後に、ＹはＸに断りなく、土地 a をＺに売却して出て行ったとする。

⑴ **契約による場合**　Ｘが土地 a を通り抜けることは、Ｙとの契約において認められた権利に過ぎないから、契約の当事者でないＺに対して主張することはできない。もちろんＸはＹを契約違反で訴えることはでき、金銭賠償は認められるかもしれない。しかしＹはもはや土地 a に対する権利を有しないから、契約を履行させることはできない。

⑵ **物権による場合**　しかし、ＹからＸに通行地役権（物権の一種。後述）が設定されていたとしたら話は異なる。Ｘは土地 a に対する物権である通行地役権を有しており、これは誰に対しても主張できる権利であるから、Ｚに対しても主張できるということになる。このように権利設定の当事者を越えて主張することが可能な権利を「対世的権利」ということがある。対世的な効力を有する権利であることは、物権の特徴の１つである（こうした特徴には日米で違いがない）。

❹………物的財産と人的財産

日本では物は有体物とされ（民法85条）、不動産と動産に区分し（同法86条）、不動産は土地と建物とで別に観念する。

アメリカのpropertyは、有体物に限られない。有体物についても、不動産に相当する**物的財産**（real property）は土地に限られ、建物はその付着物のような扱いを受ける。

土地以外の財産はすべて**人的財産**（personal property）と分類される。有体動産が典型だが、知的財産や契約上の権利、証券化された権利などもしばしばこれに含めて議論される。

物的財産と人的財産の区別は、中世イングランドの初期コモン・ローにおいて、訴訟で物それ自体の取戻しが認められた権利が物的財産と呼ばれ、認められなかったものは人的財産と呼ばれた、という歴史に由来する。

両者の区別は、現代においても権利移転の方式性の違いが残る他（→Ⅲ❶(2)）、州境を越える取引や相続における適用法の選択において意味がある（なお、財産法は主として州の判例法である）。例えば、Xが遺言なく死亡した場合に、物的財産については物の所在地法、つまりその土地がある州の無遺言相続法が適用される。これに対して人的財産の準拠法は故人の死亡時の住所地（domicile）による。それゆえ、住所がA州にある状態でXが遺言なく死亡した場合、B州に所在した動産は、B州の無遺言相続法ではなく、A州の無遺言相続法に基づいて相続される。

Ⅱ　占有に関する財産権

アメリカの財産権の具体的な種類やその内容のうち、ここでは特に土地の占有を基礎付けるような権利について扱う（人的財産については必ずしも妥当しない内容を含む）。

❶………通時的な共同所有

⑴ **「所有権」**　アメリカ法（伝統的な英米法）における「物権」の最大の特徴は、大陸法が「所有権」と呼ぶような権利を、時間的に分割して観念することである。もちろん大陸法においても、権利者が死亡すれば権利は相続（等）によって移転されるし、賃貸借等のスキームを通じて一定期間のみの権利を設定することはできる。

ところがアメリカ法は、それ以上に様々な期間にかかる条件付けを「物権」的に考える。まず、大陸法の所有権に最も近い権利は **fee simple absolute** と呼ばれ、相続人がいる限りはその土地の保有権が継承されていく。Fee（封土）は中世の封建制に由来する言い方で、国土はすべて国王の所有に属し、国王が貴族に対して授封することでその「保有」が許された。そのため、英米の土地に関する権利は伝統的に「所有権」でなく「保有権」と訳されてきた。もっとも、現在では英・米とも（相続人不在時に国庫に復帰するという法律構成［＝民法 959 条と同様のルール］を除くと）封建的な意味合いはほとんど残っていない。以下、便宜上 fee simple absolute を「**（土地）所有権**」といい、その保有者を「（土地）所有者」という（英語でも、やや不精確ながら own/owner/ownership という語も用いられる）。

時を隔てて複数の人が権利を持つため、アメリカでは土地所有権は**通時的共同所有**（successive co-ownership）であると言われる。以下、具体的に見ていこう。

⑵ **現在権と将来権**　時間的な分割として、例えば、所有者 O は A に対して「A が生存中の期間に限って」α の所有権と同じ内容の権利を与えることができる。この場合の A の権利を**生涯権**（life estate）という。このとき、A の生存中にも O には**復帰権**（reversion）という権利が残る。将来の時点（A の死亡時）に α の占有等が復帰するのでこのようにいう。

O の復帰権は、A 死亡時以降という将来において α の占有を基礎付ける権原（possessory title）となる権利であり、類似の他の権利と併せて「**将来権**（future interests）」と総称される。これに対して A の生涯権は、現在の（占有を基礎付ける）権利であるので、「**現在権**（present［possessory］

rights)」と総称される。

(3) **特徴**　現在権と将来権の特徴は、O は A に生涯権を譲与した時点から復帰権を保持し、これら 2 つの権利（生涯権と復帰権）は同時に同一の土地 α を対象として共存することである。このことの意味は次のようにまとめられる。

第一に、A は現在 α を自由に占有・使用・収益・処分できるとはいっても、O の有する将来権を尊重しなければならない。O にとっての α の価値を償却してしまうような**浪費**（waste）的利用をすることは認められない。将来権者 O は、そのような行為に及んだ A を訴えて、浪費的利用により発生した損害の賠償や行為の差止めを求めることができる。

第二に、O も A もそれぞれが有する権利の範囲内で、やはり権利の設定や譲渡をすることができる。例えば A は B に対して 20 年間の賃貸借をすることができるし、C に対して通行地役権を設定することもできる（ただし A の生存中に限られる）。O もまた自身が有する権利（A の死亡時以降に占有その他の権利を復帰する地位）を D に譲渡するなどできる。これらすべてが実際に起きると、**図表 5-1** のように多数の権利保有者が同時に存在

【図表 5-1　土地 α をめぐる様々な権利】

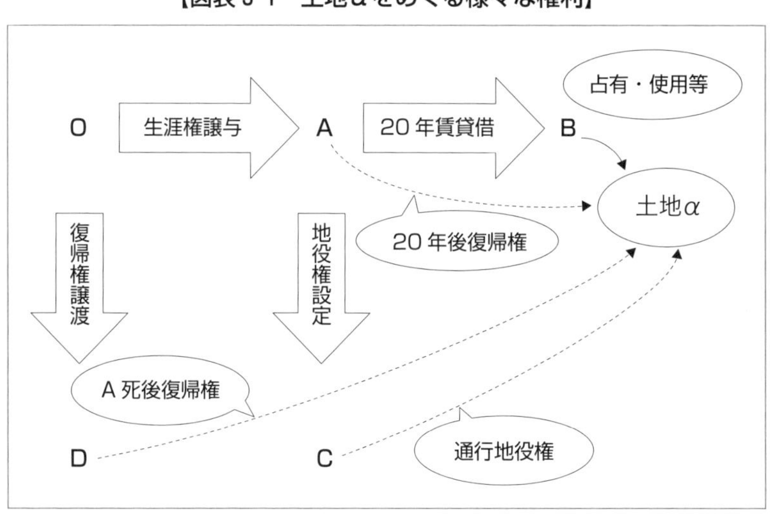

することとなる（O だけは何の権利も持たなくなる）。

第三に、当事者の変更にかかわらず、いずれの権利も物権的権利であるので、新たな当事者に対して主張することができる。単なる契約上の権利とは異なる。

⑷ **不動産賃借権**　アメリカでは、土地の賃貸借をも物権的に構成する。賃貸人Ｌは、自己の有する権利のうち例えば５年間の占有その他を賃借人Ｔに譲与し、自己は５年後の復帰権を保持する。Ｔは**定期不動産権**（term of years）という不動産賃借権を取得することとなり、ＬとＴの両者がともに物権的な権利の保有者であるとされる。もちろん両者の間には通常は契約関係も成立するが、単なる物権の設定としてのみ（したがって使用貸借のようにして）期限付きの保有を与えることもできる。

⑸ **いずれの権利かをどうやって定めるか**　権利の種類は、不動産譲渡証書や遺言などの権原証書でどのような文言が用いられるかによって定まるというのが伝統的なルールであった。例えば、土地 a を「A とその相続人に（to A and his heirs）」与えると記載すると所有権の譲与である。また、「A にその生涯中（to A for life）」と記載すると生涯権の譲与である。文言の使用は非常にテクニカルで、少しでも間違ってしまうと意図が実現できないということもあるほどに厳格であった（このことは曖昧さの排除につながり、当事者の予測可能性を高める効果もあった）。

近年は立法や判例変更によって単純化が進められ、原則として所有権、生涯権、定期不動産権のいずれかに推定するルールが一般的である。実際には賃貸借が設定されていない場合の権利は 99％以上が fee simple absolute であるとされる。

しかし現在も多くの州では、これら３つに限られない多様な権利の設定が許されている。文言を正しく使いさえすれば、権利の種類も具体的内容も、権利者が自由に選択できる幅が広い。これは大陸法と比較した際のアメリカ法の特徴である。同じ英米法国のイギリスでは 20 世紀に物権法改革が行われて物権の種類が減らされた。英米法諸国の中でもアメリカ各州は伝統的な英米物権法を保存している。

(6) 不動産保有権　土地の占有に関する権利は総称して**不動産保有権**（estate）と呼ばれ、大きく**自由土地保有権**（freehold estate）と**不動産賃借権**（leasehold estate）に分類される。後者は占有を基礎付ける期間が確定的に定まっている場合であり（「20年」のような確定期間の term of years でも、毎年更新されるとする tenancy from year to year のような定め方でもよい）、前者は確定的でない場合である（したがって「A の生涯中」という生涯権もまた自由土地保有権の一種であり、復帰する内容が所有権であれば復帰権もまた自由土地保有権に関する将来権である）。

土地の占有はあくまで一時的な「保有」であり、その期間の定め方にはかなりの自由度がある。ただし、将来現れる権利保有者の指定には17世紀以来コモン・ロー上の限界があり、権利設定時に生存している人が全員死亡してから21年以上経過してはじめて権利帰属者が定まるような将来権の設定は許されない。これを**永久拘束禁止則**（rule against perpetuities）という。

❷………共時的な共同所有

我が国で共有等とされるような、複数の権利者が同時に占有等する共同所有（共時的共同所有［concurrent co-ownership］）がアメリカにもあり、いくつかの種類がある。

(1) Tenancy in common　第一に **tenancy in common** と呼ばれる形態がある。この場合の共同所有者を tenant in common という。Tenants in common は全員が対象物 a を占有・使用・収益する権利を有する。持分の割合は設定時の指定による。各人は自己の有する持分を自由に処分することができるが、物それ自体の処分（廃棄や第三者への引渡し）は他の共同所有者の同意がなければできない。Tenant in common である A が死亡すると、A の持分は A の相続人等へと移転される。我が国の「共有」に近く、そのように訳されることもある。

(2) Joint tenancy　第二に **joint tenancy** と呼ばれる形態がある。この場合の共同所有者を joint tenant というが、joint tenants も全員が対象

物βを占有・使用・収益する権利を有する。しかし持分が観念されずすべてが一体と把握され、各自の持分は移転できない。もっともjoint tenancyは解消することができる（severance）。解消されると、各joint tenantsが等しい割合の持分を有するtenancy in commonへと性質が変更される。

共同財産βのjoint tenantであるBが死亡した場合、Bの相続人等はβに関する何らの権利も承継しない。Joint tenantsのうち最後まで生き残った者がβについての権利を単独で保有する。こうした権利のことを**生存者権**（right of survivorship）と呼ぶ。現代では煩雑な相続手続の回避のための手段として用いられることがある。

(3) その他の共時的共同所有　第三に、いくつかの州で行われる**夫婦共有財産**（community property）がある。詳細は州により異なるが、婚姻中に夫婦の一方の取得した財産は原則として夫婦の共有財産となるという制度であり、相続においても特別の扱いをする州が多い。

その他、パートナーシップ（組合ないし持分会社に相当）における共同所有財産などがあったが、多くの州ではUniform Partnership Actの採択によって実質的に廃止された。また**第6章**で扱う信託もある意味で共時的共同所有と言える。

Ⅲ　権利の取得と移転

財産権はどのようにして取得されるだろうか。またどのようにして他者に移転されるだろうか。

❶………財産権の取得

財産権が取得される態様は、我が国では原始取得と承継取得に区別される。原始取得は、先行する権利保有者がなく、または前主の権利状況と無関係に、権利を取得することである。承継取得は前主の有した権利を根拠に権利取得することである。

(1) 原始取得に相当する権利取得方法　アメリカでは同様の区別をすることはほぼ見られず、具体的な権利取得態様に応じて整理される。原始取得に相当するものとして、無主物先占（first possession）による場合（野生動物の捕獲や放棄された埋蔵品の発見など）、創造（creation）による場合（知的財産権など）、時効取得による場合（敵対的占有：adverse possession ないし prescription と呼ばれる）などがある。

(2) 承継取得に相当する権利取得方法と conveyance　我が国の承継取得に当たる「移転（transfer）による取得」には、売買、贈与、担保権の実行（受戻権喪失［foreclosure］。ただし他の権利関係を清算したクリーンな権利として競売に付されるのが一般的である）、相続などがある。

「何人も自ら有する以上の権利を与えることはできない」という法格言がある。譲渡人は移転しようとする権利を与えられるだけの権利または権限を有していなければならない（例えばUCC § 2-403(1)）。そのため、我が国で動産に対して認められる即時取得（動産の善意取得）のルールは、アメリカでは認められない（もっとも、代金を支払った**善意有償取得者**（bona fide purchaser for value）を保護するルールが存在する。➔Sheridan Suzuki, Inc. v. Caruso Auto Sales, Inc.〈百選 106〉も）。不動産についても、例えば生涯権者が復帰権の存在しない所有権として譲渡したり、20 年の定期不動産権を有する賃借人が 50 年の不動産賃借権を設定したりすることはできない。

動産については、原則として、**物の引渡し**（delivery）を行うことで所有権が移転する（ただし上記の通り即時取得はない）。引渡しは物理的に手渡して支配を移す方法による他、倉庫の帳簿の名義書換えなど抽象的に行うことも可能である（ただし我が国のように間接占有や占有改定といった概念構成はしない）。なお、売買契約による場合には、契約の成立と目的物の特定によって権原が移転すると解するのが原則である（例えばUCC § 2-403(1)）が、危険負担や売主の担保権者との関係など、具体的な目的のために所有権は未移転であると構成することもある（コモン・ロー上移転したがエクイティ上は移転していない、とする構成もある。➔コモン・ローとエクイティについては**第６章Ⅱ❹**）。

土地については、売買契約や贈与の約束によって権利移転の効果が生じることはなく、不動産譲渡証書の作成・引渡しをしなければ権利は移転されない。**不動産譲渡証書**（deed）は、単なる契約書と異なり、伝統的には印章を用いて蝋（ろう）で捺印する必要があった（現在は署名で代えることができる州が多い）方式的な文書である。不動産譲渡証書の作成・引渡しによって権利を移転することを**conveyance**という。したがってアメリカの不動産取引は、契約の成立のために書面が作成されるのに加え（詐欺防止法➔**第４章Ⅴ❶**）、権利の移転のために不動産譲渡証書という別の文書作成が必要となる。贈与は約因がなく契約とならないが、conveyanceを行えば権利は移転される。なお、不動産についても売買契約成立時にエクイティ上は買主に所有権が移転すると構成することがある（➔Brush Grocery Kart, Inc. v. Sure Fine Market, Inc.; Bryant v. Willison Real Estate Co.〈百選112〉）。

❷………登記制度と権利の公示・対抗

物権が権利移転の当事者を越えて誰に対しても主張できる（対世効のある）権利であるとすると、その存在と内容が当事者にしかわからないようでは困る。ある土地を取得したいと考える人は誰がどのような権利を持っているかわからないし、不動産譲渡証書を持っている自称所有者がいたとしても、既に誰かに権利を譲渡した後で権利を失っているかもしれない。

⑴　権利の類型制限と登記による公示　日本ではこの問題に物権法定主義と対抗要件としての登記制度で対処している。物権法定主義は、法に定められるような種類の権利の設定しか許さない（民法175条）ことで、予想外の権利内容に遭遇するリスクを減らす。そして、登記されない権利については第三者に対抗できない（同法177条）ため、実際上、取引当事者は登記情報を確認すれば権利状態を把握できる。

アメリカでも類似の制度で同じ問題に対処している。物権の内容の自由度が高いとは言っても判例の蓄積の中で認められてきた一定数に種類が限定されており、また現在ではどの州でも登記制度が整備されておりこれにより具体的な内容を公示する。

(2) **アメリカの登記制度**　しかし登記制度の詳細は我が国とは異なる。

我が国では、売買契約書などの当事者が作成する文書とは全く独立に登記情報は編成され、土地区画ごとに登記簿（現在は電磁的記録）にまとめられる（物的編成主義)。個々の土地について、各種権利者の情報やそれぞれの権利の内容、移転原因などが表示される。

他方、アメリカの一般的な登記制度（recording system）では、不動産譲渡証書が、番号を付けるなどの処理をした後にそのままファイルに加えられていく。我が国のように土地区画ごとにページを作成し、それをまとめるということはされない。

そのため、アメリカの不動産登記は当事者の作成した必ずしも定型的でない文書の束である。取引当事者は、関連する土地の不動産譲渡証書（複数）を登記所で検索・確認し、それによってはじめて土地に関する権利関係が把握できる。検索の便宜のために譲渡人・譲受人を整理したインデックスが用意される（人的編成主義。土地区画ごとのインデックスが用意される法域もあるが、極めて少数である)。

(3) **権原保険**　インデックスがあるとは言っても、関連する不動産譲渡証書を検索するのも、その内容を適切に読み取るのも、素人には難しい。

COLUMN20

登記の電子化

アメリカでも登記制度の電子化は進められており、従来の不動産譲渡証書が綴り込まれただけの登記簿を検索する手間は大幅に減少している。例えばニューヨーク市の登記システムでは、土地の区画ごとに登記情報がまとめられ、住所や行政区画（番地表示）による検索が可能である。土地ごとにまとめられる我が国の登記簿と似たような検索利便性が実現されている。それでも権原調査には権原保険会社等の専門業者が利用されるのが今でも一般的である。

それゆえ、専門技能を駆使した権原調査や、見落としがあった際に被る不利益に備えた保険がビジネスとして発達している（権原保険［title insurance］と呼ばれる）。

登記やその調査、保険購入の当事者にとってのメリットは、次の各点である。第一に、交渉相手が現に権利を有するか否かは、当人が権利を取得するまでの不動産譲渡証書上の**権原の連鎖**（chain of title）を辿ることによってしか把握できない。そのため、取引相手が本当にその権利を譲渡するだけの権原を有しているか、買主は過去の不動産譲渡証書をすべて辿って確認する必要がある。複数の不動産譲渡証書を登記所で見つけ、内容を確認するためには専門的技能が必要であるし、見落としのリスクはゼロにはできないので、保険を買うだけの意味がある。

第二に、二重譲渡状況における対抗要件の役割を登記が果たす。登記制度の整備前は、時間的に先に権利を得た者が権利を確定的に取得し、後に（元）権利者から権利を取得した（と思っている）第二の買主は権利を取得できなかった。しかし登記制度の整備に伴い、各州は様々な形で登記を備えることを対抗のための要件として扱うようになった。登記された情報は誰もが知っていると擬制され（constructive notice）、先に登記を備えた買主が第三者に対抗できるとする州が多い（➔Strong v. Whybark〈百選105〉も）。権原調査においても、取引相手からの先買主が存在しないか確認する必要があり、見落としに対してやはり保険をかける意味がある。

Ⅳ　土地の利用に関する権利と土地利用規制

土地について、占有や処分はしないが何らかの形で利用したいという場面がある。例えば、自分の所有地の隣接地を通り抜けたり、高層建物を建設できないことにして日照を確保したりしたい場合があるだろう。このように他人の保有する土地を、一定の態様で利用したり、保有者の利用方法に条件を課したり、ということはアメリカでもニーズがある。

アメリカでは、私法上は様々な地役権的制度が用意され、公法的にも様々な規制が行われている。公法上の規制についても一般に財産法の中で扱うところに、日本の物権法教育と比較した際の特徴がある（日本では行政法の授業で学ぶべき対象とされ、両者の関係はほとんど整理されない）。

なお、本章冒頭に見たトレスパスとニューサンスという不法行為も含めて、土地の利用態様に関する法的な制約や規律のあり方を扱う分野として、**土地利用規制**（Land Use Control）という授業が別立てに行われることもある。相続法や不動産取引法などと並ぶ、財産法の応用科目である。

❶………土地の利用に関する私法上の権利・条件

私法上の枠組みとして、我が国の地役権に似た様々な権利が設定・利用される。

(1) 地役権　**地役権**（easement）は、一定態様で他者保有地を使用する権利である。土地の一部を通路として通行する権利（通行地役権：right of way）や、用水や通風のための利用権などに用いられる。我が国と同じく承役地と要役地のある場合がほとんどだが、要役地の存在しないeasement in gross（「人役権」と訳されることがある）もある。

土地から鉱物資源等を採掘する権利であるprofit（profit à prendre）も地役権の一種とされる。合意によらない法定地役権もある。

(2) 物的約款　**物的約款**（real covenant）は、土地に関連する役務等の約定である。例えば、Aが所有する土地をαとβに分筆してβをBに譲渡する場合に、βには一階建てまたは4m以下の高さの建物しか建ててはならず、建物は居住用のみで商業使用はできない、との義務を不動産譲渡証書に記載し、これが登記されたとする。A–B間では、通常の契約に基づく救済も与えられるので、Bの約定違反については契約違反の訴訟で解決することができる。しかしBがβをCに移転し、Cが二階建て10mの建物を建てて小売営業を開始したとしたら、Aに何ができるだろうか。A–C間には契約はないので、契約違反としてCを訴えることはできない。Bを訴えたとしても、契約違反の原則的救済として金銭賠償が与えられるだけである。

しかしこのような場合にも、AはCを訴えて違反行為を是正させられる。もともとは単なる約定であるものが、土地所有権とともに第三者に移転するのであり、これを**物的約款**という（**不動産約款**［real estate covenant］とも呼ばれる）。不作為を内容とする**制限約款**（restrictive covenant）しか認められないイギリス法と異なり、アメリカでは作為を内容とすることもできる。

❷………公法上の土地利用規制――ゾーニング

政府が関与して土地の利用を制限したり整えたりする方法として、**ゾーニング**（zoning）と呼ばれる行政がある。

ゾーニングは、政府が地域をいくつかのエリアに分け、それぞれのエリアにおける土地利用態様を指定する規制である。例えば農業エリアとして田畑とされたり、工業エリアとして工場とされたり、居住エリアとして郊外住宅地とされたりする。主として都市計画の目的で利用される。

所有者等は指定された活動にしか利用しないという公法上の義務を負う。指定用途に該当させるだけでなく、行政からの事前の許可（special permit）が必要とされることもある。また、個別にそのようなエリア指定からの例外認定（適用除外：variance）を申請できることが多い。

州が基本立法を行って地方自治体に具体的な規制の権限を与えるのが一般的である。多くの自治体は土地利用委員会を設けて、用途指定の改定や個別の許可・適用除外の判断や違反に対するエンフォースメントを行わせる（警察行政による取締りや裁判所への提訴、（判決などで得られた）救済の執行といったことにより法内容を実現することを、動詞でenforce、名詞でenforcementという）。

COLUMN21

宅地開発に関する規制——私法と公法の交錯

大規模な宅地開発を行う場合には、新たに公道、水道やガス管、公園や学校などの公共財も必要となり、その提供資金をどう確保するかの利害調整も必要となる（行政法の授業で扱われる、教育施設負担金の寄付をめぐる最判平成5年2月18日民集47巻2号574頁を復習してほしい)。

アメリカでは、一つには、公法上のゾーニング規制からの開発許可を与える条件として、宅地開発業者に費用を捻出させるという方法がある。業者は分譲販売時に住人となる買主への販売価格にこうした負担を転嫁するので、最終的には住宅購入者にこうした負担を課すこととなる。政府が主体となるため、憲法の財産権保障との関係が正面から問題とされ、判例が蓄積されている（有名な例の1つとして Koontz v. St. Johns River Water Management District)。

もう一つには、物的約款の制度を集合的に利用して住宅コミュニティそのものを私法上の団体にしてしまい、その団体内部の共用財産として管理・運営させる方法がある（こうしたコミュニティを common interest community ＝ CIC という)。CIC は私法上の関係であり原則として憲法の問題にはならないが、少数者の利益を保護するため憲法上の保障を及ぼすべきであるとの学説も有力である。

V　公用収用

公用収用は、我が国では憲法や行政法で扱われるトピックだが、アメリカでは財産法において（も）扱われる。

❶………公用収用の仕組み

公用収用とは、政府が公共の用のために財産権を取得することである。私法上の権利者は自らの有する権利を、たとえ同意しなくとも手放さなくてはならない。ただし、憲法上財産権者には正当な補償（just compensation）を受ける権利が保障されている（例えば合衆国憲法第5修正）。なお、条文の文言から、公用収用は“taking”と一般に呼ばれるが、他にeminent domainやcondemnationともいう。

収用を行う場合も、通常は政府ないし政府から権限委譲を受けた機関・事業者が、財産権者と交渉して合意形成することが目指される。合意が得られない場合に強行的に収用を行うことは政治的に好まれない。ただし法的には、政府等は公用収用を宣言して裁判所に訴訟を提起し、そこで認定された（正当な）補償額を支払って財産権を取得することができる。

❷………規制による収用

もっとも、政府が公益目的を実現するためには常に財産権を取得する必要はない。ゾーニング（→Ⅳ❷）はその例であり、例えば、景観維持のために建物の高さを制限する規制や自然環境保全のために宅地開発等を禁止する規制などが実際に用いられる。財産使用等に制約を課す（規制を行う）ことにより、目的を実現できることもある。

しかし、規制を受けた私人にとっては収用されたのと同程度に影響が大きなもので、財産権に基づく使用・収益・処分といった効能をもはや享受できないという場合もあるだろう。ところが憲法の文言だけを見ると、収用の場合と異なり、規制には正当な補償は保障されないこととなる。

そこで、そのような規制による財産権への制約を受けた私人には、逆収用訴訟 （inverse condemnation action）を提起し、政府の行う規制は憲法の定める「収用」に該当するとして正当な補償を請求することが一定の場合に認められてきた。一般に「**規制による収用**」（regulatory taking）と呼ばれる法理である。「規制が行き過ぎればそれは収用とみなされる」とされる（Pennsylvania Coal Co. v. Mahon）。しかしこうした文言は曖昧であり、具体的にどのような場合に規制が収用と扱われるかについては、多くの判例の蓄積はあるものの、未だに明確なルールを形作っているとは言えない状態にある（最近の連邦最高裁判例として、例えばMurr v. Wisconsin）。

第6章 信託法

Xは財産を持っているが、その財産をうまく利用したり投資に回して資産運用したりする能力はない。専門家の力を借りたい。信託は、例えばこうした場面で力を発揮する制度である。

日本にも戦前から信託法という法律があり（1922年制定。2006年全面改正）、立法時から英米法を参照した。それどころか信託の母法は世界的にも英米法であり、日本法理解のためにアメリカ法学習が有益な領域の1つである。また、アメリカ法の中でも、信託法と信託を基盤として発展した信認関係法は非常に重要な領域をなしている。

信託の広がりは私法にとどまらず政府と国民の関係にも拡張されるべきだと主張されることもある。日本国憲法前文で「そもそも国政は、国民の厳粛な信託によるものであつて、その権威は国民に由来し、その権力は国民の代表者がこれを行使し、その福利は国民がこれを享受する」（強調は引用者）と、「信託」という言葉が使われていることの意味を考え直す際にも参考になり得る。

I　信託の基本構造

アメリカで信託が利用される代表的場面は相続である。アメリカの相続は裁判所での手続を通さなければならず、手間と時間がかかり、個人的な情報も公開されてしまう。費用の節約とプライバシーの確保のために、しばしば正規の相続手続を回避するよう模索される。回避策の代表格が信託である。本章でも相続の場面を主として想定されるアメリカ信託法の基本構造をまず見ていこう。

❶………信託の基本構造

⑴　委託者・受託者・受益者の三者関係、信託財産　　信託とは、ある財産（**信託財産**：trust property）について、その所有者Ｓから別のＴへ所有権移転するとともに、Ｔによる信託財産の所有は第三者Ｂのためである、とする法関係である。Ｓは**委託者**（settlor）、Ｔは**受託者**（trustee）、Ｂは**受益者**（beneficiary）とそれぞれ呼ばれる（➔図表6-1）。

【図表6-1　信託の基本構造】

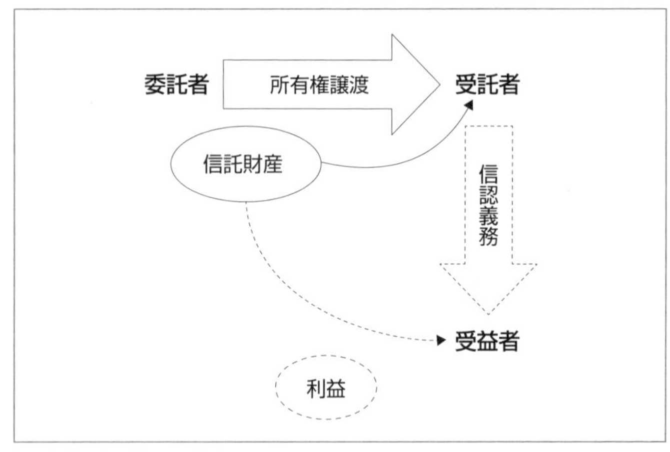

委託者・受託者・受益者はそれぞれ複数人ということもあるし、同一人物が複数の立場を兼ねることもある。また、受益者が信託から受ける利益は、信託財産の運用益（収益）に限られず、信託財産それ自体を譲り受ける権利でもよい。

⑵　例　　次のような例を考えてみよう。Ｓは賃貸用不動産を所有し、自ら管理し収益を得ている。しかし体調不良から自分で財産を管理するこ

とが近々難しくなりそうだ。将来は自分の家族に引き継いでほしいが、家族には不動産の管理はできない。古くからの友人で不動産管理にも慣れているTに管理を任せて収益を自分や家族に得させたい。

Sの希望を叶えるためには、遺言や契約、生涯権（**→第5章Ⅱ❶**）を用いる方法もある。しかし、次のような信託を設定することもできる。

Sは、当該賃貸用不動産を信託財産としてTに譲渡する。受益者は配偶者Xと子Cである。Tは当該不動産を適切に管理・運用し、次の通り受益者に分配することとする。Xの生存中は、信託財産から得られる純利益をXに毎月支払う。Xが死亡した場合、Cに毎月支払う。Xの死亡後、Cが30歳に達したら信託財産を売却し、売却益をCに引き渡して本信託を終了させる。例えばこのような定め（信託の定めを**信託条項**［terms of trust］という）を置くことが考えられる。信託を用いれば、Xの生存中はXに利益を与えつつその後Cに不動産を継承させることができ、Cが充分な判断能力を備える30歳までは自由に処分させないこともできる。

(3) 委託者・受託者・受益者の重複　委託者自身を受託者や受益者にすることもできる。例えば、SはTとともに**共同受託者**（co-trustee）になって、死んだり判断能力を喪失したりするまでは不動産の管理・運用について自ら判断することをやめないでおくことができる。また、Tに単独受託者になってもらうけれども、S自身もXとともに生存中は収益の**共同受益者**であるとすることもできる。さらに、SはTとともに共同受託者であり、かつXとともに収益の共同受益者であるとすることもできる。

(4) 信託財産の分別管理　Tは信託財産を受託者として所有するが、T自身の財産（**固有財産**）をも有する。両者は同じTに属するから、混同しかねない。そこで、Tには信託財産と固有財産とを分別（ぶんべつ）管理する義務が課される。信託財産用に銀行口座を開設して預金したり、有体物についても固有財産と分けて保管したりしなければならない。信託財産に関する会計帳簿も別立てに管理する。

(5) 倒産隔離機能　信託財産はSやBの財産ともTの財産とも区別され、S・T・Bのいずれの債権者も引当財産にはできない独立財産となる。

これを信託の「**倒産隔離**（bankruptcy remote）」機能という。Tの債権者は、賃貸用不動産がT所有だからといってこれを差押・換価して債権回収をすることはできない。SやBの債権者も同じである（Tが信託財産の利益のために信託財産を担保として融資を受けた場合など、信託財産が引当財産となる債務もあり得、この場合は信託財産に対する執行もあり得る）。例外も少なくないが（例えば後述の撤回可能信託）、倒産隔離機能は信託の特徴の1つである。信託設定時に、受益者による受益権の譲渡や受益者の債権者による差押禁止の信託条項を置くことで債権者から隔離する**浪費者信託**（spendthrift trust）という仕組みもある。

◆発展学習2　**信託と取引**

信託は英米法において特徴的な制度だが（古代ローマの信託遺贈[fideicommissum]を措く）、英米法国以外の国々にも広まってきた。しかし、信託を相続の場面で利用することは、英米以外ではあまり一般的と言えない。

例えば我が国では、信託の利用はもっぱら商事的場面に限られてきた。大正期の「信託法」制定に先立ち1905年に制定された担保付社債信託法は、主として英米からの投資を呼び込むために導入された。そこでは、多数の投資家の担保権を受託者に集約して一元的に管理することで、無駄なコストを減らして、社債に投資しやすいようにするために信託が利用された。その後も我が国では投資のための仕組みとして信託は使われてきた。

最近でこそ相続プランニングとして「家族信託」推進の動きが高まっているが、アメリカのように相続における主要な方法の1つとはまだ言えない。彼我の差を認識するためにも、アメリカで信託に関する議論は相続の文脈が主流であると知っておくことには意義がある。

なお、アメリカにおいても商事的文脈での信託の利用は活発であり、特に機関投資家（年金ファンドなど）やベンチャー・キャピタルには信託を利用した事業形態によるものも少なくない。

❷………信託は契約か？

信託は、つまるところSとTの間で、第三者Bのために締結する「第三者のためにする契約」ではないか。日本法を学んだ読者ならそのように考えるかもしれない。実際にアメリカにおいても信託は契約の一種であるとする有力説もあり、契約の成立要件をも満たして契約関係が併存することも排除されない。

しかし、信託は契約ではないというのが通説である。両者の違いについて3点だけ指摘しておこう。

⑴ **約因の有無**　信託の設定には約因（**→第4章Ⅲ❷**）は必要ない。たとえ受託者が一切利益を得ず、また委託者や受益者が一切不利益を受けなかったとしても、信託は成立する。このような場合、約因を欠くため契約は成立しない（なお、どちらも詐欺防止法（**→第4章V❶**）の適用がある場合などを除き、書面は要件とならない）。

⑵ **交渉の有無**　信託の設定に関する書面（**信託証書**〔trust instrument, trust deed〕と呼ばれる書面や、委託者の遺言）が用意されて信託が成立する場合、通常その内容は委託者の一存で決められる。信託の設定に書面が用いられない場合でも、委託者の意図は何であったかが信託の内容を認定する際に重要となり、受託者や受益者の意向は決定的ではない。契約と異なり、相手方と呼び得る受託者（や受益者）との交渉は不要である。委託者の自由な財産処分が特徴である。もちろん受託者として指定された者は受託者の役目・地位を引き受けないこともできるし、受益者も自らに与えられる受益権を放棄することはできる。

⑶ **信認義務**　一旦成立した信託において、受託者は具体的な信託条項に含まれない義務も、信託であることを根拠に裁判所の裁量的判断によって負わされることがある。このように受託者が原則として負う義務を**信認義務**（fiduciary duty）という（**→Ⅱ❷**）。

契約においては、約束者は具体的な契約条項に明示または黙示される義務は負うが、契約関係のみを根拠に裁判所の裁量的判断で義務が追加されることは原則ない（**→第4章V❸**）。

⑷ **契約と信託の想定する当事者関係の違い**　契約は両当事者がそれぞれの自己責任において、各自の利益のために将来をプランニングし、交渉

によって相互拘束するための仕組みであり、両当事者の対等関係が念頭に置かれる（だからこそ例外的に非良心性が問題とされる。→**第４章Ⅳ❷**）。

これに対して信託は委託者のプランニングであって、受託者は受益者のために一方的に義務を負い、しかも争いになった際に裁判所がその内容を補充し得るという、各当事者が対等でない関係が念頭に置かれるものと言える。

◆発展学習３　商事信託と契約としての信託

信託は商事的な場面でも広く用いられる（→発展学習２）。例えば投資スキームとして信託が利用される。この場合、本文に見たのと異なり、その設計は財産を委ねたい者ではなく、実際に資産運用を行う事業者の側が行う（事業者も手数料をとるし、信認義務を制限する任意規定も用いられる）。こうした例を典型と見るなら、信託とその他の投資契約との違いは極小化し、信託は契約の一種であるという説明が説得力を有することとなる。

なお、我が国の信託法の下では、信託は契約の締結によって成立すると規定される（信託法３条１号）。信託によって成立する受益者の権利（受益権）も契約に基づく権利（債権）であるとするのが通説である（ただし遺言による信託設定も以前から可能であり、2006年改正では信託宣言による信託の設定（この場合、財産譲渡なく委託者が引き続き受託者として所有する「自己信託」が行われる）も可能となった（同法３条３号））。

アメリカにおける信託設定として、*In re* Estate of Heggstad; Jimenez v. Lee〈百選107・108〉も参照。

❸………撤回可能生前信託

裁判所での相続手続を回避したい場合、遺言者にとって最も都合がよいのは、死亡するまでは自分が所有するのと同じ状況を維持しつつ、死亡時には相続手続を回避できることであろう。これを実現するための方法が撤回可能生前信託（revocable *inter vivos* trust）である（なお、このような使い方のみに限定されない）。

⑴　**通常の信託または遺言信託による場合の不都合**　　信託は、委託者の

生前に設定することができる。このような信託を**生前信託**（*inter vivos* trust または living trust）という。しかし典型的には、委託者Sから受託者Tに信託財産は譲渡されてしまい、財産の管理処分権限は早くも他人Tの手に移ってしまう。自分が死ぬまでの間は自分で管理・処分を行いたい委託者としては不便である。

死亡時に信託が設定されるべく、遺言によって信託を設定してはどうか。これも可能であり、遺言によって成立する信託を**遺言信託**（testamentary trust）という。しかしこれはまさに遺言を用いるのであり、裁判所での相続手続に逆戻りしてしまう。

(2) 撤回可能生前信託　そこで、生前に設定するが、委託者自身によってなかったことにすることが可能な信託、**撤回可能信託**（revocable trust）という仕組みが登場した。例えば、一旦は死後に息子Aに権利が渡るようにAを受益者に設定した財産αの信託について、あとで娘Bに自分の死後に権利を取得させたいと考え直したとする。

撤回可能信託であれば、委託者はAを受益者とする信託を撤回して受託者からαを取り戻し、再度Bを受益者とする信託を設定すればよい。まるで遺言を撤回して作成し直すようにして、自分の相続プランニングを再検討できる仕組みが用意できる。

そして典型的には、委託者は自己を受託者・生前の受益者として撤回可能信託を設定する。これにより自分で信託財産を管理処分して収益を自分に帰属させるとともに、自分が死亡した場合の後継の受託者・受益者を指名しておく。さらに撤回・変更を可能にしておくことにより、信託の設定後にも所有者であるのと同じ状況を保ちつつ、しかも裁判所での相続手続を回避することができる（もっとも、債権者からの倒産隔離機能は認められない）。

Ⅱ　受託者による財産管理とエクイティ

信託の強みは、裁判所での相続手続の回避にとどまらない。受託者による受益者のための信託財産の管理という特徴がある。

❶………受託者による一元的な財産管理

信託財産の管理処分等の権限（power）は、信託条項に基づいて、典型的には受託者が第一義的に有する。伝統的には信託条項による権限付与がなければ受託者は権限を有しないとするルールが一般的であったが、近年では一定の裁量権限（discretionary power）を受託者が当然有するとする州が増えている。受託者の能力や知識を活用するために信託を設定する場合には特に、委託者や受益者の判断が信託財産の管理・処分に及ばないようにすることが必要となる場面もある。受託者による財産管理の一元化は、信託のメリットの１つである（➔発展学習２も）。

❷………財産管理権限の制約

⑴　**信託条項に基づく財産管理**　　受託者は、信託条項に従って、信託財産の管理・処分をしなければならない。

信託条項は、受託者に託される信託財産の管理・処分につき委託者が定める方法である。受託者がこれに反する信託財産の使用や処分を行うと、**信託違反**（breach of trust）となる。受益者は受託者を相手取って、信託違反に基づいて裁判所に救済を求めることができる（アメリカでは、他の英米法国と比べても特に委託者の意思を尊重する傾向が強く、信託条項は非常に重視される。➔信託条項の変更・終了に関して、Claflin v. Claflin, *In re* Estate of Brown〈百選 109〉も）。

⑵　**信認義務に基づく財産管理**　　受託者は信託条項に拘束されるだけでなく、「信認義務（fiduciary duty）」も果たさなければならない。信認義務は受託者が受益者に対して直接負う義務であり、信託の関係であれば当然

に含まれる義務である（ただし内容によっては信託条項で制限可能であり、任意規定的でもある。だからこそ信託は契約に過ぎないという主張も見られる）。

❸………受託者の信認義務

信認義務は抽象的には、財産を自分で管理しない受益者のために、かつ受益者のためだけに受託者が適切に管理を行う義務ということができる。以下、その具体的な表れを見ていく。いずれも判例の蓄積によって一定のまとまりを持ってきた概念であり、それぞれに重複したり包含関係にあったりすることもある。

⑴ **注意義務**　受託者は、信託財産の管理・処分において、信託の目的や信託条項等に照らして、合理的な者（reasonable person）が払うような注意を尽くさなければならない。このような受託者の義務を**注意義務**（duty of prudence, duty of care）という。

信託財産を構成する個別の財産それ自体を適切に保存・収益することが受託者には求められる。漫然と放置して財産価値を下げると注意義務違反である。財産を売却する際にも、その価格を最大化するように合理的かつ適切な方法を用いなければならず、横着をしたために市場価格よりもずいぶん安い金額で処分したとなれば、注意義務違反である。投資の場面では、多少のリスクをとった投資は失敗することもあるのですべての損失が注意義務違反とはならないが、適切とされる分散投資ポートフォリオを組んでいなかった場合などはやはり注意義務違反となる（**慎重な投資家のルール**［prudent investor rule］）。概して、同様の立場の受託者であればあり得ないようなずさんな管理・処分を行った場合にのみ責任を問われる緩やかな義務と言える（商事的な文脈では信託条項で明示的に責任を限定または免除することも多い。**→第７章Ⅱ**も）。

注意義務に違反して信託財産に損害を与えた場合、受託者は損害を填補する義務を負う。信託財産の管理・処分における適切な注意を義務付けることにより、受託者による適切な財産管理を保障する仕組みである。

⑵ **忠実義務**　受託者は、信託財産の管理・処分において、受益者の

利益のために、かつ受益者の利益のみのために、行動しなければならない。これを**忠実義務**（duty of loyalty）という。たとえ受託者が重要だと考える公益等であっても、受益者以外の者の利益を信託財産の管理処分等の判断に加味してはならない（➔*In re* Estate of Rothko〈百選111〉も）。

他人の財産を預かる者は、ともすると財産を（受益者のためでなく）自分や家族のために使用するなど、何らかの「役得」の誘惑に駆られることもあるかもしれない。積極的に受託者自身の利益を図ろうとしなかったとしても、自己の利益と受益者の利益を同時に考慮しなければならない場面では、無意識のうちに受益者を犠牲にする判断をしてしまうこともあるかもしれない。こうした**利益相反**（conflict of interest）の状況にそもそも身を置かないようにし、仮にそうした状況での判断が必要な場合にも適切な処置をとるべき義務が、忠実義務の出てくる典型的な場面である。

忠実義務に違反してなされた信託財産の取引は、取引相手に対する一定の権利保護はあるものの、受益者が取り消すことができるのが原則である。取消し不可の場合でも、信託財産に減少分があれば受託者はこれを補填し、信託財産に減少がなくとも受託者が利益を得ていればこれを吐き出して信託財産に加えなければならない。**利益の吐出し**は、例えば受託者が自己の有する財産を市場価格よりも安く信託財産に売却したような場合、すなわち信託財産にとって結果的に有利な取引であっても、受託者が利益を得ていればこれを放棄しなければならないとするものである。こうした責任を受託者に課すことにより、利益相反取引の旨味を抹消し、利益相反取引を禁じるのである。

しかし、信託財産と受益者の利益のみを考えて行動するためにこそ利益相反取引が有益なこともあり得る。そこで、受託者は、自らが利益相反の状況にある場合には、受益者や裁判所にそうした利益相反取引が信託の利益になることを予め承認してもらい、忠実義務違反とならないようにすることができる。

(3) その他の信認義務　注意義務と忠実義務の他、既に見た分別管理義務や会計を記録・報告する義務（➔Fletcher v. Fletcher〈百選110〉）、また複数の受益者を公平に扱う義務（**公平義務**：duty of impartiality）なども受託者に課される信認義務の具体例である。

(4) 信託違反・信認義務違反の救済　信託における救済をまとめると、次の通り整理できる。

第一に、金銭支払命令である。信託財産に損害が発生した場合の損失填補（compensatory damages）や、利益相反取引によって受託者が得た**利益の吐出し**（disgorgement）がこれに当たる。また会計管理義務との関係で、帳簿上存在するはずの財産に不足がある際にこれを補ったり、受託者自身も知らずして固有財産に利益が発生している場合にこれを信託財産に移す義務（account of profits という）が課されたり（後に見る擬制信託とも似ているが別物である）、などである（➔支払額の算定については前述 *In re* Estate of Rothko も）。

第二に、特定の行為を命じたり差し止めたりする**インジャンクション**（injunction）である。忠実義務に違反して行われた行為は受益者が取り消すことができる（➔(2)）。

第三に、受益者に帰属するはずの財産を受託者から取得した第三者に対して直接求めることのできる救済がある。**トレーシング**（tracing）は、このように取得された財産またはその売却益等について、受益者が直接譲受人から取り戻すことを認める救済である（ただし善意有償取得者［bona fide purchaser for value］に対しては主張できない）。また、後に見る擬制信託もまた、財産の取戻しを認める救済と言える（➔Ⅲ❶(2)）。

❹………エクイティ

信託は、信託財産の所有を受託者と受益者の間で二分する。受託者の権利を**コモン・ロー上の権原**（legal title）といい、受益者の権利を**エクイティ上の権利**（equitable interest）という。コモン・ローとエクイティについて、ここで理解を深めよう。

(1) コモン・ロー　Common law は多義語であり、①最広義には西洋法の分類として大陸法（civil law ないし continental law）と対比した「英米法」の意味、②議会による**制定法**（statutory law）と対比した「**判例法**」の意味、そして③判例法の中でも(2)のエクイティと対比した「コモン・ロー」の意味、で主に用いられる。

③の意味のコモン・ローは、英米法の歴史に関わる。11世紀に成立したノルマン朝のイングランドでは中央集権的な王権が整えられた。当時の主要な富の源である土地の把握もその対象となりドゥームズデイ・ブックと呼ばれる検地帳も作成され、財産関係をめぐる紛争処理のための裁判制度も整備された。こうして国王権力に基づいて裁判を行うようになったのが**国王の裁判所**（Royal courts）であり、土地をめぐる権利紛争の解決や、捺印証書に記された約束の保護、王国内の犯罪を処罰することなどを主な任務とした。積み重ねられた裁判から、後にコモン・ローと呼ばれるようになる判例法を形成した。

(2) エクイティの登場　コモン・ローは徐々に方式化し厳格化していった。これによって紛争の解決について予測することが可能になる一方で、融通の利かない不便なルールにもなった。そこで登場したのが**エクイティ**（equity）という別の判例法であり、エクイティは信託とともに登場した。その起源には諸説あるが、しばしば次のようなエピソードで説明される。

ある土地所有者Ｓはある事情からその所有を諦めなければならない。そこで友人Ｔに所有権を譲渡し、その事情がなくなったら返してもらうと約束してもらった。ところが当時のコモン・ローに基づくと、土地の所有権がＴに帰属する以上、所有者が自由に処分できるのが当然であって、どのように使用するか決め、また誰かに売却するのも勝手である。Ｓが土地に立ち入ってもトレスパス（→**第５章Ⅰ❶(1)**）となり、コモン・ローの裁判所で負けてしまう。Ｔが約束を破ると、Ｓにはどうしようもない。困ったＳは国王に、そして国王の側近で有力な大臣である**大法官**（Chancellor）に、請願をした。

大法官はＴに対していう。「確かにお前の権利はコモン・ローに基づく正当なものであり、その土地に許可なく立ち入っている者を追い出すのは権利の行使として合法である。しかしお前の良心に反しないか」と。そして頑なTを牢屋へ入れてしまい告げる。「観念してSの主張を認めるならば牢屋から出してやろう」と。

このように、コモン・ローの厳格なルールによって生じる不都合を、大法官の権力によって、具体的な事案に適切な解決を与えるということが行われるようになった。いつしか、**大法官府**（Chancery）の担当部署は裁判所のようになり、そこで用いられる法はエクイティと呼ばれるようになった。

(3) コモン・ローを補充するものとしてのエクイティ　エクイティ裁判所は信託以外の場面でも、様々な裁判を行うようになっていった。例えば、自分の所有地を他人が勝手に不法占拠してしまっていて立ち去らないという不法行為の場面で、コモン・ロー上の救済は損害賠償である。実際に土地内から出て行ってほしいとき、特に相手が金持ちで多少の金銭支払いは問題としないような場合には、これは有効でない。こうした場合に、土地への不法な立入りを差し止める命令（インジャンクション）をエクイティは認める（**→第5章Ⅰ❶**(1)）。

このように、エクイティはコモン・ローの不充分なところを補う役割を果たすようになっていった。もっとも、エクイティはコモン・ローに取って代わったわけではない。両者は併存し、異なる裁判所系統で用いられる2つの判例法となった。エクイティは、あくまでコモン・ローのルールを厳格に適用した場合の不都合を修正するための、例外的・補充的な法の体系として用いられるようになったのである（エクイティの補充性）。

エクイティ上の救済は、個別の事案に応じて設定される柔軟な解決であることも特徴である。例えばアメリカでは一票の価値の格差を我が国よりも厳格に禁ずる（**→第11章Ⅱ❷**）。しかし議会の定めた選挙区割が違憲であると宣言するだけでは、議会が法改正しない場合には結局格差が是正されない。このような場合、裁判所はエクイティに基づく救済として、例えば議会が選挙区割を改めず一票の格差が是正されない場合には当裁判所が定める区割りで選挙を行わなければならない、との命令が出される（Sims v. Frink）。このような事案の特性に合わせた柔軟な救済の設定はエクイティの特徴と言える。

(4) 現代アメリカにおけるエクイティ　イングランドにおいてもアメリカの多くの法域においても、今やコモン・ローとエクイティは１つの裁判所系統に統合された。しかし裁判所が統合されても、法体系として両者は今でも区別される。

第一に、裁判は原則としてコモン・ローに基づいて行われ、コモン・ロー上の救済では不充分であるという例外的な場合にのみ、エクイティ上の救済が与えられる。例えば上に見た不法行為等に対するインジャンクションを裁判所が発令するには、原告は、①当該不法行為によって回復不能な損害を被っていること、②金銭賠償などのコモン・ロー上の救済ではそのような損害を填補するのに不適切であること、③インジャンクションが与えられないことによる原告の負担と、インジャンクションによって生ずる被告の負担とを比べて、それでもエクイティ上の救済を与えるべきであること、④インジャンクションを与えても公益を害さないこと、を立証しなければならない（➔ eBay Inc. v. MercExchange, L.L.C.〈百選 116〉）。

第二に、エクイティの訴訟では伝統的に陪審審理が行われない。連邦憲法第７修正が「コモン・ローの訴訟において……陪審審理を受ける権利は保障される」と規定する通り、コモン・ローの訴訟においては陪審による裁判を受ける権利が憲法上保障されている。しかしエクイティ上の訴訟においては保障されず、連邦裁判所でもエクイティ上の請求については陪審審理は行われない（ただしエクイティの訴訟でも陪審審理が行われる州もある）。

Ⅲ　信認義務とエクイティの広がり

続いて、信託の応用としての**信認関係法**（fiduciary law）とその広がりについて瞥見することにしよう。信託を中心として展開してきたエクイティは、信託に類似する様々な関係に信託の法関係を拡張し、多くの場面で人々の関係を規律するアメリカ法の主要な領域になっている。

❶………信託の応用

まず信託自体が、委託者による明示的な設定がないような様々な場面で、裁判所によって認定される。

⑴ **復帰信託**　委託者の黙示的な信託設定があるとされることがある。**復帰信託**と呼ばれ、例えば次のような事例で認定される。

妊婦Ｓは、Ｔに対して信託証書を作成して自己の所有する甲土地を譲渡し、現在の胎児Ｂを受益者とする信託を設定した。しかし不幸にも流産によりＢは出生しなかった。特段の定めが置かれていなかった場合、受益者の確定ができなくなり、信託は無効である（確定し得る受益者は信託の成立要件の１つである）。しかし信託証書の不動産譲渡証書としての性格から、甲土地の権原はＴに適法に帰属している。

このとき、Ｓは特に信託証書に明示していなくとも、信託不成立の場合には自らに甲土地を返還させることを意図していたと予想できる。そこで、Ｔによる甲土地の所有は、受託者として委託者（＝受益者）Ｓに対してこれを返還するとの義務を負った信託（Ｓに権利が戻るために「復帰信託（resulting trust）」と呼ばれる）である、と裁判所は認定する。

⑵ **擬制信託**　委託者には信託を設定する意図がないにもかかわらず、何らかの目的を実現するために信託があったものとして扱われることがある。**擬制信託**（constructive trust）と呼ばれ、例えば次のような事例で認定される。

ＶはＰとの間で土地の売買契約を締結し、Ｐに対して自己の所有する甲土地の権原を移転する不動産譲渡証書を作成し引き渡した。しかし、錯誤のために売買契約が無効であった。このとき、適法に不動産譲渡証書が作成・引渡しされている以上、コモン・ロー上は甲土地の所有権はＰに帰属してしまっており、ＰはＶに対して当該土地を贈与する義務もない。契約が無効であるので、契約違反も観念できない。このような場合に、ＰはＶに返還するために受託者として甲土地を所有していると擬制する。

このように、委託者が明示に信託として設定しない譲渡行為等であっても、裁判所が委託者の意図を推定したり、委託者の意図がなくとも信託の成立を擬制したりすることにより、適切な救済を与える場面がある。

復帰信託と擬制信託（特に後者）は、我が国で不当利得返還に当たる場面で用いられるエクイティ上の法律構成として信託が用いられる。当事者が意図した取引等ではなく、このような救済方法としてもまた、信託は広く利用される（その意味では応用というより基本とも言え、現にそのような位置付けが英米では一般的である）。

❷………信認関係

さらに信託自体を認定しなくとも、信託における法関係の一部、特に受託者と受益者の間の**信認関係**（fiduciary relationship）がその他の様々な関係に対して用いられることがある。

ここでは、①財産管理への信認関係の応用、②必ずしも財産管理を伴わない関係への信認関係の応用、に分けて見てみよう。なおこのとき、受託者に相当する信認義務を負う当事者は広く**受認者**（fiduciary）と呼ばれる。

(1) 様々な財産管理関係と信認関係　信託の強みの１つに、受託者という優れた財産管理者に、信認義務という重い義務を負わせて実効性を確保しつつ、適切な信託財産の管理・運用を任せられるという点があった。他人に自己の財産を託して適切に管理してもらいたいという場面は、信託に限られない。そのような多くの財産関係において、信託の関係がある種「類推」され、信認関係として包含される。例をいくつか見てみよう（**第７章**の会社役員もその例である）。

①相続財産の管理人

アメリカでは、被相続人が死亡してから遺産が相続受益者に分配されるまでの間に、裁判所での相続手続がある。そこでは、裁判所は**相続財産の管理人**（personal representative）（**遺言執行者**［executor］および**遺産管理人**［administrator］）を任命する。相続財産の管理人は、**遺産**（estate）を一元的に管理し、遺産の回収・整理・弁済を行って最終的に分配する。

相続財産の管理人はあたかも自己の財産であるかのように遺産に

関する権利を実現し義務を履行するのであるが、自身の利益のためにこれを行うのではなく、遺産という他人の財産のためにこうした財産管理を実行する。そのため、相続財産の管理人は遺産（ひいては相続受益者）に対して信認義務を負う（ただし、遺言がある場合の遺言執行者は、遺言に示される被相続人の意思を最大限実現する義務がある）。遺言執行者の忠実義務が問題とされた事案として前述*In re* Estate of Rothko参照。

②倒産管財人

倒産手続における管財人も受認者である。倒産手続では、債務者の財産の総体を**倒産財団**（bankruptcy estate）として債務者の自由な管理・処分から切り離し、**倒産管財人**（trustee in bankruptcy）（再生債務者［debtor in possession=DIP］を含む）がかわってこれを管理し、清算をしたり、債務免除や期限の延長などを受けながら事業等の再生をしたりする。

倒産管財人は倒産財団という財産について、自己のためでなく債権者たちのために管理・処分等を行う。倒産管財人は倒産財団（ひいては倒産財団からの分配を受ける債権者たち）に対して信認義務を負う（公平義務も信認義務の一部である）。

③後見人

制限行為能力者の身上監護や財産管理のために任命される**後見人**（guardian）もまた受認者である。後見人は被後見人のためにその財産を管理・処分等するのであって、被後見人に対して信認義務を負う。

④まとめ

これらの例は、いずれも信認関係によって保護されるべき者が（遺産や倒産財団は自然人でなく、制限行為能力者はその制限のゆえに）自ら声を上げられないような状況に置かれている。だからこそ重い義務と裁判所の介入を受け得る受認者による財産管理がまさに適切な場面である。

(2) 非財産管理の信認関係　財産の管理を必ずしも伴わない関係であっても信認関係が認められる場面は少なくない。典型的には、当事者の間の関係が非対等ないし非対称であって、一方（たいていは弱者）のみの利益がそこでは問題となり、他方（たいていは強者）の知識・技能をそのために使いたい、という関係において、信認関係が認められる。ここでもいくつか例を見てみよう。

①代理関係

代理人（agent）は**本人**（principal）の受認者である（代理関係のことを agency という）。代理人は、本人が与えた代理権の範囲内で、自身の行為の効果を本人に帰属させる。契約の交渉、締結と言った法律行為に限らず、事実行為も対象とし得る（我が国の準委任契約に相当するだろうか）。また、不法行為についても本人責任を発生させることもある。

それゆえ、代理権限があるからと言って勝手をされては、本人の利益を損ねてしまう。本人は自ら代理権を制限したり代理関係自体を終了させたりすることで監督することもできるが、代理人のほうも本人に対して信認義務を負い、忠実な職務遂行が期待される。

②弁護士・依頼人関係、患者・医師関係

弁護士は依頼人の、医師は患者の受認者であると言われる（ことがある）。これら専門家は、その依頼者（依頼人・患者）の重大な問題について、依頼者の利益のためだけにその専門的技能を用いてもらうということで信頼される。

それゆえ、例えば、医師が新しい治療法を実験的に試したいと考えて勝手なことをされては、患者としてはたまらない。医師は患者の利益のみを考えて忠実に行動しなければならない。

弁護士については各州の弁護士行動規制（法曹倫理規制）も置かれて裁判所の監督にそもそも服するのではあるが（**→第２章Ⅱ❹**）、エクイティ上も依頼人に対する受認者とされ、依頼人の利益のみを考えて忠実に行動する義務を負う。

医師に関しても職業倫理規定が医療専門家団体として設けられていたり、立法化されていたり、などの形で具体化されることも多い。他方で、患者と医師の関係は信認関係ではないという見解もある。

③政府

近年では、国家（政府）は国民に対する受認者であると主張する学説がある。政治的な代表関係、統治の正統性と政治的責務などに、信認義務類似の関係を読み込み、政治や統治行為が国民のために忠実に行われるべきことを説く見方である。特に、社会契約説が統治を契約に見立てたことからくる理論的問題を、契約とは異なる信認関係の論理で見直すことによって公的関係の新たな見通しを得ようとする挑戦が多く現れている。

こうした見方はまだ広く定着しているわけではないし、通常の信認関係と違って裁判所が適切に介入し得るのかなど理論上の問題もある。しかし信認関係の大きな広がりを示す例と言え、本章冒頭に見た日本国憲法の解釈を考え直す際にも参考になるかもしれない。

◆発展学習４　個人情報の保護と信認関係

近年ではどの国でも個人情報の保護が重要な課題とされる。アメリカでは、個人情報を扱う企業などは、個人情報の帰属主体を受益者とする受認者（information fiduciary）と捉えられる。受認者であるから、企業は個人情報の管理運用にあたって適切な注意を払わなければならないし（注意義務）、許諾された範囲内で本人の利益のためだけに情報を用いなければならない（忠実義務）、ということとなる。

このように、信託や信認関係という考え方は、広く様々な場面に展開可能な、契約や訴訟と並ぶアメリカ社会の特徴と言える。

❸………エクイティ裁判所の様々な権限

エクイティの特徴は、事案の具体的事情に照らして適切な解決を図れるところにある。かつて大法官たちは違反者たちを投獄するなどの強権を発動していたことは既に見た（➔Ⅱ❹(2)）。

(1) 裁判所のエクイティ上の権限　裁判所はエクイティに基づく固有の権限として、様々な命令等を行う。

①救済

第一に、様々な**特定的救済**（specific relief）を与える。契約の特定履行（→**第４章Ⅱ❷**）であったり、不法行為の差止めのための作為や不作為を命じたり（→**第５章Ⅰ❶(1)**）、政府による違法状態の是正のために選挙区割を改めたり（→**Ⅱ❹(3)**）、といった例を既に見た。

②手続上の命令――ディスカヴァリ等

第二に、裁判手続に実効性を持たせるための様々な命令を行う。ディスカヴァリ命令（→**第３章Ⅲ❷**）も、もともとエクイティに基づくものである。ディスカヴァリは保全や執行のための財産開示においてもしばしば用いられ、権利実現の確保のために活用される。

③実体法の補充的ルール

第三に、コモン・ローや制定法の実体的なルールの補充や修正が行われる。例えばコモン・ロー上、契約を否定するための強迫（duress）の立証は容易でなく契約を認めざるを得ない場合に（コモン・ロー上の強迫はないから適法に成立していると言わざるを得ないけれども）エクイティ上は不当威圧（undue influence）があったので契約は取消し可能である、といった処理が行われる（→**第４章Ⅳ**）。

(2) 裁判所侮辱　裁判所の判決や命令も、それだけではただの紙切れである。実効性が必要であり、何らかの強制力が必要となることもあるだろう。そうした場面で用いられるのが**裁判所侮辱**（contempt of court）である。

裁判所は、その命令に従わない者をエクイティ上の権限に基づいて投獄したり、命令に従うまで一日いくらを原告に支払えという命令の形で間接強制を行ったりする。身体の拘束ないし財産の没収によって強制的に被命令者を従わせる手段を裁判所は有する。

(3) 継続的監督　裁判所は通常、「被告は原告に対して○○ドル支払え」などの判決を出して（それに基づく執行を行って）しまえば、当該事件との関係は終了する。

しかしエクイティ上の権限に基づいて、判決を言い渡した後も継続的に事件処理を監督する場合がある。例えば公立学校における人種別学（黒人用・白人用で別々の学校を設置すること）を違憲としたブラウン判決（Brown v. Board of Education〈百選 39〉）の後、人種融合を目的として強制的に児童・生徒をバスで学区越境させるよう命じた Swann v. Charlotte-Mecklenburg Board of Education がある。連邦地方裁判所は、1970 年 2 月 5 日に判決を言い渡したが、同年 4 月ないし 5 月までに上記のようなバスによる輸送を含む人種共学の実現を行わせるべく、判決後にもさらなる裁判所命令を下し得る権限を保持することとした（例えば教育委員会の作成する輸送計画を承認し、または拒絶する命令）（→**第 10 章 I ❷**も）。

第7章

会社法1
会社の組織とその役割

会社は営利事業のための法制度である。資金はあるが経営能力や時間のない投資家が会社に出資し、経営能力はあるが資金のない経営者がこれを活用して事業収益を上げて、両者で分け合う仕組みである。会社法は、このような会社を取り巻く当事者（特に投資家と経営者）の間の法関係を扱う法分野で、様々な利害調整をしつつ健全な事業運営とそれによる事業収益の増加を支える。

本書では、会社法の中でも特に取締役の信認義務を扱うが、理由は次の3つである。①**第6章**で学んだ信認関係法の大きな領域を会社法が占める。②アメリカの会社法の授業やケースブックも取締役の信認義務違反が争われた裁判例を大量に扱う。③アメリカでは1980年代頃からM&A市場の活況を背景に重要判例が蓄積しておりアメリカ会社法のダイナミクスを支えてきたが、M&Aをめぐる裁判でもやはり取締役の信認義務違反が特に問題とされてきた（➔M&Aについては、**第8章**）。

日本の会社法は（金融商品取引法も）、戦後改革や日米摩擦解消の文脈でアメリカから圧力を受けてきたこともあり、アメリカ法の影響を強く受けて法改正がなされてきた。我が国の会社法学もアメリカ法を比較対象とする研究が多く、しばしばアメリカの制度や学説を意識して議論される。そのため、日本法とアメリカ法が多く類似する分野でもある。

I　アメリカ会社法の諸前提

❶………アメリカ会社法のイメージ

本章と次章の前提とポイントを要約すると次の通りである。

(1) **投資家と経営者の関係調整**　株主（投資家）と取締役（経営者）の間の関係が会社法の中心問題である。投資家は株主として会社に出資し、経営者は会社資産を用いて事業経営を行って利益を上げる。

(2) **経営権限の集中**　経営者に経営を集中し、その裁量判断を尊重する。事業経営にはリスクがつきものなので、経営の失敗すべてについて経営者が個人責任を問われると、リスクをとった果敢な経営判断はできなくなる。社会全体としても活力がなくなる。経営者にとって使い勝手のよい制度になっていることは、めぐりめぐって投資家にも社会全体にも資する。

(3) **裁量濫用の防止とプロセス重視**　他方で、投資家や社会にとって害となるような経営権の濫用は防止する必要がある（エイジェンシー問題➔発展学習6）。しかし判断が難しい。経営判断の時点では単なるリスクとしか評価できないものが後に事業の失敗として現れるため、経営裁量とのバランスの問題になる。

この点、アメリカ会社法は徹底して判断のプロセスを重視する。情報に基づいた判断が行われること、判断者の独立性・中立性が歪んでいないこと（利益相反の防止）、投資家自身に判断の機会が提供された場合にはそれを尊重すること、などにより、経営者の義務は果たされたものと考えられる。

(4) **株主の関与**　信託受益者と比べて、株主が積極的に判断する場面が多い。取締役の選任・解任で間接的に会社経営の方向性を決め、法律や定款に定められた事項について株主総会決議を行う。取締役会が任意に株主総会の承認を求めることもある。

随時の株主総会の判断は、設立時に定めた会社の基本事項をも変更し得る点で、信託受益者の総意であっても委託者の定めた重要な信託条項の変更を許さない傾向が指摘される信託法（➔**第６章Ⅱ❷⑴**）ともまた異なる。

⑸　**ビジネス・プランニングとしての会社法**　ロー・スクールでの会社法教育では、法律家が投資家や経営者に助言をする視点で学ぶため、権限濫用（信認義務違反）に対する責任追及の場面や、起業するにあたって注意すべき事項などの解説・検討に力点が置かれる。

本書では詳述できないが、会社（corporation ➔❷⑶）を含む複数の事業組織形態（LLC や LP など）の中からどのような強みを狙っていずれを選択するか（その際には他領域、例えば税法上の長短も併せて学び、事業規模等に応じた節税の意識も涵養される）、資金調達方法の種類およびその長短（株式と負債の差異、種類株式やストック・オプション、前提となる資本市場に関する基礎知識など）、など幅広く学習することになる。法律家もまたビジネス・プランニングにおいて重要な役割を担うということでもある。

こうした観点から会社法の各制度を眺めると理解しやすい。

❷………会社法の法源

⑴　**州の制定法**　会社法は州法である。会社は制定法によってはじめて認められる制度とされ、基本枠組みは判例法ではなく制定法が規律する。とはいえ会社法においても判例は重要であり、具体的なルールの多くは裁判所が作ってきた。

連邦法も関係が深い。連邦証券規制は、実際上、上場会社に対する**企業統治**（コーポレート・ガバナンス）規制の性格も持つ。日本の金融商品取引法に当たる内容は主に連邦法である（州の証券規制も存在する。➔**第８章**）。

⑵　**会社立法の州間競争**　会社は、事業地と無関係にどの州でも設立できる。現実には経営者の選択で設立地が選ばれるため、会社の設計の自由度が高い、株主からの責任追及のリスクが小さい、など経営者にとって都合のよい州の会社法が用いられやすい。

州にとっても、会社からの税収（**設立免許税**）を増やすために自州で会社を設立してほしい。設立者が経営者に都合のよい法を望むならば、そのような立法を行えば会社設立が増えるだろう。

歴史上実際に、各州は経営者に都合のよい会社法を作る競争を行った。しかし、経営者に都合がよいほど、投資家に都合が悪くなり得る（このような側面を強調すると、州間競争は「**底辺への競争**」と揶揄される）。

もっとも、投資家に都合が悪いようなら会社への出資が集まらないはずである。結局各々の立場にとって妥協し得る中で使い勝手のよい会社法が最終的に選ばれるとの評価が現在では有力である。

(3) **デラウェア州会社法の覇権**　実際に大多数の会社が設立されているのは、デラウェア州である。全米の主要な会社の半数以上がデラウェア州法に準拠して設立される。デラウェア州会社法は、アメリカ国内だけでなく世界的にも影響力が大きい。

それゆえ、本章・次章でも以下は基本的に**デラウェア州一般会社法**（Delaware General Corporation Law. 以下、条文を単に「§ 102」のように示す）に基づく会社（corporation）を扱う。アメリカの授業やケースブックもデラウェア州会社法を中心に扱うものが多い。

もっとも、特にスタートアップ企業についてはカリフォルニア州会社法などのプレゼンスも大きく、デラウェア州会社法のみに着目することには一定のバイアスも発生するので注意が必要である。

❸………連邦制と会社

会社は多様な人々が利害関係を持ち、地理的にも広がる。会社はＡ州法に準拠して設立されたが、主たる営業所はＢ州にあり、しかし訴訟に出てきたのはＣ州の支店に勤める従業員であり、またはＤ州の株主であり、……など、多くの州にまたがる複雑な関係が生じやすい。どのような場合に、どの州の会社法が適用されるだろうか。

(1) **会社の内部関係**　会社に関する訴訟については、会社の内部関係訴訟か、会社の外部関係訴訟か、によって区別される。両者の差異は必ずしも理論的にははっきりしないが、概ね以下のように説明される。

会社の内部関係とは、会社と株主の間の関係や株主と取締役の間の関係のように、会社という組織の内部者同士の間の法律関係をいう。例えば、取締役が不適切な経営判断を行い会社に損害が発生したことについて株主が株主代表訴訟を提起した場合、内部関係訴訟である。内部関係訴訟は会社法が適用される場面であり、当該会社の設立準拠法が適用される（上の例ではA州会社法が適用される）。これを**内部関係の法理**（internal affairs doctrine）という。

(2) 会社の外部関係　他方で、法的主体としての会社と他の私人との関係は外部関係とされる。例えば、会社が取引先から契約違反で訴えられたり、会社が製造販売した製品の瑕疵によって人身被害が生じたとしてユーザーから製造物責任を追及されたりといった場合、外部関係訴訟である。会社の従業員も、雇用契約に基づく外部関係の者である。

会社の外部関係訴訟は、会社が当事者にはなるが、会社法の問題ではなく契約法や不法行為法の問題となるので、準拠法選択においてはこれらの通常のルールが適用される（**→第1章Ⅲ❷**）。

(3) 会社の地域属性　会社の州籍や住所（domicile）は、設立州または主たる営業所（principal place of business）がある州に認められるのが基本である（**→第1章**冒頭のオレンジ社への**訴状2**も）。

❹………会社法の登場人物

会社内部関係の登場人物として、会社それ自体、株主、取締役および取締役会、オフィサーが特に重要である。

(1) 法的主体としての会社　会社は、投資家や経営者とは独立に権利義務の帰属主体となり、訴訟当事者ともなれる法人格を備える仕組みである。会社自体が当事者となって従業員や取引先と契約したり、会社製品から発生した損害について不法行為責任を負ったりする。

設立時に**定款**（Certificate of Incorporation. Articles of Incorporation という州もあり）を作成し、州に登録しなければならない（§ 102）。補足するものとして株主総会または取締役会で定める**附属定款**（bylaws）もあり（§ 109）、実際には重要事項の多くは附属定款に定められる。

(2) 株主　**株主**（stockholder. より一般的に shareholder とも）は会社の

構成員である。会社の事業利益等から配当を受ける等の経済的権利がある。

さらに、企業統治上の役割も担う。まず、取締役の選任・解任や会社事業上の重要な判断につき**株主総会**で投票を行う（§ 211以下）。また、会社役員に義務違反があったにもかかわらず会社が適切な対応をとらない場合などに、そのような義務違反の責任を会社に追及させる訴訟を行うことができる（株主代表訴訟→❺(2)）。

株主は取締役等が負う信認義務の相手方であり、かつ会社清算時の残余財産に対する権利保有者であるという特徴から、会社のエクイティ上の所有者（equitable owner）または受益権者（beneficial owner）ともしばしば説明され、株式はエクイティとも呼ばれる。

会社法の基本構造としては、経営に関するコントロールは取締役会に与えられ、株主は利益の帰属先となるに過ぎない（「所有と経営の分離」）。しかし、ひとたび株主に判断が委ねられた場合には、株主の決定こそが会社の決定であるとする理念もしばしば現れる（「会社におけるデモクラシー」ということもある）。

(3) 取締役　**取締役**（director）は、会社の受認者である。会社は自然人でないので、自ら経営判断を行い、または具体的な事務や取引を行うことができない。代わって会社のために重要な経営判断を行うのが一人以上の取締役で構成される**取締役会**（board of directors）である（§ 141(b)）。取締役会の構成は企業統治の重要な問題であるが、定款に定めがなければ附属定款で定めることとされており（同条）、実質において経営者による設計の自由が保障されている。

会社の経営権限は原則として取締役会が保持し、株主には口出しをさせない（→Ⅱ）。他方で、取締役は会社と株主に対して信認義務を負い、信託受託者と同様の義務に服する（会社および株主が受益者に当たる）。

なお、取締役は受認者ではあるが、会社の代理人（agent）ではないので、取締役であることのみによっては、自己の行為の帰結を会社に帰属させることはできない。あくまで法令や定款等が取締役会に権限を与える事項について、機関として会社の決定等を行うに過ぎない。取締役会は自己の権限を特定個人（取締役やオフィサーなど。委員会のような合議体も可）に与えることができ、例えば会社の取引の交渉・契約書署名などを授権できる。

(4) **オフィサーと従業員**　取締役会は会社の重要な経営判断を行うが、会社事業の詳細すべてを決定することは期待されない。規模の大きな会社では実際上不可能でもある。そこで、会社の普段の事業運営・業務執行は会社の従業員に委ねられる。会社の従業員は、その雇用（代理権）の範囲において、会社の代理人としてその行為の帰結を会社に帰属させる（代理関係［agency］も信認関係の一種とされており、代理人は本人に対して信認義務を負う→**第6章Ⅲ❷**(2)①）。

会社の従業員に対して具体的な指揮命令を行い、事業運営の統括・判断を行うのが**オフィサー**（officer）である。最高経営責任者（CEO）や最高財務責任者（CFO）などが通常これに該当する。名称ではなく実態として会社の事業運営に関する判断・指揮命令・統括の権限を有し行使しているかが重要な要素となる。

デラウェア州では制定法上オフィサーの定めが置かれてはいないが、判例法上オフィサーは多くの場面で取締役と同種の信認義務を会社と株主に対して負う。なお、オフィサーは従業員であり必ずしも取締役の中から選ばれるわけではない。取締役を兼任するオフィサーも多いが、兼任していなくとも同種の義務を負う。この点、日本の典型的な会社では従業員は上級職であっても取締役でなければ取締役と同種の義務は負わないし、業務担当者は取締役会の中から選定することとされる（会社法362条など）のと異なる。

以下では、取締役とオフィサーを併せて「(会社) 役員」という。

❺………会社役員の信認義務とそのエンフォースメント

役員が会社と株主に対して負う信認義務は、①**忠実義務**（duty of loyalty)、②**注意義務**（duty of care)、③**誠実義務**（duty of good faith）の三本柱から成ると説明される（→詳細は、**Ⅱ**・**Ⅲ**）。

(1) **3つの義務の関係**　忠実義務、注意義務、誠実義務の三者は、いずれも１つの信認義務の下位概念であり、役員のある行為が２つ以上の義務の違反に該当することもあり得る（信託の場合と同じ。→第６章Ⅱ❸）。とはいえ、大まかに保護範囲はすみ分けがされている。利益相反の場合に忠実義務の違反、利益相反等がなくとも充分な注意を尽くさず損失を発生させる場合に注意義務の違反、両者がなんらかの形で形式上免責されてしまうような場合にそれでも責任を課すのが誠実義務、と整理できる。

日本の会社法の下では取締役は忠実義務（355条）を負い、会社と委任関係に立つ（330条）ことから善管注意義務も負う。アメリカの信認関係と日本の委任関係の異同にも慎重な検討を要するが、日本の判例は忠実義務と善管注意義務とを同視する点にそもそも違いがあると言える（最大判昭和45年6月24日民集24巻6号625頁。もっとも、両者を区別すべきとする学説は多い）。

⑵ **株主によるエンフォースメント**　役員の信認義務違反が生じると、当該義務違反について責任追及を行うことが会社と株主の利益にかなうか否かにつき、第一義的には取締役会の経営判断に服する。しかし、取締役会全体での信認義務違反などでは取締役が自身を訴えることとなり、実効的なエンフォースメントが期待できないこともある。

そこで、会社の利益の究極的な帰属主体である株主は、取締役会が放置する会社の権利について、会社に代わって訴訟を追行することが許されている。このような訴訟は、会社が有する権利を重要な関係人である株主が代わって裁判を行って保護するものであり、会社の権利から派生するものとして**派生訴訟**（derivative action, derivative suit）という。我が国でよく用いられる表現と揃え「**株主代表訴訟**」と本書でも呼ぶ。

我が国で株主代表訴訟（会社法847条の責任追及等の訴え）における原告株主は法定訴訟担当者と解され、原告＝株主と被告＝取締役等の間の訴訟となる。これに対してアメリカでは、①原告＝株主が被告＝会社に対して役員等の責任追及を強制する訴訟と②原告＝会社が被告＝役員等の責任追及を行う訴訟の２つの訴訟の合わさったものと理解され、形式的には会社と役員等が両方被告となる（Aronson v. Lewis）。

⑶ **救済**　役員の信認義務違反に対する救済は、信認義務違反一般に関する救済と原則同じである。損害賠償、利益の吐出し、インジャンクションが例である（→第６章Ⅱ❸）。我が国も、法律構成は異なるものの実態は近い（例えばアメリカで利益の吐出しを認める文脈で、我が国では取締役の得た利益の額を損害額と推定して損害賠償を行わせる）。

株主代表訴訟による場合、株主が形式上原告となるが、実現されるのは会社の権利であり、役員等による損害賠償や利益の吐出しの相手方は会社となる（ただし、訴訟費用や弁護士報酬などについては会社負担とすることがしばしば認められる）。

これに対して、株主が会社の権利ではなく株主自身の権利に基づいて提訴する**直接訴訟**（direct suit）の場合には、救済は株主本人に与えられる。

Ⅱ　注意義務と経営判断

❶………経営判断と事業の成功・失敗

⑴ **問題状況**　会社役員は、会社の事業運営にあたり適切な注意（due care）を払う義務を負う（注意義務）。しかし、事業は将来予測に基づいてある程度のリスクをとって行うものである。結果だけから責任を問われるとすると、会社役員の担い手がいなくなる。いざ役員になってしまった場合にも、会社にとっても社会にとっても有益だが成功する見込みが確かでない事業機会に投資するような判断はしがたい。

経営判断にはリスクをとった決断が必要であり、社会にとっても積極的な経営判断が有益であるとすれば、経営判断の失敗に対してあまり厳格に責任を問うことは望ましくない。

⑵ **取締役会による経営判断**　では、会社利益の究極的帰属主体である株主が経営判断をすればよいか。しかし、株主は自ら経営能力も時間等も持たない（持っていてもかけたくない）からこそ、他人の経営する会社に投資を行う。あくまで取締役会が経営判断を行う、という会社の基本構造は

無視できない。

§ 141(a)は、法律や定款で定める場合を除き、会社の事業は取締役会の決定で経営されるとの原則を明文化する。しばしばこの条文が引かれ、次に扱う経営判断原則の根拠とされる。

❷………会社役員の注意義務と経営判断原則

一方で役員は会社に損害を出さず利益を上げるとの注意義務を負い、他方でリスクを伴う役員の経営判断を尊重すべきであるという2つの要請をバランスし、アメリカの裁判所が行う審査枠組みが**経営判断原則**(business judgment rule)である。

(1) **経営判断原則とは**　経営判断原則とは、「経営判断における取締役会の行為は、①十分な情報に基づいてなされたもので、②決定を行った取締役は当該決定が会社の最良の利益になると誠実に信じて行った、ということを推定」するルールである(Aronson v. Lewis)。取締役の行為を争う者が①か②のいずれかを反証しない限り注意義務が尽くされたと認定される(なお、忠実義務違反がないこと、すなわち③決定を行った取締役に利益相反がなかったこと、もまた経営判断原則適用の条件であるが、取締役に利益相反がないことは推定されない。→Ⅲ)。

◆発展学習5　経営判断原則の日米比較

後述のケアマーク事件和解案承認決定に附された意見では、経営判断原則が判断の内容でなくプロセスのみに注目するものであると明示された。このことは、日本の最高裁が「その決定の過程、内容に著しく不合理な点がない限り、取締役としての善管注意義務に違反するものではないと解すべきである」(最判平成22年7月15日判時2091号90頁。強調は引用者)と述べていることと対比すると際立つ。日本の学説にも、アメリカがプロセスを見て、日本は内容も見るという対比を指摘するものも多い。

なお、アメリカはプロセスを見つつ行為の適法を「推定」するものであり、これを争う原告株主に推定を覆す主張・立証が要求されるルールである。

これは § 141(a)が取締役会に与えた経営権限の完全かつ自由な行使を保護・促進するルールであり、極めて経営者寄りの判断基準である（信認関係一般ではなく会社法固有のルールである。信託の慎重な投資家のルール（→**第６章Ⅱ❸⑴**）も実際の適用において受託者寄りのルールではあるが、内容について一定の判断が行われ、また受託者の注意義務が尽くされたとの「推定」はされない）。

⑵ **経営判断原則の限界**　経営判断原則が適用されると経営者に有利な推定が置かれる。それゆえ、いかなる状況でこの推定が覆されるかが重要である。

その代表例であるトランスユニオン事件（Smith v. Van Gorkom〈百選118〉）では、会社の**キャッシュアウト合併**（買収対象会社の既存株主に対価を支払って株式を手放させる取引）について取締役会が与えた承認が、注意義務に違反してなされたものであると争われた。T社取締役・社長のGは、企業買収の有力者であったPに個人的に接触し、T社の売却につき交渉し、Pからの買収提案を得た。Gは同社取締役の大半には本件提案について事前に知らせることなく、緊急招集した取締役会において口頭で20分ほどのプレゼンを行い、取締役らは当該買収提案を書面で確認することなく、2時間ほどの審議を経て承認した。裁判所は概要次のように述べ、取締役会の承認決議について経営判断原則の保護を否定した。

経営判断原則により取締役会の判断を保護するには、合理的に入手可能なすべての重要情報を取締役らが得ておかなければならない。本件取締役らは充分な情報を得た経営判断に至っていなかった。というのは、第一に、会社売却を迫り価格を決定するにあたってのGの役割を適切に知悉（ちしつ）していなかった。第二に、T社の企業価値について充分な情報を得ていなかった。第三に、少なくとも、これらの事情を前提すると、なんの緊急事態でもないのに、事前に知らされもせず、たった2時間の検討で会社売却を承認する際に**重過失**（gross negligence）であった。

なお本件は、当時の経営判断原則に関する他の判例と比べて経営者に厳しい判断がされているとの見方も強く、経営判断の内容が合併であることも判断を分けたとの指摘もある（**→第8章**、百選の解説も参照）。

❸………会社役員の責任限定

トランスユニオン事件の結果、役員が自らの経営判断に対して個人責任を負わされる恐れが高まり、役員保険料の高騰と役員候補者の不足が問題となった。デラウェア州議会は責任限定の方法を法改正により導入し（または従来あった方法を維持し）、他方で責任限定方法の濫用事例もまた争われるようになった。

⑴ **定款免責**　1986年に§102(b)(7)が新設され、定款の定めにより、取締役の個人責任を全部免除したり責任額の上限を定めたりすることが認められた。免責（exculpation）対象は基本的に注意義務違反に限定されている。そのため、①忠実義務違反、②誠実義務違反、故意の不正行為、知って行う法律違反の作為・不作為、などは明示的に対象から除外されている。

⑵ **補償、役員責任保険**　ある者が役員や従業員であることや、その義務の履行などのために、民事上、刑事上または行政上の責任を問われたり責任追及されそうになったりした場合に、その者に対して訴訟や和解に要した費用を補償（indemnification）する権限を会社は有する（§145）。この権限を根拠に、取締役等に就任する際の契約において、訴訟費用等の補償を定めておくことも少なくない（ただし内部関係訴訟において個人責任を追及された場合には、補償の対象は弁護士報酬を含む訴訟費用に限定される）。

また、役員が負う賠償責任に対する保険を、会社の費用で加入させる権限も会社にはある（同条）。しばしばD&O（＝Directors' and Officers' Liability）Insuranceと呼ばれる保険商品で、保険対象の責任の範囲や上限額、役員が裁判上課される責任の実際（景気や判例の動向）によって、活発になったり低調になったりしてきた。トランスユニオン事件の時期（1980年代）には、ちょうどM&Aが活況で責任追及訴訟も多かったので保険料が高騰していたし、2000年頃のスキャンダル多発時期にも保険料が高騰した。

我が国会社法にも株主総会決議による免責（425条）、定款による免責（426条）、責任限定契約（427条）、補償契約（令和元年改正による新設430条の2）、役員等責任保険契約（同新設430条の3）の規定がある。

❹………取締役の監督義務と内部監査システム

取締役会が、会社の事業活動に対して何か対処すべきであるにもかかわらず、特に検討せず漫然と放置し、それにより損害が生じる場合にも注意義務違反は問題となる（**監督義務**［duty of supervision］という）。しかし、この場合経営判断を行っていない（不作為に過ぎない）ので、経営判断原則は適用されない。

もっとも、会社事業のために行われる判断の大半は、オフィサー以下の従業員が日々行うものであり、そのすべてについて取締役会が判断をすることは法律上の義務とはされない。しかし、そうした判断には会社利益に決定的な影響を与えるものもある。会社が刑事責任を問われ（アメリカでは我が国よりも広く法人処罰が行われる。→**第12章I❷**）、それにより会社に損害が生じるという場合もある。

以上の事情から、取締役会には、一般的には日々の業務執行について具体的に監督する義務まではない。しかし、その誠実な判断を行うにあたっては、会社情報・内部報告のための適切な機構を備えて、日常業務に関することであっても適時に必要な注意を引くように情報が取締役会に届くようにしておかなければならない。どのような内部システムを構築するかはそれ自体1つの経営判断であるが、適切な情報報告システムが社内に存在しているということについて誠実な判断を行う必要がある（*In re* Caremark International Inc.）。

❺………誠実義務、会社資産の浪費法理

経営判断原則および監督義務の形式的審査により、また定款免責等の責任限定方法により、取締役の注意義務違反が認められる余地は小さい。それでも取締役会の判断を争う法律構成として、誠実義務違反と会社資産の

浪費の法理がある（もっとも、いずれも証明は困難である）。

⑴ **誠実義務（duty of good faith）**　経営判断原則は、取締役会の決定が情報を得て「誠実に行われた」ことの推定である。それゆえ、誠実に行動していないことを立証すれば、経営判断原則の推定は覆され、役員の信認義務違反は肯定され得る。

また、§ 102⒝⑺は、定款免責の対象外の行為として、誠実義務違反の行為を挙げている。これは条文構造上、忠実義務違反とは明確に区別されており、むしろ故意の不法行為などと並ぶ、詐害的な行為をいう（good faith に反することを bad faith ないし fraud という）。

これらを受けて、経営判断原則と定款免責にもかかわらず（したがって注意義務違反が認められないにもかかわらず）、しかも忠実義務違反もない場合にでもなお、信認義務違反を認める受け皿として誠実義務の違反が位置付けられている。

ただし、誠実義務は忠実義務の下位概念であると述べる判例もある（Stone *ex rel.* AmSouth Bancorporation v. Ritter）。監督義務と内部監査システムに関する事案での判断であり、その射程はやや不明確であるが、最も広く解すると誠実性はすべて忠実義務の一要素であって、誠実義務違反はそれだけでは信認義務違反を基礎付けないこととなる。

⑵ **会社資産の浪費**　経営判断原則を乗り越えて責任追及を行うためのもう１つの根拠は、会社資産の**浪費**（waste）の法理である。

経営判断原則は、争われる行為が経営判断であることを条件とする。経営判断たるためには、合理的な事業上の目的（rational business purpose）で行われた判断でなければならない。ある行為が、会社の合理的な事業上の目的を欠いている場合には、単なる会社資産の浪費というべきである。

しかし、何が会社の合理的な事業上の目的に当たるかは、それ自体簡単に判断できない。「会社が対価として受け取ったものが価値においてあまりに不適切であり、通常のまともな経営判断を行う人であれば会社にとってそれを支払う価値があるとは誰も判断しないほどである」ような場合にのみ、浪費の法理は適用される（Grobow v. Perot）。

Ⅲ　忠実義務と利益相反

❶………会社役員の忠実義務

忠実義務（duty of loyalty）は信認義務の中核であるとしばしば言われる。これは会社について特に当てはまる。というのも、Ⅱに見た通り注意義務は会社役員による具体的な裁量的経営判断を実質的に制約できないのに対して、以下に見る通り忠実義務は具体的な経営判断を制約するからである。

❷………利益相反取引

忠実義務違反の典型は利益相反取引である。会社役員自身の利益が関わるような取引がこれに当たる。原則として、利益相反取引は無効であり、役員が得た利益はすべて会社に吐き出さなければならない（Guth v. Loft）。

しかし、会社役員の利害が関わる取引のすべてを無効・信認義務違反であるとすることは、かえって会社の利益にならない場合もある。役員自身が会社にとって有益な取引相手であり、しかも会社にとって有利な取引を持ち掛けるような場合には、会社は当該役員との取引を行うことで利益を上げることができる。

⑴　**利益相反取引無効の非原則化**　多くの州では、会社における役員の一定の利益相反取引を「自動的には無効とならない」ものとしている。例えば、以下のような場合には取引は当然に無効とはされない（§144⒜）。

①利益相反にない取締役（disinterested director）の過半数によって誠実にかつ明示的に決定された場合

②誠実かつ明示的な株主の投票によって個別に承認された場合

③当該取引が取締役会、委員会または株主によって決定、承認または追認された時点において公正（fair）であった場合

（我が国の会社法356条や365条と類似の発想）

⑵　**利益相反取引と開示義務**　要するに利益相反にない取締役や株主が承認を与えれば、形式的に利益相反に当たる取引も当然に無効ではない

(特に①・②)。もっとも、承認されて取引が有効とされても、役員の忠実義務違反が問題となることはある。例えば、承認を与える取締役や株主には重要情報が知らされていることが必要であり、これを怠ると信認義務違反に問われ得る(➔第8章Ⅱ❶)。

(3) 取締役会の承認　重要情報が開示された上で、利益相反状況にない取締役の過半数が承認すれば取引は有効とされる(➔(1)①。日本法でも結論として同様[369条1項2項])。

信認義務違反の判断についても、「ひとたび利益相反にない取締役が承認したならば、裁判所は経営判断原則の下で利益相反取引を審査する」(Benihana of Tokyo, Inc. v. Benihana, Inc.)のがルールであり、基本的に義務違反を争えない。この点、我が国会社法では、利益相反取引により会社に損害が生じた場合、利益相反取引に関わった取締役や承認決議で賛成した取締役等(423条3項)は、任務懈怠推定がはたらく。さらに、自己の「ために」会社と取引をした取締役は、任務懈怠が自己の責に帰することができない事由をもって、責任を免れることはできない(428条1項)。日本法は利益相反取引について独立した取締役会の承認があろうとも責任を軽減するつもりはないと言え、この点でアメリカ法よりも経営者に厳しい立場をとっていると考えられる。

(4) 株主総会の追認　かつての判例法では、会社役員の利益相反取引であっても、情報に基づいて株主が事後に**追認**(ratification)を与えた場合には当該取引は公正なものであると推定された。現在は多くの州でこのルールが制定法化されている(➔(1)②③)。

このルールは、株主利益を第一とするアメリカ会社法の基本原則にもかなう(➔発展学習6)。役員に利益相反があったとしても株主自身が認める以上は当該取引の公正さを疑う必要がなくなるからである。株主総会決議の「**洗浄効果**(cleansing effect)」という。

また、利益相反取引を行った役員が多数株主と不可分である場合には株主による追認は当然得られると考えられるため、ここでも利益相反のない株主による投票が基本となる(我が国の会社法831条1項と類似の発想)。

「株主の追認投票の『洗浄』効果は、当該取締役の行為を経営判断原則に服せしめるにとどまり、そのような取締役の行為を裁判上一切争えなくするわけではない」(Gantler v. Stephens)。それゆえ、取引が有効とされても信認義務違反は争い得るが、しかし判断基準は経営判断原則であるから、

◆発展学習６　会社の利益は誰のものか

アメリカ会社法では、会社の利益は株主に帰属し、株主が会社に対する究極的なコントロールを有する（べきである）と伝統的に考えられてきた（shareholder supremacy）。株主が会社に有する経済的利益は債権者に劣後する残余財産への権利であるから、会社の資産を増大させるインセンティブが大きいと言え、このような見方には一定の合理性もある。

経済学も、会社とは経営者がエイジェントとして本人たる株主の利益のために行動する principal-agent 関係であると捉え、経営者が権限濫用等をしないで株主の利益を実現することをいかにして支えられるか（代理人と本人の間の利害対立［潜在的なものも含む］から生じる問題を経済学でエイジェンシー問題という）理論構築してきた（principal-agent theory. ただし法的代理関係とは一致しないので注意）。アメリカ会社法は様々な場面で経済学の理論を取り込んでおり、プリンシパル・エイジェント理論も株主利益を至上とする会社法理解と共鳴してきた。

他方で、会社には従業員や取引先などもいるし、会社製品ユーザーや会社活動地コミュニティもまた、会社の活動から様々な影響を受ける。そのため、会社はこのような様々な利害関係者（stakeholder）に対して責任を負うとするステイクホルダー理論や、企業の社会的責任（Corporate Social Responsibility ＝ CSR）を強調する理論もまた唱えられてきた。

最近では、Business Roundtable が、1997 年以来述べてきた「会社は主として株主の利益のために存在する」という原則を変更し、「すべてのステイクホルダーのため」とする声明を発表した（2019 年 8 月 19 日）。そこでは、株主は、会社の顧客、従業員、材料等仕入れ先、コミュニティと並ぶ利害関係者の 1 つに格下げされた。Business Roundtable は、アメリカの主要会社の CEO らをメンバーとし、Principles of Corporate Governance と題する企業統治の基本原則をまとめた文書を発行してきた団体であるだけに、今後どれほどの影響力を持つか注目される。

責任が認められる余地はやはり小さい。

また、株主による承認は、それが法定事項とされているかどうかや、個別的に承認が求められたかとは無関係である（Corwin v. KKR Financial Holdings LLC）。①充分な情報を得て、②強圧されておらず（uncoerced）、かつ③利益相反のない株主が承認したならば、経営判断原則が妥当する。

❸………会社の機会の法理

忠実義務違反は、会社に損害を与えて役員個人の利益が図られたという場面に限られない。ある事業機会が会社にとって有益であるにもかかわらず役員がこれを追求しないことで会社が得べかりし利益を逃したような場合にも、会社の利益を第一に考え行動する義務に反する。**会社の機会の法理**（corporate opportunity doctrine）の問題である。

⑴ **役員が個人的に知った事業機会**　会社の機会の法理は、役員が個人的に知った事業機会であっても、忠実義務違反を認める。会社が利益を上げられるはずの事業機会であれば、役員はこれを自己利益のために追求せず、会社に提供しなければならない（Guth v. Loft）。

⑵ **会社が未決定のうちに会社のために個人として事業機会を取得した場合**　会社にとって利益になるような取引であっても忠実義務違反となり得る。ファーバー事件（Farber v. Servan Land Co.）では、会社保有地の隣接地について購入する機会が生じ、会社の株主総会で検討されつつ決議がされずに放置されていた。そこで社長・副社長が、売主が手を引く前に個人的に同地を購入した。同地は、会社解散時に会社保有地とセットで売却されることにより会社保有地もまた高く売れ、しかも取り分として会社の売却益を割合的に大きくすることとされた（会社に有利な取引）。

裁判所は、株主総会で購入の決議がされなかったことは会社が本件機会を追求しないと決定したことにはならず、隣接地を購入していたおかげで会社に利益が生まれているとしても、会社の機会に該当するならそれによって役員が得た利益はすべて会社に帰属するとして、社長・副社長の忠実義務違反を認めた。

第8章

会社法2
会社と資本市場

前章では、典型的な事業活動における役員の信認義務を見た。本章では、1980年代頃から活況となったM&Aの文脈で示されてきた役員の信認義務をめぐる議論状況を整理し、会社役員の信認義務のいわば応用編を学ぶ（もっとも、会社の売却等という究極的な場面で受益者たる株主の利益をいかに守るかという問題であるから、役員の信認義務の基礎でもある）。併せて、しばしば会社法に関連して言及される連邦証券規制にも触れ、特に委任状勧誘規制とインサイダー取引規制について扱う。

I M&A

M&AとはMergers and Acquisitionsの略（直訳すれば「合併と買収」）だが、我が国で「組織再編」と総称される様々な取引を指す。M&A取引は、会社がその事業活動から利益を上げるという通常の収益活動と異なり、他の企業と何らかの結合をすることで**シナジー効果**を狙ったり、不採算事業を処分して収益体制を強化したりすることで会社利益の向上を図る活動である（なお、厳密には公開買付けによる場合を除外して考慮しなければならない事柄にも触れるが、便宜上特に区別をしないまま合併等を念頭に置いて解説する）。

❶………M & A と取締役の信認義務

M&A 取引はたいてい、会社の基本事業を変更することになる。例えば新設合併では従来の会社は消滅するし、他社を買収して子会社にする場合でも買収対象会社の株主に自社株式を発行して対価とするなどの形で自社の資本構成が変更されることもある。それゆえ、株主への影響も大きく、取締役はその判断に際して信認義務を負う。

❷………合併にかかる法定手続

M&A 取引の典型である**合併**では、デラウェア州一般会社法上次の手続を踏まなければならない（§ 251）。

①各当事会社の取締役会が、当該合併契約案を承認する。

②取締役会の承認した合併契約を、各当事会社の株主総会が承認する。

この規定は、合併等もまた取締役会による経営判断に服せしめることにより会社利益にかなうものであることを保障するだけでなく、株主総会による承認も必要とすることで株主自身に株主利益を保護させる手続保障を与えるものである（大まかに言って我が国の会社法 748 条や 776 条などの規律と類似する。ただし、①は組織再編契約の締結および組織再編計画の作成に相当するが、取締役会ではなく「会社」が主体となる点が異なる）。

こうした手続保障を前提とすると、取締役会が会社（と株主）の利益を考えて誠実に M&A 取引の交渉に臨む場合には、経営判断の一種として経営判断原則に服せしめてよさそうである。しかし往々にして、取締役自身が会社と株主の利益のみを考えるのが難しい状況に置かれ、取締役会の経営判断として単純に尊重するわけにいかない場面が出てくる。以下ではそうした事例を検討し、会社役員の信認義務の表れを見てみよう。

❸………完全公正基準

取締役の信認義務の表れ方は、問題の M&A の具体的な取引のありように左右される。

買収対象会社の取締役会がその望む買収者に買収される場合の取引を友

好的買収という。この場合も、友好的ながら実質を備えた交渉が行われるならば、取締役の経営判断が尊重されると考えてよい。

しかし、M&A取引の両当事者が**独立当事者間の取引関係**（transaction at arm's length）にない場合、特に親会社や**支配株主**（controlling stockholder）が少数株主を追い出す形で買収を行うような場合には、取締役は買収対象会社のみの利益を考えて行動することは難しい。

⑴ **ワインバーガー判決**　Weinberger v. UOP, Inc. では、U社について、その50.5%株主であるS社がその他の少数株主をキャッシュアウトする（株式を買い取って追い出す）合併が争われた。裁判所は次の通り述べて、本件取引におけるU社取締役の信認義務違反を認めた。

S社はU社の支配株主であり、U社の取締役会に自身が送り込んだ役員が本件取引の交渉から完全には排除されていなかったことなどから、U社との間で独立当事者間の取引がなされたとは言えない。「ある者が取引の両側に立つ場合には、裁判所の慎重な審査基準をパスするのに充分なほど**完全な公正さ**（entire fairness）を証明する義務を、その者は負う」。

公正さは、公正取引（fair dealing）と公正価格（fair price）の2つから成る。両者は別個に審査するのでなく一体として審査しなければならないが、詐害的な取引でなければ価格が特に重要である。取引の公正さは、自己の有利な情報力を濫用して株主をミスリードしてはならないということである。役員でなくとも、会社内部情報にアクセスして情報上の優位を得られる者はみなその地位を濫用してはならない。価格の公正さは、具体的な1つの企業価値算定方法を採用しなければならないということはないが、すべての要素を考慮して価格算定しなければならない。

⑵ **完全公正基準**　本件は「**完全公正基準**（entire fairness standard）」と呼ばれる審査基準を定式化したリーディング・ケースである。支配株主が少数株主をキャッシュアウトするような双方代理取引に類似の場面（**締出し合併**と呼ばれるM&A取引）等で、少数株主に対して負う信認義務の審査基準として用いられる。そこでは、公正取引と公正価格について取締役らが証明責任を負うこととされ、取締役らに厳しい基準である。

◆発展学習7　支配株主の信認義務

日本法と比較した際に特徴的なことの1つに、アメリカ法では、M&Aの文脈において支配株主は少数株主に対して信認義務を負うとされることが挙げられる。ワインバーガー事件のような取引は、実質的に支配株主がその投票権を使って少数株主を追い出すことに他ならない。このような場面では、取締役 vs 株主という会社法が主として想定する対立構造ではなく、取締役会と一体化して裁量的経営判断権限を行使する支配株主 vs 少数株主という構図になる。少数株主に対する信認義務を支配株主に課すだけの基礎があると言えるわけである。もっとも、法律上または一般的な株式保有構造にも日米では違いがあるため、一概にどちらがよいと言えるわけではない。

❹………中間的審査基準——敵対的買収

買収者が買収対象会社の取締役会の意向を無視して（乗り越えて）会社支配権ないし大きな割合を取得するような買収を**敵対的買収**という。敵対的買収の場合には、買収者と買収対象会社との間に双方代理的関係は（通常）なく、その意味での忠実義務違反は問題とならない。

他方、買収対象会社の側では、経営者は自己に敵対的な買収者が支配株主となることで、自分がクビにされて別の経営者を取締役会に送り込まれるという脅威にさらされる。そのため、買収対象会社取締役は、敵対的買収から防衛するという個人的なインセンティブを有する。

もっとも、敵対的買収自体は、充分な業績を上げていない会社の経営陣を変えて経営を刷新することで会社の利益を実現したり、交代させられるという脅威それ自体が経営者に真剣な経営を行わせる圧力となって会社の利益を実現したり、といったよい面も指摘される。他方で、敵対的買収によって**継続企業**（going concern）としての価値が損なわれる恐れもあるし（例えば経営陣の変更に伴って重要な人材が流出して従前のように利益を上げられなくなるかもしれない）、買収者自身が会社を解体して自己利益のみを図ろうとする場合もある。そのため、敵対的買収に対する防衛策を導入することは、必ずしも経営者の自己保身のみに資するわけでもなく、会社の利益となることもある。

どのような場合に、どのような防衛策をとることが認められるかは、それゆえ、取締役の信認義務の問題でもある。裁判所の行う審査は、場面に応じて異なる。

(1) **修正された経営判断原則――ユノカル基準**　敵対的買収に対する防衛策の導入は、買収対象会社の取締役会による経営判断であり、原則として経営判断原則が適用される。ただし、上記の通り経営者の自己保身のインセンティブの問題などもあるので、取締役の義務は高められる。

それゆえ、会社利益を損なうと判断された敵対的買収において、取締役会が自らの保身を目的とするのでなく、当該買収が会社に害を及ぼすものであると誠実に判断して、会社と株主の利益を守るために導入された防衛策が、与えられた脅威との間でバランスがとれているのであれば、経営判断原則によって保護される（Unocal Corp. v. Mesa Petroleum Co.〈百選 119〉）。リーディング・ケースから名前をとって**ユノカル基準**とも呼ばれる。

(2) **会社の売却ないし解体が不可避の場合――レブロン基準**　しかし状況によってはさらに高められた義務が課される。

敵対的買収への防衛策が機能するのは、実際に会社の価値を守ることができる（そのような合理的な経営判断があり得る）場合である。それゆえ、どんな金額であろうとも敵対的買収者が買収を完遂するつもりである場合など、会社の売却が不可避であるようなときには、中途半端に買収防衛策を用いることは、かえって会社資産を無駄に費消することにもなりかねない（防衛策の導入には通常そのための大がかりな支出が必要となる）。

そのため、このような会社売却や解体が明らかとなった状況では、取締役会の役割は、会社の企業体（corporate entity）を保全すべき立場から、株主の利益のために会社売却価格を最大化するという競売人（auctioneers）に変わる。このような売却価格最大化に反する行動をとるならば、取締役には信認義務違反の責任がある（Revlon, Inc. v. MacAndrews & Forbes Holdings, Inc.〈百選 120〉）。リーディング・ケースから名前をとって**レブロ**

ン基準と呼ばれる（高められた競売人としての義務のことをレブロン義務という）。

その後の判例により、レブロン基準の適用場面は広げられており、経営判断原則よりも厳しい基準で、しかし完全公正基準ほど厳しくはない基準を適用する必要がある場面で用いられる中間的審査基準のような役割を果たしている。

◆発展学習８　敵対的買収防衛策の日米比較

我が国でも2000年代に著名な買収防衛策の事例が現れた。東京高決平成17年3月23日高民集58巻1号39頁と最決平成19年8月7日民集61巻5号2215頁が代表と言える。有効性が争われた防衛策は、アメリカでも主要な防衛策であるライツ・プラン（既存株主に、敵対者によって一定割合の株式が取得されたことなどを条件に有効となる新株予約権等を発行しておく防衛策。ポイズン・ピルとも呼ばれる）であり、ユノカル判決およびレブロン判決と同様と言える。

ただし、少なくとも形式面における違いとして、日本では新株・新株予約権の発行の差止め仮処分における「著しく不公正」（会社法210条2号）な方法という要件と関係して議論され、その行為が信認義務に違反するかという問いの立て方はされない。我が国でも取締役にレブロン義務を課すべきかについて学説で議論されるものの、立法・判例で採用されるには至っていない。

❺………友好的買収と審査基準

完全公正基準は、取締役会にとって非常に厳しい基準であり、その立証は困難である。そこで、その後の実務は公正さを担保するようなプロセスを導入するようになった。

⑴　**公正さを担保する手法**　　具体的には、第一に、利益相反のない独立の取締役による**特別委員会**を組織し、M&A取引に当たらせる方法が取られる。利益相反のある取締役を交渉・承認から排除することで、取締役会が備えなければならない独立性を確保する試みである。

第二に、支配株主・利益相反状況にある株主を排除した少数株主による承認決議を行う方法がとられる。**少数株主の過半数**（majority of minority = MOM）による追認ということで、しばしばMOMによる承認の洗浄効果と言われる（➔株主による追認と洗浄効果については、**第7章Ⅲ❷(4)**）。

(2)　立証責任の転換　支配株主による買収において、①独立取締役から成る特別委員会によるM&Aの交渉、承認が行われるか、② MOMによる承認が行われるか、のいずれかの公正さを担保する方法がとられた場合には、完全公正基準が適用されるものの、立証責任が被告・取締役から原告・株主に転換される（リンチ判決［Kahn v. Lynch Communication Systems］）。

ワインバーガー判決は、支配株主による少数株主の締出し合併が行われた場合には、取締役が当該M&A取引の完全な公正さを証明しなければ信認義務違反が認められる、とした。しかし、リンチ判決は、公正さを担保する①と②のいずれかのプロセスが採用された場合には、原告・株主が、当該M&A取引が公正でないことを証明しなければ、取締役の信認義務違反は認められない、と示した。

もっとも、特に①の特別委員会による交渉については、単に独立取締役によって構成される委員会が組成されればよいというのではなく、買収者との間で独立当事者としての取引ができるだけの実態がなければならない。具体的には、価格や条件について交渉するだけの権限と実態があり、最終的に取引についてNoと言える力があり、（利益相反者を含む）取締役会によって覆されたりコントロールされたりしない、といった条件を備えていることが必要である。

公正でないことの証明には、何が完全に公正であるかを示した上で当該取引はそうでないと言う必要があるため、同程度に立証が難しい。そのため、立証責任が転換されるだけでも訴訟の結果を左右し得るだけの効果がある。それゆえ、買収者は①のみを用意し、最終的な株主総会決議での自己の影響力を残すという戦略的行動につながった。しかし、これは少数株主に手続保障を与えようという裁判所の立場と対立する。

(3)　経営判断原則の適用　そこで、①独立の交渉力を備えた特別委員会による承認と、②少数株主の過半数による情報を得た上での承認の両方が示された場合には、さらに有利な審査基準を行うと示したのが2014年のMFW判決（Kahn v. M & F Worldwide Corp.）である。

デラウェア州最高裁は、①と②の両方を取引開始時から条件付けられた場合の支配株主による買収は経営判断原則で審査する、と判断した。そこで示された新たなルールは、要するに、「支配株主による買収においては、次の条件がすべて充足される場合に限って、経営判断原則が適用される。㋐支配株主が取引の条件として特別委員会による承認と少数株主の過半数による承認との両方を課すこと。㋑特別委員会は独立であること。㋒特別委員会は自由に自己のためのアドバイザーを選択でき、かつ決定的なNoを言える力が与えられること。㋓特別委員会は、公正な価格を交渉するにあたって注意義務を果たすこと。㋔少数株主による投票は情報を得て行われること。㋕少数株主に対する強圧性がないこと」というものである。

(4) **支配株主以外による友好的買収**　以上に見たのは、支配株主による買収が問題となる取引であった。支配株主による取引の場合には、MFW判決に示された二重の手続保障を備えない限り、完全公正基準が適用される。

では、支配株主以外の者による買収である場合にはどのような審査基準が適用されるか。コーウィン判決（Corwin v. KKR Financial Holdings LLC →**第7章Ⅲ❷(4)**）は、支配株主による買収でない（完全公正基準が適用されない）取引について、買収対象会社の利益相反のない株主が情報を得て強圧されることなく承認をした場合には、経営判断原則によって審査すると明らかにした。株主の追認による洗浄効果を、M&A取引の承認についても認めたことになる。

結論においてはMFW判決と同じく「完全公正基準を適用せずに経営判断原則を適用した」わけだが、支配株主による買収か否かの違いから、独立取締役から成る特別委員会による交渉・承認というMFW判決の㋐～㋓要件が問題とされないところに違いがある。支配株主による買収はその双方代理的な取引構造がワインバーガー判決以来問題とされてきたが、コーウィン判決が扱う支配株主でない者による取引では双方代理的な取引構造が当然には存在せず、それゆえ株主による追認をもって取引の公正さを認めることができるのである（買収者は支配権を持たないので、最終的な株主総会決議を左右することもできない）。

以上、有名判例の事案に即してM&Aにおける役員の信認義務に関する審査基準を整理した。レブロン基準に関して触れたとおり、近年は買収が友好的か敵対的かよりも、具体的な取引の利益相反関係のあり方に応じていずれかの審査基準が適宜選択され、また異なる取引形態（例えば二段階買収など）においても統一的な基準を用いる傾向にある。

Ⅱ　株主および市場に対する情報開示

M&Aは、法律上、株主総会での承認決議が必要な会社の行為である（ただし公開買付けによる株式取得には当てはまらない）。また、M&A以外でも（一定の条件の下で）株主による承認が行われると、経営判断原則の適用につながる「追認」の効果が生じることもあり、株主による承認は非常に大きな役割を果たす。

株主が「**充分に情報を得て**（fully informed）」判断を行うことは、株主による承認の有効性の前提である。しかし株主は経営を取締役会とオフィサー以下従業員に任せているのであり、自ら情報収集することは期待できない。そのため、会社から提供される情報が非常に重要な意味を持つ。取締役は、株主に何らかの行為を求める際には、重要な情報について開示する義務を負い、これも取締役の信認義務の１つとされる。

❶………デラウェア州会社法上の開示義務

制定法上取締役会が株主に情報提供しなければならないとされる場面は少ない（我が国では定時株主総会の招集通知に際し財務諸表等を提供しなけれ

ばならない［会社法437条］が、これと異なりアメリカの多くの州では制定法上の計算書類の開示義務がない）。しかし判例法上、次の3つの文脈において取締役の開示義務が問題とされる（マローン判決［Malone v. Brincat］）。

第一に、株主に何らかの行為を求めて会社が情報を提供する場合である。株主が求められる行為につき判断するために重要なすべての事実を開示することが、取締役が信認義務として負う内容とされる（Stroud v. Grace）。

第二に、（株主に限られない）市場に対して会社が情報を提供する場合である。典型は連邦証券規制（→❷以下）に基づく開示であり、連邦法が州境を越える市場に関する開示を規律する。もっとも、**市場に対する詐欺**（market fraud）は連邦法と連邦裁判所に任せ、州の裁判所ではこれについて私人による提訴を認めてこなかった。しかし2つの例外があり、1つは（クラス・アクションでなく）株主代表訴訟による場合であり、もう1つは州会社法上の開示に関する信認義務違反を問う訴訟である。

第三に、株主に何らかの行為を求めるわけではないが、株主に直接（または**証券取引委員会**（Securities and Exchange Commission. 以下「**SEC**」）への届出などの公開の情報提供を通じて）する情報提供において、意図的に誤った情報を与える（deliberately misinforming）場合、これも信認義務違反となる。株主代表訴訟または直接訴訟で提訴することができる。

❷………連邦証券規制

会社の財務情報等の開示については連邦証券規制による規律も行われる。

(1) 連邦証券規制　連邦証券規制は、連邦議会が**州際通商条項**（**→第10章Ⅱ❷(1)**）に基づいて制定する2つの立法を中核として規律される法分野である（Securities Act of 1933とSecurities Exchange Act of 1934）。**1933年証券法／1934年証券取引所法**はそれぞれ、主として証券の**発行市場／流通市場**を対象として規律するが、いずれも基本理念は**開示**（disclosure）とされる。一方で、会社から重要な情報を正確に開示させることで投資家が合理的な判断を行う前提を整えることが目指された。他方で、情報の開示強制という形式は整えるものの、実体としての投資価値のようなものについては法規制を行わず、投資家の判断に委ねるという態度がとられている（もっとも、流通市場規制については事情がやや複雑であり、投資家の判断に委ねるだけでなく、政府による直接介入もいくらか行われている。後述の Rule 10b-5 など）。

1933 年法／1934 年法は、証券市場における詐欺的な証券取引に対する州による規制（Blue Sky law と呼ばれる）が州境を越える場合を規制できなかった状況と、1929 年の株価大暴落に続く世界恐慌の中、証券の発行市場・流通市場における（潜在的）投資家に対する詐欺的な行為を取り締まる必要から制定された。いわゆるニュー・ディール立法の 1 つであり（➔第 9 章Ⅲ❷）、**行政機関によるエンフォースメント**が特徴の 1 つでもある。すなわち、SEC が、1933 年法／1934 年法の規定を具体化する行政規則（regulation. 政省令に相当。以下「SEC 規則」や「Rule ～」という）を定め（このような委任立法の機能を行政法上、行政機関による「**規則制定**（rulemaking）」という）、また法令の違反行為に対して、SEC による行政処分・不服審査（このような機能を行政法上「**裁決**［adjudication］」という）が行われたり、違反行為の差止めを求めて SEC が裁判所に提訴したりする（このような裁判は民事裁判［civil case］の一種である）。

こうした連邦制定法・SEC 規則やその判例法を併せて**連邦証券規制諸法**（federal securities regulation laws）といい、以下では単に**連邦証券規制**という（講学上も securities regulation という名称がよく用いられ、授業やケースブックの題名とされる）。

連邦証券規制の基本構造は次の通りである。証券発行主体はその証券を SEC に登録しなければならない。また適時に報告書等を提出しなければならない。SEC への提出書類等は公開しなければならない。会社内部手続についても委任状勧誘規制などが行われる（後述）。

(2) 連邦証券規制による企業統治の強化　連邦証券規制は、その当初から会社の内部機構や内部手続についても一定の規制を含んだ（もっとも、対象となる会社は基本的に一定の公開会社のみである。以下同じ）。1933 年法／1934 年法は頻繁に改正・改革が行われ、企業統治に関する規制も様々に導入されてきた。例えば1968年改正（Williams Act）は、公開買付けその他の企業買収についての規制を導入した。

今世紀に入ってからの次の2つは、特に大きな改革である。いずれも州の会社法が行う企業統治規制を、連邦証券規制によってさらに強化する性質を持つ。

1つ目は、2002年の**サーベンス・オクスリー法**（Public Company Accounting Reform and Investor Protection Act. 立法を推進した議員の名からSarbanes-Oxley ActやSOXなどとも通称される）である。これは2000年頃の大企業スキャンダル（特にエンロン社の粉飾決算事件）を契機とした改革であり、監査委員会（Audit Committee）が独立取締役のみから成ることを要求するなど、企業統治規制をも加えた。

2つ目は、2010年の**ドッド・フランク法**（Dodd-Frank Wall Street Reform and Consumer Protection Act）である。2007年からの世界的金融危機を契機とした改革であり、証券ブローカーが一定の議案について株主として投票することの禁止、報酬委員会（Compensation Committee. 会社役員の報酬を決定する委員会）の独立性の要求、SECへのproxy access規制権限の付与、などの企業統治規制も導入された。最後のproxy accessとは、会社から株主に送付される委任状説明書の記載内容について、保有株式割合や期間などの要件を満たす株主が介入する権利のことである。SECは実際に規制ルールを策定したが、行政手続上の論点を根拠に当該ルールは無効とされ（Business Roundtable v. SEC）、その後新規ルールを策定し直してはいない（もっとも、関連するRule 14a-8の修正は発効した）。

◆発展学習9　連邦制と企業統治

ドッド・フランク法がSECにproxy accessへの規制権限を与えたことは、連邦憲法上の議論も呼んでいる。合衆国憲法第10修正は、憲法が連邦に与えた権限を除き州（と人民）に留保されると定めており、会社法の立法は州に留保された事項であって連邦による規制は許されない、とする連邦制解釈の立場がある（**→第10章Ⅰ**）。

連邦レベルでの統一的な法規制を行わず各州に委ねることにはメリット

もある。連邦の立法手続は政治的な争点についての合意形成の困難さや下院・上院・大統領のそれぞれの立場の違いによって、しばしば有効な立法に至らない（そのため憲法を争点とする訴訟によって司法上統一見解が示されるという傾向もある。➔第11章Ⅴ・Ⅵも）。他方、各州は法を改良することによって人やビジネスを呼び込むことにインセンティブを有しており、州間競争によってよりよい法が生み出され、それが他州にも広がっていくことは少なくない。

企業統治の問題についても、各州の自由な制度設計に委ねるべきだとする議論も一定の説得力があり、他方で大きな証券取引所での全国統一レベルの規制の必要もあり、議論は尽きない。こうした連邦制に基づくダイナミズムは、我が国と異なるアメリカ法の特徴である（我が国で金融庁が上場会社に対する企業統治規制を行っても、それが憲法問題になるということは考えにくい）。

以下では、連邦証券規制のうち、会社法に特に関係するいくつかの制度について扱う。なお、連邦証券規制の文脈では、証券の発行を行う者が規制の対象とされるので「発行主体（issuer）」という用語がしばしば用いられるが、本章の扱う文脈では「会社」と読み替えて特に問題ない。

❸………連邦証券規制における情報開示

⑴ 証券の登録および定時報告書（継続開示書類）　連邦証券規制は、発行主体は一定の証券をSECに登録しなければならず（登録届出書）、いったん証券を登録すると、定期的にSECに報告書を提出しなければならないと定める（Form 10-Kによる年次報告書やForm 10-Qによる四半期報告書など）。

ニューヨーク証券取引所などの国法証券取引所（連邦法［1934年法§6に基づいてSECに登録された証券取引所のこと）で証券を発行し、またはその発行する証券が取引される会社（上場会社［listed company］や公開会社［publicly-traded company］という場合が該当。特に公開会社について日本の会社法と用語法が異なるので注意）は、この規制に服する。証券を上場していなくとも、資産規模が大きな会社はSECへの登録が義務付けられている。

会社内部の関係においても、SECに提出されるこれらの報告書等の情報は取締役から株主への情報提供の1つとして扱われ、すべての重要情報について正確に報告することにつき取締役は（会社および株主に対して）信認義務を負う（➔❶）。もちろん、連邦証券規制の文脈では、会社法上（例えば問題の時点で株式を保有していなかったとして）株主として保護の対象とならない一般投資家についても保護の対象となり得るし、第一義的にはSECがエンフォースメントを行うため、対象は一致しない。しかし連邦証券規制が州の会社法に多かれ少なかれ影響を与えている例である。

(2) Regulation 14A　会社法の開示義務の文脈でしばしば言及されるルールの1つは、**委任状勧誘**（proxy solicitation）手続を規律するRegulation 14Aである。**委任状**（proxy）は、株主による議決権行使にあたって、実際に株主総会に出席して投票するのに代えて委任状による投票を認める制度である。取締役会や有力株主はしばしば、特定議案に対する承認または不承認の投票を集めるため、他の株主に対してそのような投票をするよう勧誘ないし推奨する（これを用いた多数派工作はproxy fightと呼ばれる）。

そのような場合に、会社は**委任状説明書**（proxy statement）を作成して届け出ることが義務付けられている。具体的な内容はRule 14a-3などに指定され、Rule 14a-9が虚偽または誤導的な表示（false or misleading statement）をしてはならないと定める。

(3) Rule 10b-5　開示義務との関係でしばしば言及されるもう1つのルールは、相場操縦や証券詐欺などを規制する1934年法§10(b)と関連SEC規則である。特にRule 10b-5は、証券の売買に関連して、直接または間接に、①詐欺を行う（defraud）ために何らかの策略、スキームまたは術策を用いる、②重要な事実に関する不実表示（untrue statement）を行い、または他になされた表示をその文脈に照らして誤導的でないものとするのに必要な重要事実を述べない、③いずれかの者に対して詐害行為ないし詐欺（fraud or deceit）として機能し、または機能するであろうような何らかの行為、慣行、または一連の業務を行う、といった行為を違法と定める。

特に②の重要情報の不実表示ないし不開示に関する規律は、会社・取締役の開示義務に関連して重要な規定である。また、インサイダー取引規制（→Ⅲ）もRule 10b-5を根拠条文としてエンフォースされる。

❹………連邦証券規制のエンフォースメント

(1) 私人によるエンフォースメント　連邦証券規制は、大枠としてはSEC（刑事は司法省）によるエンフォースメントが原則として想定されるが、しばしば私人によってもエンフォースされる。例えば会社が実際の悪い経営状況を偽って優れた業績を上げているとの不実表示を行い、この情報に基づいて投資判断を行って損害を受けた私人は、連邦証券規制違反を訴訟原因とする民事訴訟を提起することが認められている。

具体的にはRule 10b-5の違反が訴訟原因とされることが多い。マローン判決（→Ⅱ❶）では、SECへの報告書等において、そこに記載したよりも会社の実際の業績は悪いということを知りながら、正しくない情報を公表したと原告は主張した。会社経営者は、アメリカではしばしば自己の報酬が会社の業績に連動して増減するという**業績連動型報酬**を与えられていることもあり、会社の業績をよく見せたいというインセンティブを有する。しかし実際の業績が悪いにもかかわらず良い業績が上がっていると偽ると、それを信じた投資家は、正しい情報が得られたならば行ったはずの評価と異なる価格で証券を売買し、正確な情報が現れた時点で変動する市場価格との差額について損害を生じることになる。これはまさに、取締役による詐欺的な行動が投資家に損害を与える場面であり、Rule 10b-5の規制する類型の行為である。

(2) 証券クラス・アクション　上のような立場に置かれる私人は、同時期にその会社の証券を取引した投資家一般に広がるので、しばしば訴訟はクラス・アクションの形式で行われる（→**第３章Ⅶ**）。

証券クラス・アクションは、しばしばクラス全体の権利を糾合した請求額が大きくなることもあり、弁護士の収入源としても魅力的なものとなっている。そのため濫用の問題も指摘される（→**第３章Ⅶ❹**も）。大企業の業績が悪化した場合に、とりあえず成功報酬でクラス・アクションを提起しておき、ディスカヴァリ等の負担を含む訴訟費用を交渉材料に、企業に圧力をかける。最後まで争って敗訴する場合が多かろうとも、たまに勝訴したり和解したりすることで大きな報酬を得られればそれで元が取れることになる。

◆発展学習 10　争点遮断効と証券クラス・アクション

連邦証券規制に基づくエンフォースメントでは、SEC が違反企業を相手取って民事訴訟を提起して違反行為の差止めなどを求めることも少なくない。そのような訴訟では、例えば Rule 10b–5 の違反が認定されてインジャンクションが発令される。インジャンクションによってその後の証券詐欺被害は防げるが、既に損害を被った私人は必ずしも救済されない。そこで私人による証券クラス・アクションなどが用いられる。

私人によるエンフォースメントでもまた Rule 10b–5 違反が争われる。しかし、SEC による訴訟が確定しているとすれば、既に裁判所によって違反行為は認定されている。私人の訴訟で再度その主張立証を行うのは司法資源の無駄使いでもあり、被害者の救済にも資さないのではないか。

アメリカ民事訴訟法では、このような場合に、前訴判決（SEC の訴訟の判決）において判断された争点（Rule 10b–5 の違反）について、前訴判決の拘束力を後訴（私人による訴訟）において援用することを認める（争点遮断効［issue preclusion］）。どのような場合にでも認められるわけではもちろんないが、連邦証券規制違反について SEC の訴訟を前訴とする場合、同じルール違反を争う私人による後訴では基本的に援用が認められている（Parklane Hosiery Co. v. Shore）。

その後、被告企業はこうした効果を嫌がり、SEC による訴訟を判決に至らしめず和解によって終結させようという動きが生じた。SEC も事件処理の効率化のため和解に応じる実務が行われた。しかしこうした実務の定着により私人が SEC による訴訟の利益を得られないとの問題が生じ、SEC による和解に対して承認を与えないとした連邦地裁の判断を経て（SEC v. Citigroup Global Markets Inc.）、SEC は和解応諾の実務を変更して違反企業の責任自認を条件とするようになった（和解案に裁判所が承認を与えることで判決と同等の効力が発生し、争点遮断効の対象となる）。

こうした現実から企業の訴訟対応コストがかさんで経営に悪影響が及ぶという懸念も早くから示され、1995年には証券民事訴訟を制限する立法もなされた（Private Securities Litigation Reform Act of 1995）。代わって州裁判所での訴訟が増えたり、それに対し州法に基づく訴訟を制限したり（Securities Litigation Uniform Standard Act of 1998）、さらに迂回して連邦法に基づく訴訟を州裁判所で行ったり（1933年法違反は連邦裁判所と州裁判所の競合管轄（→第１章Ⅱ）。Cyan, Inc. v. Beaver County Employees Retirement Fund）、他方で会社定款に法廷地選択条項（forum selection clause）を挿入したり（デラウェア州一般会社法 § 115）、といった動きは、アメリカ民事訴訟法のダイナミクスの１つを成している。

Ⅲ　インサイダー取引

❶………インサイダー取引とは

証券取引に関して、会社法の授業でもよく言及されるのが**インサイダー取引**である。インサイダー取引とは、証券の価値に関する重要な未公開情報を有する者が、その情報に基づいて会社証券の売買をし、当該情報が公開されて市場価格が変動した後に再度売買を行うことで差益を得る取引である。例えば、会社が他社を買収する予定で、買収によって株価が上がると予想される場合に、当該買収が未公表のうちに取締役が市場で株を大量に購入し、情報公開後に高くなった株価ですべて売却すると、それだけで大きく儲けることができる。

連邦証券規制は強力な情報開示強制の制度を備えてはいるが、重要情報の発生と開示の間には不可避的に時間差が生じる。この時間差を使って、会社内部者という地位を利用して未公開情報を入手して一儲けするというのがインサイダー取引の本質であり、そうした内部者情報を持たない一般投資家に対して不公正だという問題がある（不公正という他に、例えば、インサイダー取引は会社の利益に一切資さないので禁じるべきである、といった立論もある。反対に、インサイダー取引の相手方はきちんと対価を得ているのであり、インサイダーの得る短期売買差益は会社からの報酬の一部であって不公正でない、といった主張もある。インサイダー取引規制が必要か否か、その理由は何か、については大いに議論されている)。

❷………インサイダー取引の禁止

アメリカでもインサイダー取引は禁止されているが、制定法上は直接の禁止規定も定義規定もない。しかし1934年法の制定時にもインサイダー取引は知られ、非難の対象となっていた。そこで、特定のインサイダーに証券取引の報告義務を課し、インサイダー取引で得た利益を発行主体に返還させることとし(同法§16。ある種の利益の吐出し)、これによってインサイダー取引の旨味を消している。

❸………州法上のインサイダー取引規制

他方、判例法は先んじてインサイダー取引を不法行為の一種と位置付けて、証券の売主としてのインサイダーの民事責任を認めてきた。すなわち、証券の売主が会社役員(インサイダー)である場合、インサイダーは会社に対して信認義務を負うという**特別の事実**(special facts)があることから、売主は買主に対して重要情報の開示義務を有し、この情報開示義務に違反して証券を売買すると不法行為責任が生じるとされた(特別の事実法理[special facts doctrine]。Strong v. Repide)。

❹………Rule 10b-5によるインサイダー取引規制

しかし特別の事実法理では、インサイダーと相対で取引をした投資家しか救済されない。そのため、Rule 10b-5を根拠法令として、司法省による刑事事件とSECによる訴訟が行われるようになって法理が展開してきた(民事訴訟も可能)。

まず、インサイダー取引の禁止の内容として、重要な内部情報を有する者は、証券を取引する際に情報を開示し、そうでなければ取引を控える義務（**duty to disclose or abstain**）を負う（SEC v. Texas Gulf Sulphur Co.）。

責任を負う者の範囲についても、厳密な内部者に限定されない。会社役員でなくとも守秘契約などにより発行主体に対して信認義務を負う者は、インサイダー取引規制違反の責任を負う（Chiarella v. United States）。インサイダー取引に関する**信認義務理論**（fiduciary duty theory）という。

インサイダーから情報を得た外部者が取引をする場合もまた問題となる。このようなインサイダーを**情報提供者**（tipper）といい、情報を得た者を**情報受領者**（tippee）というが、情報受領者が取引した場合どうか。インサイダーたる情報提供者は、取引を行わせるためにそのような情報提供（tipping）をしてはならない。情報提供者は自身が取引をしなくとも、情報受領者が取引を行うことによって、個人的利益（personal benefit）を受けた場合に有責とされる。そのような個人的利益には、守秘情報を親戚に与えることも含まれる（Salman v. United States）。

また、情報受領者は、情報提供者が信認義務に違反して情報提供したことを知っていた場合には、情報提供者の負う義務（取引を行うにあたり当該情報を開示し、または取引を控える義務）を承継する（ダークス判決［Dirks v. SEC］）。

もっとも、以上のような枠組みでは、インサイダー取引規制が対象とするような不公正な取引が外部情報によって行われる場合に、規制の網から漏れてしまうという問題がある。そこで、ある者が情報を有する会社等に対して信頼と守秘の義務（duty of trust and confidence）を負っており、これに違反して証券取引の目的で機密情報を不正流用（misappropriate）した場合には、証券取引に関する欺罔行為を行ったとする**不正流用理論**（misappropriation theory）が提唱された（上記ダークス判決のBurger反対意見）。この不正流用理論は、信認義務理論では捉えることのできない事案でインサイダー取引を規制するために、その後の連邦最高裁で採用された（United States v. O'Hagan〈百選122〉）。

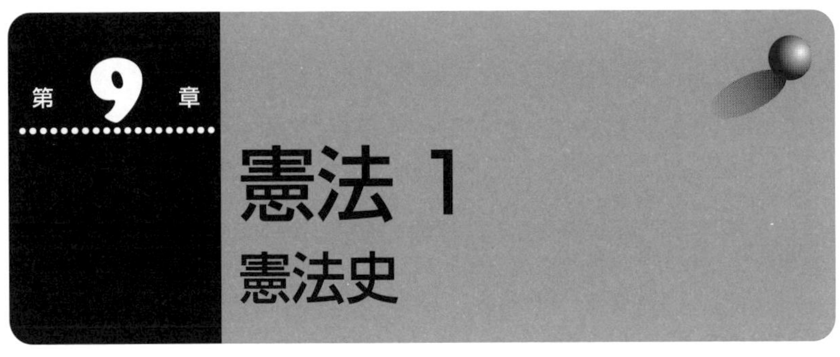

第9章 憲法1 憲法史

いずれの国でも憲法は国の基盤を規定するものであり、アメリカも例外ではない。それどころか、合衆国憲法は、単なる法的枠組みの提供を超えて、「アメリカ人」のアイデンティティの基礎となり、「アメリカ」という文明現象に輪郭を与えるものだとすら言える。

以下の3章ではそのようなアメリカの（主として連邦の）憲法について概観する。その特徴を捉えるには歴史的な経緯を理解するのが簡にして要を得ているとの観点から、この章ではアメリカの憲法史について議論する。もっとも、250年近い歴史を追うには紙幅が限られていることから、憲法体制が大きく変動したいくつかの時期にポイントを絞ることとしよう。

I 独立とアメリカ合衆国の成立

❶………独立革命

遅ればせながら大航海時代に参入したイギリス人が北米大陸に入植するようになったのは17世紀前半のことである。地域によって性質の違いはありつつ、大西洋岸に13の植民地が成立した。もっとも、当初のイギリス本国による植民地に対するコントロールは控えめなものであり、植民地の自治に委ねる時期が100年余続いた。

だが、18世紀後半に入るとその状況が変化した。植民地の獲得競争、特にフランスとの主導権争いを背景に、北米大陸の植民地に対する統制が強化されたが、植民地の人々はこれに抵抗した。茶税に対する抗議としてのボストン茶会事件はよく知られている。あるいは、「代表なくして課税なし」とのスローガンも、植民地から議員を送っていないにもかかわらず租税を課されることに対する、マグナ・カルタ以来の権利を主張しての植民地側からの抗議であった。

北米植民地は連携してイギリス本国に対抗していたが、1775年4月のボストン郊外での衝突をきっかけに武力抗争が始まった。当初は独立ということは考えられていなかったものの、戦闘が長期化するにつれ、その機運が高まっていく。外交戦略上の考慮もあり、翌76年7月4日、**独立宣言**（Declaration of Independence）が公表された（現在でも7月4日は独立記念日の祝日である）。もっとも、この宣言は “The unanimous Declaration of the thirteen united States of America” と題されており、13のstateが同時に独立を宣言した、という性質のものである。つまり、この時には13の植民地がそれぞれ独立の主権国家となった（現在の「州」とはニュアンスが異なるので、この時期の “state” を「**邦**」と訳し分けている）。

この後、1776年から80年にかけて各邦は邦憲法を制定して国家としての体制を整備していった。それぞれ差異はあるものの、植民地時代に本国から送られていた総督による統治への反感から、執行部門が弱い一方、人民の意思を反映する機関としての議会が強い、という特徴は共通している。

他方、対イギリスの独立戦争の遂行を含めた共通の課題に対応すべく、邦同士が団結する必要性があることも認識されていた。1781年、**連合規約**（Articles of Confederation）が成立し、“United States of America” という連合ができた。とはいえ、あくまで各邦は独立国家であり、この “United States of America” は国家連合という位置付けであった（現在のEUのイメージに近いだろうか）。なお、対英独立戦争は83年のパリ条約により終結し、イギリスは各邦の独立を承認した。

❷………合衆国憲法と「アメリカ合衆国」の成立

しかし、連合規約の下での連合の権限は弱く、特に独自の課税権を持たなかったので財政が弱体であり、組織としても非効率であった。あるいは、邦の間の通商を規制する権限を持たなかったので、各邦の保護主義的政策により通商が妨げられることがあった。そこで連合を強化しようという考えが広まったものの、連合規約の改正にはすべての邦の一致が要求されていたので、その試みはすべて失敗した。このため、より急進的な改革を求める意見が強まった。

1787年5月からフィラデルフィアで始まった会議には12邦が代表を送り、新憲法の草案が検討された。現在では**憲法制定会議**（Constitutional Convention）として知られている会議であり、この会議の参加者55名は「建国の父（Founding Fathers）」と呼ばれる。ここでは、相互に絡まり合ういくつかの対抗軸で議論が交わされた。第一に、全米的組織を従来よりも強化することについてはコンセンサスがあったものの、どの程度強化するかである。一方には強力な中央政府の下で全国を一体化したいとする意見があったのに対し、他方、あくまでstateが中心でUnited Statesはその連合にとどまるべき、との立場があった。第二に、大きな邦対小さな邦という対抗軸があり、前者は中央の議会を人口比例として中央政府を強化したいのに対し、小邦としては中央政府にもstateのコントロールが及ぶようにしたかった。さらに、奴隷制の取扱いも絡む、経済構造の差異を背景とした南北の対立があった。

9月に採択された憲法草案は、これら種々の対抗軸の妥協の産物である。新草案の特徴として、第一に、新憲法が設立するのは、独立国家の連合ではなく、**連邦国家**であるとされた。すなわち、「**我ら人民**（We the People）」の権威に直接に基づいて統一政府が樹立されるものとされ、このことは具体的には、一定の範囲で中央の連邦政府が個人を直接に拘束する立法ができること、連邦独自の裁判所が設けられることに表れている。他方、新たに統一政府を設立したと言っても内部が均質な単一の主権が誕生したわけではなく、state——今や「州」と呼び得る——も維持される。

第二に、議会の立法権限等、連邦政府の各機関の権限は憲法に限定列挙されたものに限られ（「**制限**（された）**政府**（limited government）」）、州が連邦に委ねた権能のみを行使し得るという形で、統一政府を警戒する立場に配慮した。他方で、連合規約時代よりもずっと多く強力な権限が列挙されているし、中には一般条項的な規定もある。また、連邦法が州法に優越することが規定され、強力な中央政府を望む意見も取り入れられている。

第三に、連邦政府の設計に当たっては、**権力分立**原理を強調し三権の**抑制と均衡**を重視して、執行部（大統領）や司法部に強い権限が付与された。起草をリードした人々が、立法部主導で債務免除などを行っていた邦の政治をポピュリズム的だと警戒したことによる。さらに具体的には、連邦議会の構成を二院制とし、下院については各州に人口比例で定員を割り振るのに対し、上院は各州2名固定の議員から成るものとして、大邦・小邦の双方に配慮がなされた。

そして、連合規約の改正という形式を取らず、連合規約との法的連続性を切り離し、各stateが特別の憲法会議を開催して、4分の3以上、すなわち13邦中9つ以上が承認することで新憲法が成立するということにした。議論の舞台は各邦レベルに移り、新憲法賛成派（**Federalist**）と反対派（**Anti-Federalist**）との間で論戦が繰り広げられたが、賛成派が次第に優勢になっていった。この過程で、憲法制定会議でも主導的な役割を果たしたハミルトン、マディソン、ジェイの3名が共通のペンネームで「**ザ・フェデラリスト**（The Federalist）」という論文を新聞に連載し、新憲法の精神の浸透に努めている。この文献は、単にアメリカ憲法の背景を知るのに有用なだけではなく、政治学一般の古典となっているし、現在でも憲法解釈に際して起草者の見解を確認するために参照されることも多い。翌1788年の7月末までに計11の邦が承認して新憲法が発効した（残りの2邦はそれぞれ89年、90年に加入している）。大統領および連邦議会議員が選出されて、89年4月30日、独立戦争の英雄ワシントンが初代大統領に就任した。こうして、我々が現在知っている意味での「アメリカ合衆国（United States of America）」という政治体制が成立した。

第1議会は、裁判所制度の整備等、憲法には直接規定されていない新政府の体制を整えていったが、特に重要な作業として第1から第10までの**修正条項**（Amendments）の整備がある。もともとの憲法草案は統治機構を定めるのみであり、人権規定を持たなかった。起草者は、新憲法の下の連邦政府は権限が制限された政府であって人権侵害を行うことはあり得ない、と当初考えていたとされる。しかし、各邦の承認を求める過程で人権規定がないことが反対派の批判のポイントの1つになったため、新憲法賛成派は人権規定について成立後に討議するという形で妥協し、実際にそれを行って、各州の承認を経て成立した。合衆国憲法の人権規定がすべて修正条項という形式になっているのはこのような経緯による（もっとも、後の修正条項には人権規定だけではなく統治機構に関する規定もあるが）。こうした背景から、第1から第10までの修正条項（現在では「**権利章典**（Bill of Rights）」と総称される）は合衆国憲法の本体と一体としてできたものだと理解されている。と同時に、これらの人権規定は連邦政府を制約するものであって、州に対しては適用されないと理解されたし、連邦最高裁も後にこれを確認した（Barron v. Mayor of Baltimore）。

❸………司法部による違憲審査制の確立

かくしてワシントン政権下の新国家は船出した。ところで合衆国憲法は政党の存在を予定しておらず、そもそも政党や党派というものは望ましくないものだと理解されていた。ワシントンも政治的立場の明確に異なるハミルトンとジェファソンの双方を閣僚に起用した。しかしながら、ハミルトンを中心とする人々は連邦派（Federalists）と名乗り、ジェファソンを中心とする陣営は共和派（Republicans）と名乗って、党派的対立が新政権に持ち込まれることとなった。両者の見解の相違は政治・経済・外交等多岐に亘るが、一点だけ挙げれば、連邦派は強力な連邦政府を志向し、関連して連邦憲法も緩やかに解釈したのに対し、共和派は連邦政府の権限を限定すべきとし、連邦憲法についても厳格な解釈を求めた。結局ジェファソンが辞任して連邦派主導の政権になった。ワシントンは2期8年の間、大統領を務めたが、党派的対立に嫌気が差したこともあり3選目は辞退して隠居した。1796年の選挙では連邦派のアダムズが大統領に当選して第2代大統領となったが、反対派の共和派を抑えるために、政権批判を禁ずる立法など、かなり強硬な手段もとられた。

しかし、1800年の選挙では、ジェファソンが大統領に当選するとともに、議会選挙でも共和派が勝利した。政権交代の発生である。連邦派は立法部と執行部の双方を失うことになったのだが、そこでいささか品のないことを行った。つまり、1800年秋の選挙では敗北したが、翌年3月3日まではまだ任期が継続していた。そこで、この期間を利用して、三権のもう1つ、司法部に連邦派の勢力を残そうとしたのである。第一に、辞任しそうな連邦最高裁の裁判官がいたため、新大統領に人事の機会を与えないよう、最高裁裁判官の定員を1人削減した。第二に、裁判官のポストを新設してそこに連邦派の人間を任命していった。ところが、あまりに多くを一度に任命してしまったので、辞令の交付が間に合わなかった。政権交代ぎりぎり前日の01年3月3日24時まで作業をしたのだが、これに当たっていたマーシャルは辞令の形式までは完全に整えたものの、そうした新しい裁判官の1人マーベリに対してこの辞令を交付できずに、新政権の閣僚であるマディソンに職務を明け渡した。マディソンはジェファソン政権・共和派の人間であって、こうした露骨な連邦派の行動を看過するはずもなく、この辞令を交付しなかった。

そこで、辞令を交付するようマディソンに対し命令するよう求めて、マーベリが連邦最高裁に直接に出訴した。1789年裁判所法の13条は、連邦の官吏に対して職務執行令状（mandamus. 法律上負っている義務を行わないときに行うよう命じる令状）を発する権限が連邦最高裁にある、と規定しており、これに基づいて訴えた。これが**マーベリ対マディソン**（Marbury v. Madison〈百選1〉）事件の事案である。

この訴訟を持ち込まれた連邦最高裁の長官は当のマーシャルであった。彼は連邦派の権益を守るために裁判所に送り込まれてきたのであり、党派的にはマーベリの側にある。しかし仮にマーベリを勝たせたところで、共和派政権は判決に従わずに無視するだろうし、そうするとかえって裁判所の権威が失われてしまう。この政治的ジレンマをマーシャルは逆手に取って応じた。彼は論点を３つに分ける。①実体法上、原告マーベリに権利はあるか……Yes。②マーベリにしかるべき救済は与えられるべきか……Yes。③手続法上、マーベリは然るべき手続に乗っているか。ここでマーシャルはNoと言った。原告は裁判所法13条に基づいて最高裁に出訴した。しかし、そもそも憲法が連邦最高裁に第一審管轄権を認めているのは外交官関係事件と州が当事者の事件のみであり、それ以外については上訴管轄権しか認められていない（第３編２節２項）。連邦最高裁が職務執行令状を発給できるとする裁判所法13条は憲法のこの条文と齟齬がある。何が法であるかを述べるのは司法権の本質に属し、２つの規範が抵触する場合には裁判所がいずれを適用するか決定しなければならないが、議会制定法と憲法とでは裁判所は上位規範である憲法を適用する義務を負う。したがって裁判所法13条は無効であって、すなわちマーベリは無効な手続に乗っているのだから訴えは認められない。このようにマーシャルは判示した。連邦派の人間として、本来であれば前提であるはずの手続の問題・裁判所の権能の問題をあえて後回しにし、実体法の問題を先に論じてマーベリに権利があるとして、共和派に意趣返しをした。しかし形式的な結論としては共和派の勝利であり、そちらとしては文句の持って行き所がない。

立法等を憲法に照らして審査することについては憲法制定会議でも検討されたものの、明文化には至らず、合衆国憲法は違憲審査制に関する条文を有しない。マーベリ判決は連邦立法を違憲と判断したはじめてのものであり、現在では司法部による**違憲審査制**（judicial review）を確立した判決として位置付けられている。無論この判決に対しては、そもそも事件の関係者であったマーシャルが判断に加わってよいか、あるいはこのような党派的な判断をしてもよいものか、批判は可能であろう。だがそもそも、法とは政治より出で、しかし政治を突き放したところに成立する。この事件は正にそれを示すものだろう。さらに引き続き、州の立法等に対して連邦最高裁が合憲性を審査することも確立している（Fletcher v. Peck〈百選２〉）。

Ⅱ　奴隷制と南北戦争

❶………奴隷制をめぐる19世紀前半の対立と妥協（と対立）

黒人を奴隷とする制度それ自体は独立・合衆国憲法成立の頃から論争の的であった。憲法でも**奴隷制**の存在を前提にして妥協が図られており、合衆国成立後はその解釈が絡む問題にもなった。当時の理解では、諸州は連邦に介入されない内部事項を有しているとされ、南部にとっては奴隷制こそがその核心であった。

19世紀は西部開拓の時代でもあった。アメリカが西部に領土を獲得すると――とはいえ北米大陸には以前から先住民が生活していたことを忘れてはならないわけだが――当初は連邦直轄地として開拓が開始され、ある段階で州に昇格した。このとき、新たな州が奴隷制を持つ奴隷州として昇格するか、これを認めない自由州として連邦に加入するかは重大な政治的争点であった。全般的に北部の人口のほうが多かったことにより連邦議会下院は北部主導だったので、南部は新しい州を奴隷州として連邦に加入させることで上院での発言力を確保しようとした。

19世紀前半において南北の対立の1つの均衡点になったのが1820年のミズーリ互譲法（Missouri Compromise）である。ミシシッピ川以西の地域の取扱いについて、一定緯度により線引きをしてこれより北は自由州、南は奴隷州とすることとした。もっともこれは問題を解決するものではなく、アメリカが西部に領土を獲得する度に同様の問題が発生し、その都度、妥協が図られた。だが、50年代にはさらに対立がエスカレートする。

そのような中で下された1857年の**ドレッド・スコット判決**（Dred Scott Case〈百選36〉）は、マーベリ判決以来、半世紀ぶりに連邦最高裁が連邦法を違憲無効としたものだが、アメリカ史上最も悪名高い判決の1つでもある。ドレッド・スコットというのは黒人奴隷の名前である。彼はもともと奴隷州であるミズーリ州にいたが、主人に従って自由州であるイリノイ州へ赴き、次いでやはり奴隷制のない上ルイジアナ準州（現在のミネソタ）

を訪れ、さらにミズーリ州へと戻ってきた。その後、ニューヨーク州民へと売却され、連邦裁判所の管轄権の根拠の1つ、州籍の相違が成立したとして、主人を連邦裁判所に訴えた（→**第1章Ⅱ❶(2)**）。

これに対して連邦最高裁は①まず、黒人は連邦憲法上の市民ではなくしたがって州籍相違も成立しないので、連邦裁判所には管轄がないとした。さらに2点判示された。②ある人間が奴隷であるかどうかは現在居住している場所の法（ここではミズーリ州法）による。いったん自由州に滞在してから奴隷州に戻っても自由人となるわけではない。③一定地域で奴隷制を認めないミズーリ互譲法はデュー・プロセスによらずに（奴隷という）財産を奪うことになる（第5修正参照）から違憲無効である。

ドレッド・スコット判決のインパクトは、ミズーリ互譲法の有効性それ自体というより、連邦裁判所も南部に偏っているとの印象を与えたことにある。この判決は直後から非難の的となり、北部の州の裁判所には公然と反旗を翻すものもあって、連邦最高裁の権威は地に墜ちた。

❷………南北戦争と南北戦争修正

1860年の大統領選挙では、民主党の分裂もあり、奴隷制廃止政党である共和党のリンカーンが大統領に当選した。このことに南部は反発して7州が合衆国を離脱、「アメリカ連合国（Confederate States of America）」を結成した。それでも当初は穏便な解決が模索されたが双方譲らなかったため、61年4月に戦端が開かれる。翌月にかけてさらに4州が南部に加わり、南北戦争（The Civil War）となった。もっとも、当初から奴隷制廃止が目指されていたわけではなく、北部指導者の当初の戦争目的は分裂した合衆国の再統一にあったとされる。しかし、長期化につれて戦争目的が次第に変化し、奴隷制廃止を中心とした社会変革のための戦いであるとの考え方が強くなっていった。63年1月には有名な奴隷解放宣言（Emancipation Proclamation）が発効している。

結局、南部は1865年4月に降伏した。なお、前年の選挙では北部有利の戦局を背景にリンカーンが大統領に再選、連邦議会、州の知事と議会でも共和党が圧勝している。しかし、リンカーン政権第2期が始まり南部が降伏した直後、彼は南部人に暗殺された。副大統領から大統領に昇格したA・ジョンソンが南部に宥和的な政策を打ち出したため、共和党主導の議会と対立する。議会が主導権を握り、南部に軍政を敷いて南部社会の急進的改革が目指された。この軍政は77年まで約10年間続いたが——アメリカ史では「**再建**時代（Reconstruction era）」と呼ばれる——連邦軍（北軍）が撤退し軍政が終了すると南部は急速に白人優位社会に戻った。

この時期に、第13、第14、第15の3つの憲法修正が成立した。包括して**南北戦争修正**（Civil War Amendments. あるいは**再建修正**［Reconstruction Amendments］）とも総称される。第13修正は合衆国全土で奴隷制を禁止する。第14修正は全5節から成り、特に重要なのは第1節である。これもいくつかの条項から成るが、まず合衆国で生まれた者は合衆国市民であり、かつその居住する州の市民である、と規定する。アメリカで生まれた子供はアメリカ国籍を得る、というのはこの条項に基づくが、元来の趣旨はドレッド・スコット判決を覆し、黒人奴隷がアメリカ生まれであるにもかかわらず市民として取り扱われていなかったことを否定するために置かれた。次に、州は合衆国の市民の特権または免除を制約してはならないという**特権・免除条項**（Privileges or Immunities Clause）がある。第三に、州はデュー・プロセスによらずに人の生命・自由・財産を奪ってはならないとする**デュー・プロセス条項**（Due Process Clause）である。もう1つ、州はその管轄下にある者から法の平等な保護を奪ってはならないとする**平等保護条項**（Equal Protection Clause）が規定された。第15修正は投票権が人種等によって差別されないと規定する。

南北戦争修正はアメリカの憲法構造・国家体制を大きく変容させた。前述の通り、連邦憲法はもともと連邦政府を縛るものとして位置付けられていた。連邦（憲）法と抵触して州法が無効にされることもあったが、それは専ら連邦に委譲した権限の部分が問題になっていたのであって、州はその内部の事項については主権として連邦の干渉を受けないという理解が持たれていたし、特に南部にとって奴隷制はその最右翼であった。しかし、南北戦争修正によって、奴隷制の廃止を始め、それまで州の内部事項と考えられてきた事柄についても連邦憲法による規制が加えられることとなった。

南北戦争修正が成立してから間をおかずに、これらの条項、特に第14修正に関わる事件が裁判所に持ち込まれ、解釈の枠組みが提示された。

再建期の連邦議会は、差別を禁じ黒人の地位向上を図るための一連の立法を行っていた。1875年公民権法はそうしたものの1つで、黒人が交通機関や宿屋といった公共の施設の利用を拒否されないなどと規定する。議会はその立法権限を、第14修正を実施するための立法を授権している同5節に基づかせていた。83年の公民権事件（The Civil Rights Cases〈百選24〉）ではその合憲性が争われ、連邦最高裁の結論は違憲とするものであった。第14修正1節は「州が」法の平等な保護を拒むことを禁止している。同5節もあくまでも第14修正を実施するためであるから、立法が可能なのも州による差別等の禁止にとどまる。他方で75年法は鉄道会社や宿屋の主といった私人による差別を禁ずるが、私人は平等保護条項とは無関係であって、そのような行為を規制する75年法は立法権限の範囲外だ、としたのであった。

1873年の判決は特権・免除条項の解釈を固めた（The Slaughter-House Cases〈百選43〉）。最高裁は、この条項が禁じるのは「合衆国市民としての」特権・免除の制限のみであって、職業選択のような市民が元来有している権利は無関係だ、とした。すなわち同条項の射程を極めて限定的なものだと解釈し、事実上この条項は空文化した。現在でもこの条項が裁判規範として援用されることはほとんどない。

もう1つの著名な事件に、平等保護条項に関わる1896年のプレッシー対ファーガソン判決（Plessy v. Ferguson〈百選37〉）がある。前述の通り、北軍撤退後、南部は急速に白人主導社会に戻り、黒人を従属的な地位に置く立法等（**ジム・クロウ法**［Jim Crow laws］と通称される）も制定された。プレッシー判決はその種の立法をめぐる事件であり、鉄道の白人用車両に乗車し座席の移動を求められたが拒否した黒人が、鉄道の車両の座席において黒白の分離を求めるルイジアナ州法の合憲性を争った。しかし最高裁の回答は、人種によって施設（ここでは列車の座席）を分離しても平等保護条項には反しない、というものであり、「**分離すれども平等**（separate but equal）」法理を確立したものとして位置付けられている。

かくして、憲法上は奴隷制が廃止され黒人（やその他の有色人種）も白人と同等の市民としての地位を有するものとされたが、南部を中心に黒人に対する法的・政治的・社会経済的差別がその後も根強く残存した。その解消のためには20世紀中盤を待つ必要があるが、それについては**第11章I**で改めて議論しよう。

III　現代型行政国家の形成

❶………ロクナー時代

19世紀の終わりから20世紀の初めにかけては、また別の話題が注目を集めるようになった。南北戦争もきっかけとなり、北部を中心にアメリカでの産業革命と近代化が進展する。資本主義経済が高度化し、工業化・都市化が進展して、現在イメージするような意味でのアメリカン・ドリームの時代が訪れた。しかし、長時間労働や児童労働、劣悪な労働環境といった労働問題、資本の集中と独占、都市化とそれに伴う公衆衛生の問題など、諸々の社会問題も顕在化した。これに対し、**革新主義**（Progressivism）と呼ばれる政治思潮に基づく政治・社会運動が盛り上がり、立法を含む対策を打ち出した。象徴的なのが**シャーマン法**（Sherman Act）と通称される1890年の連邦立法であり、独占禁止法（antitrust law）の主要な法源として現在でも効力を有している。他にも連邦・州双方のレベルで、労働時間規制や最低賃金規制といった労働保護立法なども行われた。

しかし、裁判所なかんずく連邦最高裁は、この種の立法に対する合憲性の審査を積極的に行い、重要なものを違憲と判断していった。社会経済立法を通じた政府による市場への介入に対して歯止めをかけようとした。

代表的な事件が1905年の**ロクナー判決**（Lochner v. New York〈百選44〉）である。この事件では、工場主がパン工場の労働時間を規制するニューヨーク州法の有効性を争った。最高裁は、労働時間の制限をしても製品（パン）の品質・消費者の健康とは無関係であるし、労働者に着目してもパン焼きが特に健康に悪いわけではない。むしろ労働者は、1日なり1週間なりに何時間働くか自ら判断して労働契約を結ぶのだから、それを1日10時間とか週60時間とかに制限するのは労働者および使用者の契約の自由を害する、とした。

最高裁が根拠としたのが州を対象とする第14修正に置かれているデュー・プロセス条項である。同様の規定は連邦を対象として第5修正にもある。文字通り読めば、"process"、すなわち裁判等での手続保障に関する憲法条項ということになる。だが、のみならず、生命・自由・財産に関する実体的な権利を保障するという解釈が展開された。これを**実体的デュー・プロセス**（substantive Due Process）と呼ぶ。そしてその「自由」の中に（抽象的な）契約の自由（liberty of contract）を読み込み、これに照らした合憲性の審査が展開された。経済活動の自由を強調する経済的実体的デュー・プロセスの理論である。ロクナー判決におけるホームズ裁判官の反対意見は、法廷意見が自由放任主義経済という特殊な経済理論に基づくものだと批判を加えている。

そして、経済的実体的デュー・プロセスに照らして、すべての場合ではないにせよ（Muller v. Oregon〈百選45〉参照）、革新主義的な立法（特に労働立法）が違憲とされる例が目立つようになる。1915年の事件ではカンザス州の労働組合保護立法が違憲とされているし（Coppage v. Kansas）、23年には首都ワシントンにおける連邦の最低賃金法の違憲判断が下されている（Adkins v. Children's Hospital）。

裁判所による革新主義的立法への介入の法的回路は、経済的実体的デュー・プロセスの理論にとどまらない。本章および次章で論じる通り、連邦議会は憲法に列挙された事項しか立法できないわけだが、裁判所は連邦立法をこの議会の立法権限に照らして審査した。例えば、前述のシャーマン法は州際通商条項（→**第10章Ⅱ❷(1)**）に基づいて制定されているが、1895年のE. C.ナイト社事件（United States v. E. C. Knight Co.）では製糖工場の買収が同法の規制対象となるか争われた。最高裁は、製造業と通商・流通とを区分し、製糖という製造業は「通商」よりも前に来る、通商以前の問題であって、州際通商条項の射程を外れ、したがってシャーマン法の適用外だとした。

この、19世紀末から20世紀初めの期間は、憲法史上、先のロクナー判決にちなんで「**ロクナー時代**（Lochner Era）」と呼ばれている。この時期の連邦最高裁の傾向は、①経済活動への介入に警戒的な態度から社会経済立法を憲法判断の俎上に載せ、より具体的には、②デュー・プロセス条項の「自由」に「契約の自由」を読み込んだ上で合憲性審査を積極的に行い、また③連邦政府による政策実施に関して連邦議会の権限を限定的に解釈した、と要約することができよう。

❷………ニュー・ディールと「憲法革命」

社会経済的規制が制約されようとも、それで世の中がうまく回っている分には問題はない。が、幸福な時代は永続しない。1929年10月、世界恐慌（アメリカでは「大恐慌」）が勃発する。時の共和党政権は効果的な対策に失敗したと受けとめられ、32年秋の選挙では民主党のF・D・ローズヴェルトが大統領に当選した。ローズヴェルトとその下の民主党が推進した施策は、選挙戦中のスローガンにちなんで**ニュー・ディール**（New Deal）政策と呼ばれ、やがてアメリカの政治と国家体制のあり方を大きく変革するものとなった。

いささか場当たり的な不況対策であって相互に矛盾が見られる面もあるが、あえてニュー・ディール政策の特徴を整理すれば、第一に、経済問題・社会問題へと政府が積極的に介入していった。恐慌がきっかけとなった経済政策であり、また失業等への対策が急務であったことから当然である。第二に、従前はこうした問題への対応には州が前面に立っていたのに対し、連邦政府の役割が増大したことも特徴的である。第三に、経済問題・社会問題という、一方で専門性が高く、他方で機動的な対応が必要な政策領域が中心であったことから、行政部門の役割が増大し、特に独立行政機関が活用されるようになった。

ニュー・ディールは従来考えられていた連邦の役割を大きく踏み出す施策を打ち出していったわけだが、その憲法上の根拠は曖昧なままであった。これに対し当時の連邦最高裁はロクナー時代を引き継いでいた。先に要約したロクナー時代の最高裁の特徴は、いずれもニュー・ディールの政策志向とは正反対である。最高裁は、主要なニュー・ディール立法を違憲と判断しており、ニュー・ディール前期の4年間は大統領・議会という政治部門と最高裁との衝突の時期であった。

いずれにせよニュー・ディールは手直しが必要ではあり、大統領と議会はまた新たな施策を打ち出す。主なものとしてはまず、**全国労働関係法**（National Labor Relations Act. ワグナー法［Wagner Act］とも呼ばれる）を成立させた。労働者保護のために労働者の団結権・団体交渉権を保障する立法である。あるいは、社会保障法（Social Security Act）によって失業保険や年金の整備を連邦の主導で開始した。とはいえ、この時期の最高裁の態度からすると、これらの第2期ニュー・ディール立法も違憲とされる可能性は大きかった。

このように政治部門と最高裁との対立が続く中、1936年秋の選挙でローズヴェルトは圧勝で再選、議会でも民主党が勝利している。これを背景にローズヴェルトは司法部の改革を試み、新しく追加の裁判官を任命できる、とする案を発表した（「**裁判所封じ込め策**（court-packing plan）」）。しかし、あからさまな司法への介入であり司法権の独立を侵すということで与党内でも批判は強かった。

そうこうしているうちに連邦最高裁のほうが態度を修正した。1937年3月の**ウェスト・コースト・ホテル社判決**（West Coast Hotel Co. v. Parrish〈百選46〉）ではワシントン州の最低賃金法について争われた。裁判官の一人の態度変更により、従来の少数派が合憲判断の法廷意見へと転じた（ただし、最高裁内部の判断形成過程の研究により、最高裁が裁判所封じ込め策の脅しに屈したとの見方は現在では否定されている)。デュー・プロセス条項の解釈としての契約の自由の保障というものが放棄され、政府が労働者保護のために労働条件を定めることも許容される。さらに連邦の権限についても、2週間後の事件では、州際通商条項を緩やかに適用して、製鉄会社（すなわち製造業）のストライキに対し全国労働関係法に基づいて連邦政府が介入しようとした事件について、同法を合憲とする（NLRB v. Jones & Laughlin Steel Corp.）などしている。

まとめると、ニュー・ディール政策はロクナー時代の連邦最高裁の指向と正反対だったことから、ニュー・ディール前期には最高裁とローズヴェルト大統領以下政治部門との間で厳しい対立が生じた。しかし、最高裁のほうが態度を調整して憲法解釈を変更し、経済的実体的デュー・プロセスの理論を放棄して社会経済立法における政府の裁量を認めるとともに、州際通商条項等の立法権限の緩やかな解釈を打ち出して連邦政府の権限を広げた。

かくして、経済政策・社会政策について司法部は介入を控えて政治部門の判断を尊重するとともに、拡大した連邦政府の活動に裏付けが与えられた。その後、第二次世界大戦・冷戦という外交上の危機が続いたこともあり、制限政府という原則は維持されつつも、実際には連邦政府が幅広い政策分野で活動し、一般の国民生活においても大きなプレゼンスを示す体制が定着して、現在に至っている。

しかも、フォーマルな憲法改正を経ずに、裁判所による憲法解釈の変更という形でこのような変化が生じたことも特徴的である。ニュー・ディール期の変容の到達点を示すものとして、1938年の**キャロリン・プロダクツ社判決**（United States v. Carolene Products Co.〈百選22〉）がある。脱脂ミルクの規制が焦点となったこの事件で、連邦最高裁は、社会経済立法に関する司法審査では合憲性の推定が働く、とまで言い切った。連邦の権限についても、とりわけ州際通商条項は幅広く解釈されるようになる。42年の事件では、個別的には州内で完結する行為であっても同様の行為が蓄積して州際通商に影響を及ぼすのであれば連邦議会は立法をなし得るとされ、事実上あらゆる経済政策を実施できるようになった（Wickard v. Filburn〈百選 14〉）。こうした変動は、論者により「**憲法革命**（Constitutional Revolution）」とも呼び習わされる。37 年初めのあるタイミングで断絶的変動があったと見るか、より幅のある期間に徐々に変容があったと見るかは歴史家によって評価が分かれるが、我々のよく知る連邦を中心とする「アメリカ」がこの時期に出現したことは確かである。

Ⅳ　現代における人権保障の枠組み

経済的実体的デュー・プロセスの理論を放棄して社会経済立法をほとんど素通りさせるかのように合憲とし、また連邦議会の立法についてもその権限を緩やかに解釈してやはり合憲にするようになった後、司法部は何をするのか。そのヒントも先のキャロリン・プロダクツ社判決にある。その脚注 4 は、合憲性の推定の弱い領域として 3 つを挙げている。憲法の明文に反する場合、政治プロセスを制約する場合、マイノリティの問題である。厳密には傍論であるものの、この判示は司法部が積極的に働く分野を提示してみせた（この考え方が日本へ受容されていわゆる二重の基準論となる）。

具体的にどのような動きが見られたかは**第 11 章**で改めて議論するが、ここではその前に、現代における合衆国憲法の下での人権保障の総論的な事項について数点触れておこう。

❶………編入理論（incorporation theory）

前述のように（→Ⅰ❷）、憲法成立とほぼ同時に採択された第 1～第 10 修正（いわゆる権利章典）は、連邦政府のみを縛る人権規定である。他方で、連邦憲法上、州を拘束する人権規定はほぼ南北戦争修正のみである。では、権利章典に規定されている人権は州に対しては主張できないのか。第 14 修正ができた当初は、第 5 修正と第 14 修正の双方に類似のデュー・プロセス条項があることから、それぞれ別々に適用される、との理解もあった。

しかしやがて、第14修正のデュー・プロセス条項の中に第1〜第8修正の趣旨を読み込む（「**編入**（incorporate）する」）という考え方が主流になった。

それではどの範囲までか。これには、全部編入説と、重要な一部のみとする選択的編入説との対立があり、連邦最高裁は一貫して後者を採っている（Palko v. Connecticut〈百選23〉参照）。しかし、現在では議論の実益はほとんどない。1960年代までに、最高裁は第1〜第8修正のほぼすべての条項の編入を認めており（特に、州刑事司法に対する刑事被告人の権利の及ぼすインパクトは大きい。➔**第12章Ⅱ、第13章**）、編入されない、すなわち州に対して主張し得ない規定は数えるほどしか残っていない。

逆に、第14修正にあって権利章典にないのが平等保護条項である。では平等権については連邦政府に対して主張できないのか。これについては、平等保護条項の内容を第5修正のデュー・プロセス条項に読み込んで、同様の趣旨を連邦政府に対しても主張できるという判例法が確立している（Bolling v. Sharpe）。

❷………ステート・アクション

前述の公民権事件（➔Ⅱ❷）が第14修正について述べたように、憲法上の権利は連邦政府や州（あるいはその下の自治体）に対してのみ主張でき、私人に対しては主張できない。憲法上の権利を主張するためには「州／政府の行為（state action）」が要求される。

とはいえ、判例法は、限定的ではあるが、直接的には私人が行っていることであっても政府の関与を指摘して、憲法上の権利の主張を認めることがある。第一の類型は私人の行為が公的機能を果たしている場合であり、古典的な例としては政党の予備選挙（primary）がある。政党というのは形式的には私人による結社だが、本選挙の候補者を選ぶ予備選挙は選挙プロセスの一環であり、黒人を排除した予備選挙は許されない（Smith v. Allwright）、などという事例がある。

第二の類型として、直接的には私人が行っていることでも州の行為が介在している場合、憲法上の禁止の対象たり得る。著名なシェリー対クレーマ事件（Shelley v. Kraemer〈百選25〉）では、物的約款（**→第５章Ⅳ❶(2)**）を利用して、白人住民が黒人の土地所有を阻もうとしたのに対し、連邦最高裁は、私人がそうした合意を締結するのはともかく、その実現を司法部に求めることは裁判所という州の行為で人種差別をすることになるから認められない、としている。

◆発展学習 11　州の憲法

本章のここまでは連邦憲法について議論しているが、これとは別に各州も州憲法を有しており、各州の統治機構を整備するとともに、人権保障も提供されている。その効力は連邦法に劣後し、よって連邦憲法に違反することはできないから（**→第10章Ⅱ❸**）、連邦憲法上の人権保障は最低限を画することになる。しかし、それより手厚い保障を州憲法が提供する分には差し支えない。また、連邦憲法は主として自由権を保障し社会権的な権利は全く規定されていないが、州によっては教育を受ける権利などを憲法上規定しているところもある。どの程度、連邦憲法レベルよりも手厚い権利保障を提供するかは州によるが、州レベルでの動向が連邦レベルの動きの先駆けになることも時折見られる（**→**同性婚の事例につき**第11章Ⅴ❷**）。

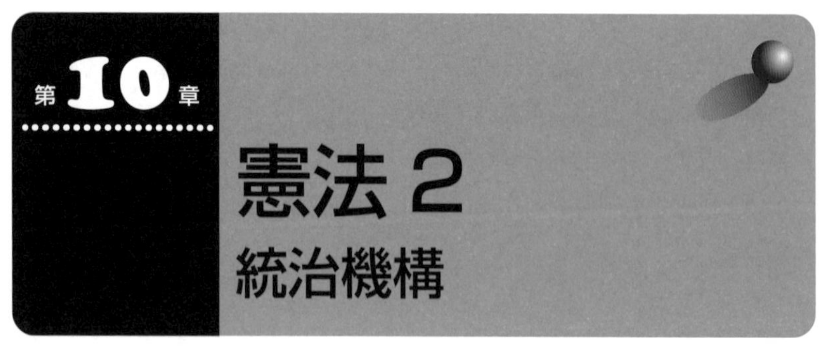

第10章 憲法2 統治機構

本書はアメリカ「法」をテーマとするものであるが、法とはそのままでは抽象的な概念にとどまる。人々の生活において法が実際に機能するためには、これを定立し、執行し、異議を裁定することが必要となり、典型的には国家の統治機構がその機能を果たす。本章では、アメリカにおいて法を運用する諸機関について、特徴的な点を議論する。

I　2つの権力分立

第9章Iで述べた通り、イギリスから独立した13邦は改めて中央政府を設立することとしたわけだが、そこである種のジレンマに直面した。一方では統治機構を強化したいのだが、他方、強力な権力を特定の者や集団が簒奪して暴政を振るうとしたら、せっかく独立した意味が無に帰す。

そこで合衆国憲法をデザインした主導者たちが案出したアイディアが、統治権力を分割するというものであった。特定の個人や組織に権力を集中させるのではなく、統治にかかる権能を分割し、別個の機関にそれぞれを割り当てることで、相互に牽制し合い、全体として暴走が起きないようにした。ロックやモンテスキューらヨーロッパの啓蒙思想家のアイディアを、新大陸の共和国で実行に移すこととしたのである。

この**権力分立**（separation of powers）というコンセプトこそが、アメリカの統治機構の基本原理である。ところで、この語よりも、「三権分立」という言葉のほうが馴染み深い読者も少なくないであろう。だが、ここで言う「権力分立」は、より広い射程を持つ。

憲法制定会議に集った人々は中央政府が強大になり過ぎることを恐れたことから、新しい中央政府（連邦政府）は憲法によって付与された権限のみを行使し得るものとした（「**制限**（された）**政府**（limited government）」）。その余の権能については州の側に留保することとして、連邦と州とで統治権限を分有する連邦制を採用した。これもまた一種の権力分立であり、講学上は垂直的権力分立などとも言われる。世界で**連邦制**（federalism, federal system）を採用する国家はアメリカに（あるいは英米法圏に）限らないが、アメリカの連邦制は特に州の権限が強い部類に入る。

そして、そのようにして設立される連邦政府の権限も、立法部（議会）・執行部（大統領）・司法部（裁判所）の各部門に分有させ、それぞれ中核的機能を担いつつ、相互にチェックと牽制を行い得るような体制とした。こちらの意味での権力分立（「水平的権力分立」）は「三権分立」概念とも重なるが、アメリカの場合、より徹底している。日本やイギリスのような議院内閣制ではなく大統領制を採用して執行部の権限が強くなっており、独立性の高い司法部と相俟って、三権のいずれかが突出しないよう、バランスを重視した体制となっている（「**抑制と均衡**（checks and balances）」）。

その上で、以下、各部門の主要な権限とその特徴を見てみよう。

Ⅱ　連邦議会

❶………構成と立法手続

本書のあちらこちらで、アメリカ法を、判例法の体系としてのコモン・ローの世界として議論している。だが、その理が通じるのは州法についてであり、アメリカにおいても連邦法については制定法が中心的な地位を占める（➔エリー・ドクトリンについて、**第１章Ⅱ❺(2)**）。判例も制定法の条文を解釈するものという位置付けになり、その点で日本におけるあり方に近似する。

連邦の立法は**連邦議会**（Congress）が行う。議席435の**下院**（House of Representatives）と議席100の**上院**（Senate）から成る二院制を採っている。下院の議席は、10年に一度のセンサス（census：国勢調査）に基づいて、各州に人口比例で配分される。上院議員は各州から2名（固定）選出され、現在は50州あるので100議席。下院議員の任期は2年であり、2年ごとに全議席が改選される。上院議員の任期は6年であり、2年ごとに3分の1ずつ改選される。したがって、同じメンバーによって構成される議会は2年間継続することになり、合衆国成立直後の第1議会以来、このサイクルは継続している（2019–20年が第116議会）。

フォーマルな立法過程は法案の提出からスタートする。日本での内閣と異なり、アメリカの大統領は法案提出権を持たず、その意味ですべてが「議員立法」である。大統領は一般教書演説（State of the Union Address）等を通じて立法を呼びかけるのみである。上下両院のそれぞれで法案を審議し（その過程では担当の委員会が重要な役割を果たす）可決されると、当該法案は大統領に送付される。大統領が当該法案に署名することで、立法として成立する。

だが、大統領が当該法案に強い不満がある場合、署名を拒むことがある。これを大統領の**拒否権**（veto）と言い、そのような意味で大統領もまた、立法に関与している。大統領が署名を拒みまたは10日以内に署名しなかった場合、法案は議会に差し戻され、上下両院のそれぞれが3分2以上の多数で再可決すると、やはり立法として成立する。

❷………連邦議会の立法権限

本書でも繰り返している通り、連邦政府は連邦憲法によって与えられた権限しか行使し得ない。このことが端的に現れるのが、連邦議会の立法権限である。日本の国会は一般的な立法権限を与えられており、（人権上の考慮を別にすれば）立法できる事項に特に限定はないのが原則である（日本国憲法41条)。これに対し、連邦憲法の第1編8節は、連邦議会が立法できる事項を18(数え方にもよるが)規定している。憲法の他の箇所にも同様に連邦議会の立法権限が規定されていることがある(例えば、第4編3節2項や第14修正5節)。いずれにせよ最も重要なことは、このような憲法上の立法権限のリストが、限定列挙である、ということである。連邦議会は憲法上授権された事項についてのみ立法することができるのであり、日本国憲法41条のような一般的な立法権限を持たない。したがって、連邦議会が法律を制定しても、憲法上の権限に基づいていない、あるいは憲法上の権能の範囲を超えた、と司法部が判断すれば、当該立法は無効だと判断されることになる。

とはいえ、アメリカ史を長い目で見れば、連邦政府が存在感を増大させてきたことも確かである。特にニュー・ディール期の「憲法革命」は、連邦権限の飛躍的な拡大を、憲法解釈の変更という形で実現した(➔**第9章Ⅲ❷**)。現在では、連邦議会はそうしようと思えばかなり広範な領域について政策を実施することができるし、実際の国民生活への影響も大きい。以下では、現在、議会が立法をしようとする際に頻繁に依拠する立法権限の主要なものについて、簡単にコメントしておこう。

(1) 州際通商条項(Interstate Commerce Clause) 憲法第1編8節3項は、「諸外国との通商、各州間の通商およびインディアン部族との通商を規制する権限」を連邦議会に与える。細かく分ければ3つの部分から成るが、特に各州間の通商の規制に関する部分を**州際通商条項**と呼ぶ。

独立期に、各州が保護主義的政策を採用することで通商が妨げられることを懸念して規定された権限である。この条項に関するリーディング・ケースとして、1824年の**ギボンズ判決**(Gibbons v. Ogden〈百選13〉)がよく知られている。州境をまたぐフェリーの運航に際して、ニューヨーク州議会により独占権を与えられた業者と連邦制定法に基づき免許を取得した業者との競合関係をめぐる事件である。連邦最高裁は、州境を越える事項であれば州の内部に対しても連邦議会は規制を及ぼすことが可能だとすると同時に、「通商」という文言には狭義の流通のみならずその手段(本件では船）をも含む、として当該連邦法の効力を認め、この条項を緩やかに解釈する先駆けとなった。

もっとも19世紀のアメリカは農業社会であり、人やモノの移動も限定されていたから、連邦議会の出番も限られていた。だが、19世紀後半に産業革命が本格化し近代化が進展すると、州境をまたぐ経済活動も日常のこととなり、連邦議会もそれらに規制対象としての関心を向けるようになる。**第９章Ⅲ**で見た通り、これに対し連邦最高裁は疑念を呈し制限を加えようとしたが、1930年代後半には裁判所の側が態度を調整し、広範な議会の権限を認めるようになった。その到達点と言える42年の判決では、連邦法に基づく小麦の作付け制限に農家が従わなかった場合に、それが自家消費用である、つまり行為自体は州内で完結し、また個々の農家の行為が些少であったとしても、同様の行為が蓄積すれば州際通商に影響が及ぶとして、この立法を合憲としている（Wickard v. Filburn〈百選14〉)。

さらに20世紀後半になると、通商や経済活動それ自体が主たる関心である場合でなくとも、手段としての通商規制も可能であるとし、例えば一定の経済活動に関連して人種差別を禁止する立法が合憲とされた（Heart of Atlanta Motel, Inc. v. United States; Katzenbach v. McClung〈百選15〉)。若干の例外的判断もあるが（オバマ健康保険改革法に関する2012年のNational Federation of Independent Business v. Sebelius〈百選16〉は話題を集めた)、21世紀に入ってからも緩やかに解釈するのが判例法の基調と言ってよい（Gonzales v. Raich〈百選14〉参照)。

⑵　課税・支出条項（Taxing & Spending Clause）　憲法第１編８節１項は、租税等を賦課するとともに、そのようにして集めた資金を支出することができる権限を連邦議会に与える。国民から直接租税を徴収して独自の財政を運営できるようになったことは、各邦からの拠出金に依拠していた連合規約時代からの大きな飛躍であった。

ロクナー時代にはこの条項に基づいた連邦立法に対しストップがかかったこともあったが、「憲法革命」（**→第９章Ⅲ❷**）はこの面に関する議会の立法裁量も広く認めるようになり、かくして課税・支出条項は連邦議会による政策実現のための重要なツールとなった。特に、連邦の財政をベースとした補助金プログラムを設け、補助金を受け取る際に種々の条件を付けてその遵守を求める、という手法はしばしば採用される。補助金の受給主体は私人のみならず、州や地方政府であることもある。このような形で伝統的には連邦議会が直接規制できない事項に対しても手を伸ばす、というアプローチは、20世紀後半以降メジャーな政策スタイルとなった。

⑶ **必要かつ適切条項（Necessary and Proper Clause）**　憲法第1編8節のリストの最後の第18項によって「上記の権限およびこの憲法により合衆国政府……に付与された他のすべての権限を行使するために、必要かつ適切なすべての法律を制定する権限」が連邦議会に授権されている。ある種の一般規定であるが、無制約な立法が可能となるわけではなく、あくまで他の権限の実施のために「必要かつ適切」であることが求められる。だが、議会の立法裁量が拡張されていることは確かであり、現在では司法部も緩やかに解することが多い。1819年の**マカロック判決**（McCulloch v. Maryland〈百選11〉）は、憲法上に明文のない中央銀行の設立について、課税・支出条項などを実施するために「必要かつ適切」であるとして許容した。現在では、本条項のみならず連邦権限を緩やかに解するリーディング・ケースとして位置付けられている。

❸………連邦法と州法との抵触

本書でも度々述べているように、連邦と州、連邦法と州法との二重性がアメリカ法の基本となる。それでは両者が衝突する場合にはどうなるだろうか。

憲法第6編2節（通称「**最高法規条項**（Supremacy Clause）」）がこれについて規定し、連邦法と州法とが抵触する場合、連邦法の効力が優越し、州法の効力が排除される。このことを、連邦法が州法を「**専占**（preempt）する」などという。

このように基本ルールはシンプルなのだが、具体的な局面においてはそう単純ではない。実際にどのような場合に州法の効力が否定され、あるいは維持されるのかについては、関係する連邦法・州法それぞれの解釈問題ともなり、一筋縄ではいかない。とはいえ、若干の考え方の枠組みないし指針と言えるものはある。

判断にあたって最も重要だと考えられているのは、議会の意思・意図である。連邦議会が明示的な条文をもって、一定の範囲の州法を専占する、その範囲内の州法の効力を認めないと規定し(「専占条項(preemption clause)」)、もって連邦法による規制に一元化することがある。この場合、連邦議会の立法権限がそれ自体として排他的なものであると解釈されない場合でも、最高法規条項を経由して実質的に連邦法単一の法規制のみが現出することになる(明示的専占[express preemption])。

しかし、連邦議会は常に専占条項を制定法の中に書き込むわけではない(そもそも、立法時に州法との抵触を想定しているとは限らない)。あるいは専占条項が規定されていたとしてもその射程が限定的に解釈されることもある。だが、そのような場合であっても、ある州法が連邦議会の意図している政策の達成を妨げるような場合、裁判所が州法の効力を否定することがある。これを黙示的専占(implied preemption)と言い、さらにいくつかの枠組で裁判所は分析を加える。

まず、ある連邦法がある領域について網羅的な規制を行っているが故に、(専占条項はないものの)州法の介入は認めない趣旨であると解釈されることがあり、領域型専占(field preemption)などと呼ばれる。他方、連邦法の特定の条項と抵触するという理由で、州法の効力が排除される場合がある(抵触型専占[conflict preemption])。わかりやすいのは、州法の規制に従うと連邦法の規制に従うことが不可能になってしまう、という状況である。しかし、そこまで行かなくとも、州法に従うことが連邦法の目的の達成に障害となるようであれば、州法の効力は否定され得る。

具体例を1つ挙げれば、出入国の管理や移民については連邦権限事項である(憲法第1編8節4項)。実際に関連連邦法が整備され、これを執行するための連邦行政機関も設けられている。それでは州は外国人の問題に全く口出しできないのか。オバマ政権の不法移民対策が不十分だとの不満を持ったアリゾナ州は独自に不法滞在外国人を規制する州法を制定し、連邦政府との間で裁判闘争になった。争われた州法の4つの条項のうち3つについて触れれば、第一に、外国人登録文書の不携帯に対して刑事罰を科すとした州法の規定の効力を連邦最高裁は認めなかった。外国人登録については連邦法が詳細に規定しているので、領域型専占があるとした。第二に、不法移民による労働を犯罪としたことも否定された。連邦法では不法移民を働かせている雇用主には制裁が加えられているのに対して、労働者たる移民側には制裁がないのはあえてそうしているのであって、州法が独自の制裁を科すことはこの連邦の政策の障害になるとした。だが第三に、州の警察等が不法移民だと疑われる者と接触した際に、移民法上のステイタスを確認するよう義務付ける規定については、連邦移民法もその執行に際して州の機関との連携・協働を予定しているとして、専占が否定され効力が維持された（Arizona v. United States）。

専占の問題は一見、連邦法と州法との形式的な調整の問題にも思えるかも知れないが、微妙な政策意図（の認定）の差異が、重大な帰結を導くこともあるのである。

Ⅲ　大統領と行政

❶………大統領と執行権

大統領（President）は、アメリカ合衆国の統治・政治の中心であり、顔である。アメリカ国内でも、国外からも、そのように認識されており、外交上は国家元首として取り扱われている。

大統領は副大統領（Vice President）とセットで任期4年で選出される。形式的には大統領選挙人による間接選挙だが、実質的に国民の直接投票による選出と言ってよい。2期8年まで、というのが合衆国成立以来の長年の慣行であったが、第32代のF・D・ローズヴェルトのみこの慣例を破って4期務めた。その後フォーマルに憲法修正が行われ、現在では2期8

年までというのは第22修正が明文で規定する。

それでは大統領は法的にはどのような権限を有しているのか。

連邦議会についてはその権限が詳しく規定されているのに対し、その実際の行動に比すると、大統領に関する憲法上の規定は簡素なものである。その中核として、第2編1節1項は大統領に「**執行権**（executive power）」を付与している。憲法上、執行権の内実を積極的に定義付けている規定はないのだが、国家統治上、日々発生する課題に対応し、国家を継続的に運営していく権限と責務を担当していると把握すればよい。日本法上の「行政」の観念とも重なる部分も多いだろう。

もっとも、大統領は独自に行動するわけではなく、その活動の大枠と指針は連邦議会による立法によって与えられる。憲法第2編3節は、大統領に「法律が忠実に執行されることに留意」する義務を課している。とはいえ、大統領固有の権限というものもある。憲法上は、条約を締結する（上院の承認が必要）、外交官を接受するといった外交を差配する権限、軍の総司令官としての軍事に関する権限、恩赦権限について具体的に規定がある。

加えて、執行権に内在する権能として、一定の範囲で、議会立法でも制約し得ない大統領固有の権限が解釈上、認められることがある。とはいえ、大統領の権限についての規定が簡素であることから、その外延は見えにくい。この点、ヤングスタウン判決（Youngstown Sheet & Tube Co. v. Sawyer）のジャクソン裁判官の意見による3分法の枠組みがしばしば参照されている。第一に、大統領が連邦議会の明示ないし黙示の授権に基づいて行動する場合、その権限は最も大きい。第二に、議会による授権も権限の否定もない場合、大統領が固有の権能に依拠して行動することになるが、議会と大統領の権限配分が問題となり得る。第三に、大統領が固有の執行権を主張し、議会の意図に抗して行動することもあり得るが、むしろ大統領固有の権限を議会の側が侵害しているとして全く認められないものでもない（後述の解任権など）。

❷………行政の組織と人事

憲法上の規定では、執行権は大統領という官職を担う個人に付与されている。これは、日本国憲法上の行政権が内閣という組織・合議体に与えられていることとは対比的である。しかしながら個人が単独で国家を運営することなどできようはずもなく、合衆国憲法も、積極的な規定はないものの、実際の行政実務を担当する諸機関を想定し、大統領がそれらを主宰・統括するよう、デザインされている。実際、議会立法により諸々の行政組織と官職が整備されており、主要な官吏の合議体である内閣（cabinet）も初代ワシントン大統領の時代以来、運用されている。

第２編２節１項はそのような行政各部門の担当者から大統領が報告を受ける権限を定めているが、憲法上の大統領の権限として特に重要なのは人事権である。具体的な行政運営に当たる行政機関およびそこで職務に当たる官職それ自体は議会立法によって設けられる必要があるが、そのような官職の人事については、大統領が候補を指名し、議会上院の「**助言と承認**（advice and consent）」を得て、大統領が任命する、というのが憲法の想定する原則形態である（第２編２節２項)。アメリカの官庁には政治任用ポストが多く、政権交代が起きると政府の主要ポストが大幅に入れ替わる、ということを聞いたこともある読者もいるだろう。このように、各省庁の長官等、実際の行政運営に中心的に当たる公職担当者（の主要ポスト）を、（議会からのチェックを受けつつも）主導権を握って組織していく、というのが大統領の重要な役割ということになる。

選任よりもさらにラディカルなのが解任である。こちらについては、大統領が他の機関からの介入も受けず、また何ら理由も要さず、自由に解任できる、というのが原則である。仮に立法で制約を設けようとしても、前述の固有の執行権を侵害するとして否定される。ただし、議会が行政機関を整備する際に、その官職に一定の身分保障を付与し、大統領の解任権を制限することがある。特に、ニュー・ディール期以降においては、専門性が高く機動的な政策実行が要求される領域において、準立法権・準司法権を有する独立行政委員会などと呼ばれる機関が活用されることが少なくない（**第８章**で言及した証券取引委員会［SEC］などはその代表例である）。この場合、原則としてその委員は身分保障を受ける。

❸………行政部門による法定立

連邦法を整備する主要な機関は連邦議会だが、大統領や行政機関も法的拘束力を有する規範を定立する、つまりある種の立法を行うことがある。21 世紀に入ると、党派対立により議会での立法が滞ることが多く、こうした行政のみによる法定立に頼る局面が多くなっている。

大統領は、連邦政府の運営のために**大統領令**（Executive Order）を発することができる。憲法上の明文規定はないものの、実務上、初代ワシントン大統領以来行われている。何らかの憲法上の権限（特に第 2 編の規定する執行権）または制定法による授権に基づく必要があるとされる。有名なものとして、南北戦争中のリンカーンによる奴隷解放宣言（→**第９章Ⅱ❷**）も大統領令として発出されている。

前項において触れた各種の行政機関も、制定法により**行政規則**（rule, regulation）を策定する権限を与えられていることがある。むしろ現代の議会立法は、直接に権利義務を定めるよりも、その具体化は行政規則に委ねてしまっている例も多い（**第８章**では SEC 制定の行政規則の幾つかに触れた）。このように策定された行政規則は、専門性が高くまた政治的アカウンタビリティを負う行政機関によるものであることから、そこで示された制定法の解釈については裁判所も尊重することが通例である（**シェヴロン敬譲**（*Chevron* deference; Chevron U.S.A., Inc. v. Natural Resources Defense Council, Inc.〈百選 9〉））。

Ⅳ　連邦司法部

❶………基本的構成

憲法第 3 編 1 節 1 項は、連邦最高裁以下の裁判所に司法権を付与している。憲法上、積極的に設けることが予定されているのは1つの最高裁のみであり、下級裁判所の設立については連邦議会の裁量に任されているが、実際には合衆国成立直後から下級裁判所組織も整備されている。現在では、連邦地方裁判所―連邦控訴裁判所―連邦最高裁の三審制が連邦の裁判所システムの中核である（**→第1章Ⅳ❶**）。

連邦裁判官の選任は、他の公職の人事権と同様に、連邦議会上院の助言と承認の下、大統領が行う。他方、他の人事と異なるのは、連邦裁判所の裁判官には身分保障があることである。「非行なき限り」、すなわち原則として終身で、その職務を継続することができる（例外的に、連邦議会による弾劾によって解職されることはあり得るが、弾劾手続が行われたのは歴史上、十数件に過ぎない。**→第2章Ⅲ❶**(2)(3)）。もっとも、実際に死去するまでその職にとどまるとは限らず、多くの裁判官が一定のタイミングで自発的に引退している。加えて、在職中は定期に報酬を受け、その額は在職中減額されない。

このように、連邦裁判官が政治部門からの介入を受けるのは基本的に選任の際のみであり、このことが**司法の独立**性（judicial independence）の確保に大きな役割を果たしている。また、連邦裁判官は、その所在する地域社会から相対的に独立していることから、社会の反発を買ってでも貫徹しなければならない判断を維持することができ、人種差別事件や刑事被告人の権利保障などで重要な役割を果たしてきた（**→第11章、第12章Ⅱ**）。

❷………管轄権と「事件」性の要請

さて、連邦政府が「制限政府」であるとの理は、司法部についても当てはまる。憲法第3編2節1項は、連邦裁判所の判断できる事項として9つの事件類型を列挙している。これに基づいて、連邦裁判所の管轄権に関する規定が制定法上整備されており、その具体的な態様は**第1章Ⅱ❶**で論じられている通りである。（他に憲法上の根拠がない限り）このリストは拡張できないと理解されているが、憲法上の規定は上限であって、議会はより限定した形で管轄権付与を行うこともできる、というのが一貫した立法実務・判例である。

もう１つ言及するに値するポイントは、憲法の挙げる司法権の対象が、それぞれ「事件（case）」ないし「争訟（controversy）」であるとされていることである。すなわち、連邦裁判所が司法権を行使して判断を下すためには、その対象が具体的な事件・紛争になっていなければならない。司法権の対象が「事件」であるとされることが何を意味するかと言えば、裁判所は法律専門家の集団ではあるものの、抽象的な法律問題についての勧告意見は発しない、ということである。この理解は、合衆国成立直後にワシントン政権が憲法上の疑問点を連邦最高裁に照会した際に、最高裁が回答を拒んだ、というエピソードを嚆矢とする。それでも 19 世紀にはあまり厳密には考えられていなかったようだが、20 世紀になると、形式的には紛争があるように見えるが裏では当事者同士が手を握っている馴れ合い訴訟などに対して厳しい態度が向けられるようになった。このように真に「事件」、すなわち当事者間の利害対立があることを要求することで、一方で受動的で情報収集能力が限られる裁判所に十分な情報が提供されるようにしている。他方で、幅広い問題が裁判所に持ち込まれるアメリカにおいて、政治部門に解決を委ねるべき一般的な政策問題ではなく、司法部としてなすべき事項に集中するという三権分立上の要請との調整原理として、この事件性の要請が機能している。

このことは単なる形式の問題ではない。日本国憲法下の違憲審査は付随審査制だと一般に理解されているが、その理由の１つとして母法であるアメリカ法での取扱いが挙げられることがある。アメリカの違憲審査制を確立したマーベリ判決は、司法権に内在する権能としてこれを位置付けたのであった（**→第９章Ⅰ❸**）。ところで合衆国憲法下の司法権は、このようにもっぱら「事件」を解決する権能として把握されるのであって、したがって憲法訴訟もまた具体的事件を伴っている必要があるわけである。

◆発展学習 12　**州の統治機構と地方自治**

州の統治機構についても簡単に触れておこう。細部はもちろん州によって異なるが、概要は共通している。連邦の場合と同様に、州政府も立法部（州議会）・執行部（州知事［governor］）・司法部（州裁判所）が並立した三権分立制を採用している。ほぼすべての州議会が二院制である。連邦との違いとして、選挙で選出されるポストが多いことを指摘できる。州議会の議員および州知事のみならず、執行部の他のポストも知事とは別にそれぞれ選挙が行われる例が多く、このため知事と他の重要組織の長とが別の政党から選出される、という例も時折見られる。のみならず、多数派の州において、州裁判所の裁判官の選出も（広い意味での）選挙によって行われる（→**第2章Ⅲ❷(1)**）。

州内の地方自治にも触れておくと、組織も権限も細部は州によってまちまちであるものの、一般に3層に整理できる。州政府レベルの下にカウンティ（county）と呼ばれる地方政府が置かれるが、州政府の出先機関としての性質が強い（「郡」、「県」などとも訳される。一部の州では別の名称で呼ばれる）。州内のあらゆる地域は基本的にいずれかのカウンティに属しており、裁判所を含む様々な公的機関の管轄区域もカウンティによって定められることが多い（→検察官の配置につき、**第12章Ⅲ❶**）。最も日常生活に近いレベルには、市町村に相当する地方自治体・地方政府（municipality, local government）がある。日本と大きく異なる点として、地方政府は住民が組織しようと考えてはじめて設立される、ということを指摘できる。逆に言えば、アメリカには市町村レベルの地方政府がカバーしていない地域が存在する。また、一般的な行政事務を行う地方政府とは別に、特定の目的のための特殊な地方政府が設立されることもある（公立学校の運営を目的とする学校区［school district］など）。

第11章 憲法3 人権訴訟とアメリカ社会

前2章に引き続き本章でも憲法について議論するが、本章が焦点を当てるのは人権についてである。主要な問題群ごとに代表的な事件・判決を見ることで、(憲法) 訴訟に表れるアメリカ社会の特徴について考えたい。

I 人種差別と平等保護

❶………平等保護の理論枠組み

まず取り上げるのは人種差別の問題である。**第9章Ⅱ❷**で触れたように、南北戦争後に採択された第13～第15の3つの憲法修正により、奴隷制は廃止され、法の下の平等が宣言された。しかし実際には、黒人に従属的な立場を強いることは、社会的にも政治的・法的にも継続した。20世紀中盤にはその克服が重要な政治的・社会的課題となり、そこでは裁判所も重要な役割を果たした。そして人種間関係の再定義に関して提出されたパラダイムが、性差別など他の領域にも応用されるようになっていく。

人種差別の克服に際しての法的問題における焦点となったのが、第14修正の**平等保護条項**である。具体的な事件を見る前に、同条項の解釈適用における**審査基準**を整理しておこう。正確に言えば以下の枠組みがもともと存在していたわけではなく、むしろ一連の判例法により徐々に形成されていったのだが、先に概観しておくのがわかりやすいだろう。

平等保護に関する審査基準論では通例、(a) 要求される政府の利益ないし立法目的、および (b) 目的と手段との関連性の2要素で考え、双方の要素を満たすことが要求される。**厳格審査基準** (strict scrutiny) の下では、(a1) やむにやまれぬ利益のために、これと (b1) 密接に関連しまたは厳密に調整された手段でなければ違憲と判断される。他方、最も緩やかな**合理性基準** (rational basis test) においては、(a3) 正当な利益を促進するために、これと (b3) 合理的に関連した規制であれば許容される。さらにこれらの間に**中間審査基準** (intermediate scrutiny) というものも措定されており、そこでは (a2) 重要な政府利益を実現するための、これと (b2) 実質的に関連した手段であれば合憲となる (➔図表11-1)。

【図表11-1】

	ⓐ要求される政府の利益	ⓑ手段と目的との関連性
厳格審査基準	(a1) やむにやまれぬ利益	(b1) 密接な関連／厳密な調整
中間審査基準	(a2) 重要な利益	(b2) 実質的関連
合理性基準	(a3) 正当な利益	(b3) 合理的関連

ではいかなる場合にいずれの基準を適用するかであるが、現在の判例法では、**疑わしい分類** (suspect classification) が関わる場合 (その代表格は人種に基づくもの。➔Korematsu v. United States〈百選38〉)、または当該措置が**基本的権利** (fundamental rights) を制約するものである場合には、厳格審査基準が適用される。判例法上、①投票権、②裁判を受ける権利 (「司法へのアクセス (access to justice)」)、③移動・居住の自由、④家族形成に関連するもの、が基本的権利として認められている。他方、(連邦憲法との関係で) 基本的権利として認められていない重要なものとして、教育を受ける権利などがある。

中間審査基準の適用される主要な類型は性別に基づく分類が行われている場合である (➔Frontiero v. Richardson〈百選40〉)。厳格審査基準も中間審査基準も適用されない場合、政治部門の政策判断を尊重する合理性基準による司法審査が行われることとなる。

❷………人種差別の克服と公民権運動

さて、黒人に対する差別を克服しようとの政治的・社会的な動きには多様なものがあったが、有力なプレイヤーの1つとして有色人種地位向上全国協会(National Association for the Advancement of Colored People[NAACP])という黒人の政治的・社会的な地位向上を目的としたNPOがある。この団体（の下部組織の1つ）は、訴訟を使って社会改革を進めようと、長期的な戦略の下、1930年代頃から活動を本格化させた。

人種差別問題の解決に際して課題となったのが、人種隔離を許容する「分離すれども平等」法理（**→第9章Ⅱ❷**）をどう克服するかであった。NAACPは学校での人種別学の撤廃を目標とし、まずは南部における大学に焦点を定めた。そして、黒人用の学校がない、あるいは設立されていても白人向けの伝統校とは差異がある、といった事例などで「分離されて不平等」だとし、連邦最高裁での勝訴を積み重ねていった（Missouri *ex rel.* Gaines v. Canada; Sweatt v. Painter）。

高等教育における事案での勝利を積み重ねた上で、NAACPが満を持して持ち出したのが、当時南部を中心に広く行われていた、初等・中等教育を行う公立学校における**人種別学**の問題であった。これに対する連邦最高裁の回答が1954年の**ブラウン判決**（Brown v. Board of Education〈百選39〉）である。最高裁はまず、起草者意思に依拠した憲法解釈を避け、むしろ20世紀中葉という判決時点の状況に即して判断するとする。その上で、NAACPの提示した心理学等の研究に依拠し、人種によって別々の学校に通わせることがマイノリティ（黒人）の児童・生徒の心理・成長・発達に悪影響を与える、とした。人種別学それ自体が常に不平等に悪影響を与えるというのだから、「分離すれども平等」というのは初等・中等教育においては妥当せず、違憲だと判断した。さらに、1年後の関連判決で、公立学校における人種統合を進めるよう、裁判所のエクイティ上の権限（**→第6章Ⅲ❸**）に基づき命じるものとした。

ブラウン判決の判示それ自体は初等・中等教育の事情を強調した限定的な射程とも読めるものであるにもかかわらず、ウォーレン長官（当時）の執筆した全員一致の法廷意見は、「分離すれども平等」法理を廃し、人種差別の続く南部社会に対して、人種に基づく別異取扱いを許さないという連邦司法部の確固たるメッセージを発したものと受け止められた。実際、バス・公園・裁判所の傍聴席など、他の公共施設等における人種隔離を違憲とする事件が相次いだ。

他方、ブラウン事件で直接問題となった公立学校における人種統合についてはいささか曲折があった。南部は州知事ら公職者も一般市民も公然とこの判決を非難し、裁判所の命令に（時には暴力的に）抵抗した。だが、連邦司法部は態度を曲げず、大統領や連邦議会もそちらの側への支持を明確化するようになると、制度としての人種別学は徐々に解消していった。とはいえ、居住地域の違いによって事実上、白人ばかりの学校、マイノリティばかりの学校が生じてしまうことは続いており、現在でも教育政策上の重要課題の１つとなっている。

なお、これらは連邦憲法に基づいた連邦裁判所による判断である、という点にも注意を喚起したい。州の裁判所／裁判官は選挙で選出される例が多い（**→第２章Ⅲ❷**）など地域社会と近く、このような社会の反発を招く判断は下さない（下せない）であろうことは容易に想像できる。連邦と州との二本立ての統治構造があり、州とは別に連邦独自の裁判所機構が整備されていて、さらに連邦裁判官が身分保障に裏打ちされた強い独立性を享受していることが、人権問題の解決の糸口になったとも指摘できる。

ブラウン判決の法理論的な側面に目を向けてみよう。同判決は起草者意思を離れて現在の状況に即した解釈を打ち出したのだが、果たしてそのようなことが許されるのか、という問いが生まれる。社会の多数派の支持を受けている政治部門の政策を、選挙によって選出されているわけでもない（連邦）裁判所が違憲無効とすることをどう正当化するか、という問いである。ある学者はこの問いを「反多数派主義的困難」という形で定式化した。ブラウン判決は憲法史上、最も賞賛されている判決の１つであるが、その理論的正当化は未だに最終的な解答を得ておらず、議論が続いている。

また、ブラウン判決は、人種別学という市教育委員会の政策を、（違憲であるとして）訴訟によって変更させたものであった。このように、政治部門の採用している政策を変えるべく行われる訴訟を、**公共訴訟・制度改革訴訟**（public law litigation）などと呼ぶ。現在に至るまで、連邦・州・自治体あらゆるレベルの政府の政策決定・政策実行に対し、違憲であるなどとしてこれに異議を申し立ててその変更を求めるべく法廷闘争に持ち込むことは、政治的な左右を問わずアメリカでは日常の光景である。

ここまで述べた訴訟を通じて廃止されていった人種差別というのは、州や自治体といった公的組織によるものであった。憲法上の平等の主張に基づくものだからである。他方、ステート・アクションの理論（→第９章Ⅳ❷）により、私人による行為については憲法上の平等の主張は及ばない。

ところが、ブラウン判決と連続する時期に盛り上がった政治・社会運動である**公民権運動**（Civil Rights Movement）は、また違った帰結をもたらした。その主要な成果の１つとして、**1964 年公民権法**（Civil Rights Act of 1964）という連邦立法が成立している。同法はいくつかの領域において人種等に基づく差別・別異取扱いを禁じている。特に同第７編は労働関係における差別を禁じていて、労働法上の重要な規制となっており、従前単純労働に押し込まれていた有色人種の活動の幅を広げた。また、同法は性別に基づく差別も禁止しており、ウーマン・リブ運動が本格化すると、女性の社会進出をサポートすることになる。あるいは、「セクシュアル・ハラスメント（sexual harassment）」というのは日本でも既に日常用語となっているが、アメリカ法上は公民権法における性差別の禁止規定の解釈として確立した概念である。

ブラウン判決に代表される一連の動きから、人種的な差別は、法的にはもちろん、政治的・倫理的にも許容されない、という共通了解が確立した、と言ってよい。今や政治家などが人種差別的な発言をすれば辞職は免れ得ない。だが、「タテマエとしては」という留保を付さなければならないことも事実である。形式的平等が達成されたとしても、事実としての政治的・経済的・社会的格差はなかなかなくならないし、南部のみならず全米的に共通する問題でもある。むしろあからさまな差別ではないだけに根は深いかもしれない。

❸………アファーマティブ・アクション

このように、黒人をはじめとするマイノリティがマジョリティと平等な地位を有することが、一応、確認された。しかし、従前、経済的・社会的に従属的な地位に置かれてきたマイノリティが、一朝一夕にマジョリティと実質的に同等の社会生活を送ることができるようになる、というわけにはいかない。そこでさらに進んで、マイノリティを積極的に引き上げ、社会的に包摂していこうという動きが出てくることになる。その種の施策は「**アファーマティブ・アクション**（affirmative action）」と呼ばれる。例えば、企業と労働組合の間で、職場の技能訓練プログラムの参加者の半数を黒人にすると合意する、などといった例を挙げることができる。

しかし、このような施策を従前のマジョリティの側から眺めれば、自らに割り当てられる社会的リソースが減少しかねないことになる。このため、そうした政策は「逆差別」であるとして平等保護に反するとの主張が早くからなされた。だが、初期の代表的な事件である1978年のバッキ判決（Regents of the University of California v. Bakke）における連邦最高裁の回答は、意見が割れて法廷意見が構成されなかったこともあって曖昧なものであった。この事件では大学（メディカル・スクール）の入学者選抜において定員の一部を特定の人種のために留保する制度が問題となり、これが違憲となることは確認された。だが、決定票を投じたパウエル裁判官の意見は、より精妙な人種の考慮の余地を残すものであった。そこで、アファーマティブ・アクション・プログラムを維持したい大学等は、彼の意見に沿った形で制度を設計・運用していくこととなった。

だが、アファーマティブ・アクションに対する批判的な声は高まりこそすれ、静まることはなかった。カリフォルニアなど幾つかの州では州憲法の修正により、アファーマティブ・アクションを禁止するに至ったところもある。

連邦最高裁もまた、アファーマティブ・アクションに対して懐疑的な姿勢を示すようになった。こうした措置を採用する趣旨はマイノリティの社会への包摂・地位向上といった「善き」目的である以上、これを平等条項に照らして合憲性を審査する場合でも、より緩やかな審査基準を採用すべき、と主張されることがある。だが最高裁の多数派はそのような議論を退け、目的がどのようなものであれ、政府が人種に基づいて政策を実施している以上、疑わしい分類が行われていることに違いはないとして、アファーマティブ・アクションに対しても厳格審査基準を適用するとしている（City of Richmond v. J. A. Croson Co.; Adarand Constructors, Inc. v. Peña）。

さらに踏み込めば、このことは、「平等」というコンセプトの内実をどのように構想するかをめぐる対抗関係を反映している。アファーマティブ・アクションに親和的でこれを積極的に推進したいリベラル派は、特定のカテゴリの人々を社会的に従属的な立場に置くことの否定を平等保護の中核として理解し、マイノリティを社会的に包摂することを推進し、多様性を価値あるものとして称揚する。他方、アファーマティブ・アクションに否定的・批判的な保守派は、政府が人種に基づいて人々を分類しないこと、「肌の色を考慮しない（color-blind）」ことこそを平等保護の要請として把握する。そして、現在においては後者のアプローチが優勢だと評価できる。

アファーマティブ・アクションに関する判例法の一応の妥協点を示すのが、2003年の同日に下されたミシガン大学の入学者選抜手続における人種の考慮をめぐる2つの事件（Grutter v. Bollinger〈百選41〉; Gratz v. Bollinger）である。一方ではロー・スクールの手続を合憲とし、他方で学部の手続を違憲判断した。大学の学生集団における多様性の確保をやむにやまれぬ利益として認定した上で、前者の手続においては、多様な要素の1つとして人種を考慮しており、それが決定的な事情にはなっていないのに対し、後者においては志願者の人種を点数化して取り扱い、これが合否の判断にかなり重大な影響を及ぼす結果になっているとして、実施手段の評価の差が異なった結論を導くこととなった。

かくして、アファーマティブ・アクションに対する批判的な声が強まりつつも、人種を決定的要素としない形での措置が一応、許容されている。だが、アファーマティブ・アクションに対する批判的な見解はますます強まっている。この種の施策が本当にマイノリティの地位向上に寄与しているか疑問を呈する意見もあり、その将来は予断を許さない。

Ⅱ 政治過程と憲法

アメリカは、その成立当初から君主を持たない共和制の国であり、現存する共和政体としては最も長期間継続しているものの1つである。その政体の大枠は合衆国憲法が定めている一方で、具体的な制度設計については立法や州に委ねている部分も少なくない（第1編4節1項参照）。そしてその適切さはその都度、訴訟等でも争われてきた。

❶………投票権の確保

実は、合衆国憲法に投票権（選挙権）それ自体を積極的に保障した規定はない。しかし、その重要性は認識されており、歴史の節目ごとにその拡大が求められてきた。

19世紀前半まで、黒人の政治参加は認められていなかった。南北戦争の帰結として奴隷制が廃止され、第15修正が人種や肌の色等によって投票権を差別してはならないことを規定して（**→第9章Ⅱ❷**）、黒人にも政治参加の道が開かれた。実際、黒人の市長が誕生するなどしたものの、再建時代が終わると南部は急速に白人主導社会に戻る。第15修正にもかかわらず、黒人から実質的に投票権を剥奪するジム・クロウ法が南部を中心に採択された。人頭税（一人当たり一定額が課される税。低所得者に不利に働く）の支払いや読み書きテストの合格を投票権行使の要件とする一方、これをクリアできない白人については除外規定を設けるなどし、中立的な形式だが事実上黒人を狙い撃ちにしてその投票権行使を妨げた。

公民権運動の重要な課題の1つが、このような黒人の投票権行使に対する障害の除去であった。1964年に成立した第24修正は、人頭税その他の税の支払いを連邦の選挙における投票の要件とすることを禁じた。また、**1965年投票権法**（Voting Rights Act of 1965）という連邦立法は、人種・肌の色・言語によって投票権を差別したり、差別的な効果を有する選挙制度を採用することを禁じている。加えて同法は、当時黒人の投票率の低かった南部地域等について、選挙制度を変更する際には原則として連邦司法省の許可を求めることとして、改悪を予防する制度を導入し、黒人の投票率は大きく向上した（ただし、2013年の判決（Shelby County v. Holder）の結果、この事前許可制度は現在停止している）。

女性もまた、長く政治の場からは遠ざけられていたが、奴隷解放運動を受けて盛り上がった第一波フェミニズム運動の成果として、1920年に成立した第19修正が性別に基づく投票権差別を禁じ、女性参政権の道を開いた。さらに、第26修正（1971年成立）は18歳以上の投票権を保障している。

❷………一票の格差とゲリマンダー

連邦・州いずれのレベルでも、アメリカの選挙は1つの選挙区から1人だけを選出する小選挙区制が基本形である。連邦議会の下院議員は10年に1回行われるセンサスに基づいて各州に人口比例で配分されるが、各州はさらに各議員を選出する選挙区割りを行うことになる。

ところで、選挙区によって有権者数に差異があるとすれば、少ない有権者しかいない選挙区の一票は、有権者の多い選挙区と比べて大きな影響力・投票価値を有することになる。日本でも問題となる「一票の格差」問題である。

この点はアメリカでも裁判所に持ち込まれたが、政治部門の判断に委ねるべき政治問題（political question）であるとして、20世紀の中盤まで司法部は介入を差し控えていた。しかし、1962年のベイカー判決（Baker v. Carr）で態度を改め、選挙区割りの問題の司法判断適合性を認めた。さらに2年後のレイノルズ判決（Reynolds v. Sims〈百選5〉）において、投票権が基本的権利に該当するとして平等保護条項の下で厳格審査に服するとし、**一人一票**（one-person, one-vote）**原則**が確立された。

これを受けて、各地の選挙区割りの不平等に裁判所がメスを入れていった。特に、連邦議会下院議員の選挙については、厳密な投票価値の平等が求められた。州レベルの選挙についてはそれよりはやや緩やかであるが、やはり実質的な一人一票を実現するような選挙区割りが求められる（なお、連邦議会の上院議員については憲法上、各州2名と固定されていることから、州間の人口格差は問題とされない）。

投票価値の不平等を裁判所が認定すると、選挙区割りを担当する機関は改めて平等な区割りをやり直すよう命じられることになる。興味深いのは、そのような是正策が提出されなかったり間に合わなかった際に、裁判所自らが選挙区割りを行うことすらあることである。日本の裁判所に比して、エクイティに基づく強力な救済権限を有するアメリカの裁判所の面目躍如たるところである（→**第6章Ⅲ❸**）。

また別の弊害として、特定の政治家を当選させることを狙って、その支持層を囲い込み、反対層を排除したり分断したりするように選挙区割りが行われることがある。これが度を過ぎて、地理的に不自然な形状の選挙区となってしまうことは、これをあからさまに行った19世紀前半の政治家にちなんで**ゲリマンダー**（gerrymander）と呼ばれている。

ゲリマンダーが、人種的マイノリティの投票価値を薄めるような形で行われる場合には、平等保護条項および1965年投票権法上の規制の対象となる。のみならず、人種的マイノリティの投票価値を上げる（マイノリティが当選しやすくなる）ようなゲリマンダーについても、平等保護条項上、問題とされることがある。他方、（人種の問題とは別の）政治的ゲリマンダー一般について、連邦最高裁は2019年の判決において、適切な法的解決策を案出することができないとして、政治問題に属し司法部の問題として取り上げない、とした（Rucho v. Common Cause）。

❸………言論の自由と政治資金規正

⑴ **民主政の基礎としての言論・出版の自由**　たとえ投票権が保障されたとしても、有権者が適切な判断を行える環境にないのであれば民主政は機能しない。有権者に判断のための情報を提供するという意味で、第1修正の保障する**言論・出版の自由**（freedom of speech; freedom of the press）は適切な政治過程の確保にも関わることになる。言論の自由については次節でも議論するが、民主政の基盤を確保するというその側面は理論上も判例上も重視されており、政策的課題や公共的価値をめぐる情報伝達・討議・意見表明に対して政府が規制を及ぼそうとすると、裁判所は極めて厳格な姿勢で臨む。

例えば、ペンタゴン・ペーパーズ事件（New York Times Co. v. United States〈百選 31〉）では、ベトナム戦争の最中にその経緯について政府内で検討されていた資料を新聞社が入手し記事化しようとしたのを政府が差し止めようとしたが、連邦最高裁は否定した。政府は国家の安全が揺らぐと主張したものの、その立証に成功していないと司法は判断した。あるいは、多くの州で州裁判官は選挙によって選出されているが（**→第2章Ⅲ❷⑴**）、その際に将来法廷に持ち込まれるかもしれない法律上の論点について候補者が見解を表明することを禁じることが、有権者から判断材料を奪うとして違憲と判断された事例もある（Republican Party of Minnesota v. White）。

⑵ **政治資金規正**　だが、この民主政の基礎としての言論の自由という考え方が（少なくとも日本の感覚からすると）奇妙な形で表出することがあるのも事実である。その端的な例が、政治資金規正をめぐる動向である。古今東西、政治とカネの関係は切っても切り離せないが、アメリカも例外ではない。カネによって政治的果実を買うことは腐敗・汚職に他ならないし、政治過程を直接に歪めるのではないとしてもその外観を呈することは有権者および国民一般の政治に対する信頼を崩すことになる。したがって、そうしたことを避けるために、政治資金を規正することが試みられることになる。

この問題についてアメリカ法に特徴的なのは、政治過程において「カネを出す」ということが言論の自由の問題として取り扱われていることである。日本の感覚からすれば政治的見解の伝達と金銭的支出とは別次元の問題のように思えるが、アメリカではそのようには位置付けられていない（とはいえ、候補者や政党がお金をどのように使うかと言えば、典型的にはテレビや新聞の広告の形で自らの見解を掲載するためであり、そう考えると確かに言論の自由に関連しているようにも思える）。そして、そのように理解された言論の自由によって、政治資金規正の限界が画されることになる。

この点についての判例法の基礎を提供しているのが、1976年のバックレー対ヴァレオ判決（Buckley v. Valeo）である。その特徴は、候補者や政党に対する寄付（政治献金）と、候補者や政党による支出とを分けることである。そして、前者について1人当たりの寄付金額に上限を設けることは、間接的な規制であるし、むしろ幅広く支持を集めるよう努力することを促進することになるから合憲と判断された。他方、候補者が自らの主張を広めるための支出や、第三者が特定の候補者の支持を表明するための支出を制限することは違憲とした。また、この判決では法人や団体による支出の規正については合憲とされていたが、その後の判例で修正され、特に2010年の判決では、営利法人（会社）による支出を規正することを違憲と判断し、企業等が政治過程にカネを流すことを実質的に解禁して議論を呼んでいる（Citizens United v. FEC〈百選35〉）。

Ⅲ　言論の自由

❶………言論の自由の基底性

言論・表現の自由の意義は、狭義の民主政の基盤確保にとどまらない。個人の自己実現、人々が多様な価値観を持ちつつ対話の場を確保すること、それを通じた真理の発見（「思想の自由市場」）といった、様々なものを挙げることができる。先験的に何が正しいかわからないからこそ、それを追究する場を確保・維持することが重要だと考えるのが言論の自由を特に重視するアメリカ法（およびアメリカ社会一般）の態度である。したがって、政府による言論規制も全く認められないものではないが、裁判所は厳格審査基準をもって審査を加えるのが原則である。

そもそも、言論の自由の保護対象は狭い意味での発話や文章表現に限られない。例えば、国旗（星条旗）を焼却・破損することについて、一定のメッセージ（例えば反戦）を伝達するものであり、これに刑事罰を科すのは違憲だとされている（Texas v. Johnson; United States v. Eichman）。

この例もそうであるが、主張内容に着目して規制が加えられる場合、その内容は国民（アメリカ人）一般にとってショッキングな、さらには嫌悪感をもよおすようなものであることも少なくない。だが、少数派の意見を尊重しないことには常識を疑うことはできない。裁判所はそういう表現にすら（あるいはだからこそ）言論の自由の保護を及ぼしている。

例えば嘘。勲章の受章の詐称について制裁を科す連邦法を、最高裁は違憲と判断している（United States v. Alvarez）。虚偽表現一般について語っているわけではないものの、世の中には優しい嘘もあるというのである。また、戦地で死亡した兵士の葬儀に押しかけて国の政策の批判を展開した活動家を、精神的平穏を害すと遺族が訴えた事例では、公道における公共的関心の対象となる事項についての主張であってやはり保護対象となるとされた（Snyder v. Phelps）。あるいは、ユダヤ人の多く住む町でネオナチがデモ行進しようとしたのを下級審が差し止めたのに対し、連邦最高裁は言論の自由を奪うものだとしている（National Socialist Party of America v. Village of Skokie）。

❷………言論の自由の例外

とはいえ、判例法上いくつかの類型の表現が言論の自由の保護の対象外とされ、あるいはより緩やかな審査基準が適用されている。しかし同時に、これらの例外類型は限定的に解され、それぞれ制限的ルールを伴っていて、例外が原則を飲み込まないようにされている。

古典的な例として、政府の転覆といった違法行為を唱道することの禁止を挙げることができる。しかしこの場合も、そのような脅威は「**明白かつ現在の危険**（clear and present danger）」を伴うものでなければならず（Schenck v. United States〈百選30〉）、平和的な抗議活動などは保護される。

あるいは暴力を引き起こすような挑発的言辞（fighting words）や脅迫そのものも保護対象外となる。これと隣接する問題領域であるヘイト・スピーチ（hate speech）については、アメリカでは人種等の問題が深刻なこともあってしばしば問題となるが、裁判所は規制に消極的なことが多い。猥褻（obscenity）表現もまた保護の対象外とされるが、猥褻性は限定的に解されており、そこまで及ばない性的表現については言論の自由の保護対象となる（Miller v. California〈百選32〉）。

名誉毀損等、言論活動が民事上の不法行為を構成すると主張される場合も、言論の自由に照らして要件が加重され、あるいはその成立は限定されるべきだとされる。1964年の著名なニューヨーク・タイムズ社対サリヴァン判決（New York Times Co. v. Sullivan〈百選34〉）で連邦最高裁は、当該言論中で摘示された事実が虚偽であることについての「現実の悪意（actual malice）」が示されない限り、名誉毀損の成立は否定されるとした。報道機関等による報道がプライバシーを侵害するとの主張も、まず認められない。

このように、言論の自由の例外に当たるとされると多様な規制が可能となる。しかし、こうした例外カテゴリを拡張しようとの主張に対し、近年の最高裁は消極的である。例えば、暴力的ゲームにカリフォルニア州が規制を加えようとした事件（Brown v. Entertainment Merchants Ass'n）では、ビデオゲームを例外とする主張に与せず、規制自体も違憲と判断している。

また、ビジネスもその商品を届けようと、宣伝や広告、パッケージといった形で情報を提供する。現在の連邦最高裁はそのような商業的言論（commercial speech）も言論の自由の保護対象だとしている。他方で、詐欺的ビジネスを抑止したり、製品の品質・安全性の確保のために情報を提供させるといった政府による規制の需要も小さくないことから、やや緩やかな中間審査基準が適用されるとするのが判例法である（Central Hudson Gas & Electric Corp. v. Public Service Commission）。もっとも、21世紀に入ってからの最高裁は、商業的言論に対する審査を厳格化、すなわち規制の余地を狭め、結果的にビジネス側のフリーハンドを広げている、とも指摘されている。

❸………内容中立規制

表現内容に踏み込まず、もっぱら表現の時間・場所・態様についての規制にとどまる場合、中間審査基準が適用される。すなわち、重要な目的のための規制であり、他に当該主張を伝える十分な回路が確保されていれば、合憲と判断される。もっとも、時間・場所・態様についての規制であっても、表現内容によって取扱いを違えていたり、規制当局者に過度の裁量が与えられている場合には、内容に基づく規制に準じて取り扱われることになる。

表現場所の規制に関連して、**パブリック・フォーラム**（public forum）という概念が知られている。これは、道路・公園など、伝統的に一般に開かれた公有地においては、言論の自由が全面的に保障される、という考え方である。特定の公共施設を表現のために開放した場合も同様である。

Ⅳ　宗教社会としてのアメリカと宗教条項

イギリスを離れて北米大陸に入植した人の中には、本国で宗教的な少数派であった人々も少なくなく、アメリカでは独立期から多様な宗派が並立していた。それらは主としてプロテスタント系のキリスト教諸宗派であったが、世界各地から様々な移民を受け入れるにつれ、カトリックやユダヤ教、最近ではイスラーム等、さらに多様な宗教・宗派がアメリカに持ち込まれた。先住民の信仰も忘れてはならない。近代化の進行に伴い社会の世俗化は進んだが、現在でもアメリカは先進国の中で最も宗教的な人々の多い国である。

当初から宗教の問題は重大な関心事項であったことから、合衆国憲法の第1修正にも、**国教樹立の禁止**（Establishment Clause）および**宗教活動の自由**を定めた条項（Free Exercise Clause）が置かれた。権利章典の他の条項と同様、これらは連邦政府による宗教問題への介入を避ける趣旨で採択されたものだった。だが、20世紀に入って編入理論が確立すると（**→第9章Ⅳ❶**）、州や地方自治体による施策についてもこれらの条項の対象と考えられるようになった。

❶………国教樹立禁止の意義

繰り返しになるが、国教樹立禁止条項の元来の趣旨は、連邦政府が公定宗教を定めることを禁じることにあった。実際、独立期には多くの州が公定宗教を定めていた（とはいえ、19世紀の前半までに州レベルでもすべてで公定宗教が廃止されたことには注意を要する）。

それでは編入理論によって州に対してもこの条項が適用される趣旨はどのようなものか。読者の中には本書が「政教分離」という言葉遣いをしていないことに気付いている方もいるかもしれない。アメリカ流の宗教とのつきあい方は、政治過程・公共空間から宗教的要素を排除しようとする（例えば現代フランスで採られているような）ものではない。むしろ、政府が複数の宗教・宗派の間で中立性を維持するとともに、宗教と非宗教との間でも中立性を確保することが、国教樹立禁止条項の趣旨とされる。

具体的な事案の処理との関係では、**レモン・テスト**（Lemon test）と呼ばれる審査基準がよく知られている（Lemon v. Kurtzman〈百選27〉）。①立法目的が世俗的、②主要な効果が宗教の促進でも抑圧でもない、③政府による宗教との過度の関わり合いをもたらさない、という3つの要素が揃って、政府による施策は合憲と判断される（これが変形されて日本に持ち込まれ、目的・効果基準となった）。だが、レモン・テストは政治と宗教との厳格な分離を指向する審査基準でもあり、最高裁内部も含め根強い批判に晒されてきている。政府の施策が特定の宗教の是認・促進あるいは非難に当たらなければ差し支えないとするテスト（endorsement test）や、宗教的要素を伴う施策が法的強制を伴わなければ問題ないとする（coercion test）など、他の基準が提出されることもあるし、そもそも審査基準を明示せずに当該事件の事案に沈潜して判断されることも稀ではない。統一的な審査基準に達することができていないこと自体、この問題の複雑さを示しているとも言えよう。

❷………教育と国教樹立禁止

(1) 教育への助成　国教樹立禁止条項が問題となった事例を見ると、教育に関連するものが1つのグループを形成している。まず問題となる事案類型は、私立学校（しばしば宗教系である）への財政援助プログラムをめぐるものである。

比較的早い段階では、とりわけ学校に対して直接支援する場合には違憲と判断される例が目立つ。特にレモン・テストの③過度の関わり合い要素を満たさないとされた。だが、時代が下るにつれて最高裁の態度は許容的になっているようにも思われる。政府による施策が宗教中立的であり、また生徒とその親による私的な選択が介在していることを指摘して、バウチャー制度（授業料相当のクーポンを生徒に配布して学校を選択させる制度）の助成対象に宗教系私学を含んでいても差し支えないとした2002年の事件（Zelman v. Simmons-Harris）などはその到達点と言える。

(2) 教育の内容　他方、公立学校における広い意味での教育の内容・コンテンツ、特に初等・中等教育についてのものは、宗教性を帯びることに対して最高裁は厳格な態度を維持している。教室において十戒を掲示することを違憲とした事例（Stone v. Graham）などは、次項の例と対比してそのことを端的に表している。宗教教育や聖書教育を公立学校で行うこと、（キリスト教的な）祈祷を授業の中で行うことは早い段階から違憲と判断されている（Engel v. Vitale; School District of Abington Township v. Schempp）。生徒に任意的に祈祷をさせるために黙想の時間を設けることや、卒業式・スポーツの試合といった課外活動での祈祷も違憲と評価されている

（Wallace v. Jaffree; Lee v. Weisman; Santa Fe Independent School District v. Doe）。

また、進化論を教育することを禁止する州法や、創世論（神が世界を創造したとする説）を教育することを義務付ける州法も、やはり違憲と判断されている（Epperson v. Arkansas; Edwards v. Aguillard）。

とはいえ、多数派の一般的アメリカ人にとって宗教的であること・信仰心に篤いことは道徳的であることと同義である。公教育における宗教性に対して警戒的な最高裁の態度は、彼らを苛立たせたり困惑させたりするものであることも確かである（なお、私立学校においては宗教教育を含め特に問題を生じない。だからこそ前項の公的助成が争点となる）。

❸………学校以外における慣行

それでは学校という場以外での政府と宗教との関わり合いについてはどうか。この種の事件では、当該施策に宗教的要素・起源があるとしても、世俗的なものとして定着していると評価できる場合には、最高裁も許容する事例が目立つ。商店に日曜日の休業を命じる州法を合憲とした判決（McGowan v. Maryland）などは端的な例であろう。市役所のような公共施設にクリスマスの飾りを設けることも、もはや世俗的な行事になっているとして合憲とした例がある（Lynch v. Donnelly; County of Allegheny v. ACLU）。

あるいは、宗教的な意義を持つ（持ち得る）モニュメントが公有地上に存する場合も、世俗的な目的を認定できるとともに、長期間紛争となっていなかったというような事例では、許容する傾向にあるように思われる。道徳の称揚を目的とした十戒のモニュメント、戦没者追悼のための十字架などが許容されている（Van Orden v. Perry〈百選 28〉; American Legion v. American Humanist Ass'n）。もっとも、そのようなモニュメントを新たに設置するとなると裁判所の態度はより厳しくなるだろう（McCreary County v. ACLU of Kentucky）。

宗教性をどうしても否定できないような施策についてであっても、それが極めて長期間継続している場合には、やはり違憲とはされていない。議会開会の際の祈祷について、連邦議会が第1議会以来そのようなことを行っていることも参照しつつ、合憲とされている（Marsh v. Chambers; Town of Greece v. Galloway）（もっともそのような場合でも、現在では特定の宗派に偏らないように配慮されるのが通例のようである）。

❹………宗教活動の自由

第1修正にはもう1つ、宗教活動の自由を保障する条項がある。その第一の機能は、信仰それ自体を強制したり、信仰告白を求めたりする状況におけるものであり、これらが違憲と評価されることに異論はない。実際に紛争となる事例は、宗教的な行為・行動を政府が規制するという局面である。

宗教的行為それ自体をターゲットとして規制する場合には、厳格に評価される。例えば、動物を犠牲に捧げることを禁じる条例が問題となった事件では、そのような儀式を行う宗派の存在を認識して採択された以上、厳格審査基準を適用するとされ、結論としても違憲とされた（Church of the Lukumi Babalu Aye, Inc. v. City of Hialeah）。

他方、政府による規制そのものは中立的なものであるが、それが結果として宗教的行為を制約する場合についてはどうか。かつてはこのような場合も厳格審査基準を適用するとされていた。だが、1990年のスミス判決（Employment Division v. Smith〈百選29〉）は、宗教上の儀式で幻覚効果を持つ植物を摂取したという理由で解雇された労働者が失業保険給付を拒絶された事案で、宗教をターゲットとしない中立的規制が結果的に宗教的行為を制約したとしても、宗教活動の侵害には当たらない、との立場を打ち出した。宗教に冷淡にも見える最高裁の態度に驚いた連邦議会は、93年に**宗教の自由回復法**（Religious Freedom Restoration Act）という連邦法を制定し、厳格審査に相当する保護を制定法の形で提供することとした。

V　セクシュアリティと身体
——実体的デュー・プロセスの復活

❶………“Privacy” と妊娠中絶

第９章Ⅲで、合衆国憲法の第５修正と第 14 修正の２箇所にあるデュー・プロセス条項は単なる手続保障のみならず、一定の実体的な権利をも保障する、と解釈されることがあり、ロクナー時代には社会経済立法に対する合憲性審査の根拠として援用された、と述べた。しかし、資本主義経済の展開と行政国家化の進展によりこのような解釈は維持できなくなり、1930 年代後半の後期ニュー・ディール期にそうした立場は放棄された、と。

だが、20 世紀の後半に入ると、また別の主題との関係でデュー・プロセス条項による実体的権利の保障が追求されるようになる。このときに焦点となったのが、個人の身体、特に性（sexuality）に関わる問題群である。その嚆矢となった 1965 年のグリズウォルド判決（Griswold v. Connecticut）は、州による避妊具の使用の禁止を privacy を侵害するものとして違憲判断した。ここでの “privacy” は日本語の「プライバシー」というよりも、「自己決定権」のニュアンスに近い。

この問題系で特に争われる話題が、人工妊娠中絶についてである。テキサス州が妊娠中絶を刑事的に禁止していることが争われたのが 1973 年のロゥ判決（Roe v. Wade〈百選 47〉）である。この判決では、“privacy” を改めてデュー・プロセス条項上の「自由」の一環として位置付けた上で、これに女性が中絶を受けるかどうかを選択する権利が含まれ、この事件の州法はその侵害であるとして違憲と判断した。実体的デュー・プロセスの法理の復活である。

しかしこのことは、妊娠中絶の自由化を必ずしも意味しなかった。キリスト教道徳などを背景にロゥ判決に反発する社会的な保守派は、「生命尊重（pro-life）」派として、これを批判する政治・社会運動を展開していった。他方、女性の権利擁護団体などロゥ判決に賛成する立場は「女性の選択尊重（pro-choice）」派として連係していく。中絶をめぐる対抗関係は、他の社会的価値をめぐる論争とも呼応しつつ、アメリカの政治・社会を二分する争点として現在まで続いている。

そしてこのことは、単に妊娠中絶に限定されない争点へも波及していった。憲法理論のレベルでは、ロゥ判決およびその実体的デュー・プロセスの法理をいかに批判するかあるいは擁護するかの理論構築が試みられた。特に批判論は、憲法解釈において、憲法テクスト採択時の意味・理解に決定的な重要性を見出す**原意主義**（originalism）の議論として整備されていく。また、ロゥ判決を初めとする**司法積極主義**（judicial activism）的なリベラルな判決群への反発は、連邦裁判官の人事に対する政治の場における関心の高まりにもつながっていった。保守層を再編して1980年に当選したレーガン大統領は、保守的な人物を裁判官に任命することを明言し、実際にそうした。

最高裁が保守的な方向へ振れ、ひょっとするとロゥ判決が覆るかもしれないとの憶測もある中で下されたのが1992年の**ケイシィ判決**（Planned Parenthood of Southeastern Pennsylvania v. Casey〈百選48〉）である。レーガン以降に任命された3裁判官が中心となった判断は、しかしながらロゥ判決の中核部分を維持し、女性が妊娠中絶を受ける権利を有するということを確認するものとなった。だが、具体的な審査基準についてはロゥ判決の枠組みを放棄し、女性の選択に対して「**不当な負担**（undue burden）」を課すかという基準を導入して、実際にこの事件で争われた規制についても少なからず合憲と結論付けた。

妊娠中絶を受ける権利が憲法上の権利であるとの解釈は現在も維持されているが、実際の規制の余地は少なからず認められている。母体の生命・健康を危険にさらす場合にまで中絶を禁止することはほぼ間違いなく違憲の判断となるが、そうでない場合の帰趨は明らかではない。そして、保守派が政治的主導権を握る州は、判例法の限界に挑戦し、あわよくばロゥ判決の判例変更を狙うかのように、妊娠中絶に対する規制立法を採用していく。ロゥ判決の将来は予断を許さない。

なお、実体的デュー・プロセス論に基づく“privacy”の問題は、人工妊娠中絶に尽きるものではない。家族の形成・維持に関する事項をprivacyとして保護する一連の判例法があり、例えば祖母と孫が同居できなくなる効果を持つ条例を違憲とした例（Moore v. City of East Cleveland）などがある。身体に関する究極の決定は死ぬことだが、自殺幇助を禁止する州法については合憲とされている（Washington v. Glucksberg〈百選49〉）。

❷………性的マイノリティをめぐって

この関係で現在アメリカで――そして世界的にも――最もホットに議論されているのが、同性愛者ら性的マイノリティの権利をめぐる問題である。

同性愛者の権利（gay rights）を求める動きは当初、逆風を経験したものの、同性愛者に保護を与えることを禁ずるコロラド州憲法の修正を違憲と判断した1996年の事件（Romer v. Evans）を経て、21世紀に入ると風向きが変わる。2003年のローレンス判決（Lawrence v. Texas〈百選50〉）は、私的領域における成人の同性間の合意ある性行為に刑罰を科すことは実体的デュー・プロセスを侵害するとした。

憲法論のみならず、連邦・州の双方の立法・行政においても、同性愛者（を公言する人々）を異性愛者等と同等に取り扱うよう要求する施策が採択されるようになった。差別禁止法やヘイト・クライム法の保護対象として同性愛者を含める例は多く見られる。また、軍隊における同性愛者やトランスジェンダーの構成員の処遇の改善も進められた。

そうした運動の中で最大とも言ってよい争点が、同性カップルが婚姻関係に入ることができるかについてである。家族法は州法の規律する領域であるが、州によっては婚姻とパラレルの同性カップルの法律関係を、だが「婚姻（marriage）」ではなく“civil union”や“domestic partnership”といった名称の下で認めるところが出てきた。さらに、2003年にマサチューセッツ州最高裁が同性カップル間の婚姻関係を認めないことを州憲法上の平等保護条項に反するとしたこと（Goodridge v. Department of Public Health）を皮切りに、立法や州民投票、州司法部の判断を通じて、同性婚を認める州が漸増していく。もっとも、少なくない州では逆に、同性婚を認めないとする州憲法修正等が行われた。

同性婚をなかなか認めない州レベルの動向に対し、連邦司法部での裁判闘争も本格化した。婚姻に言及している連邦法上の規定について、これを異性間のものに限ると定義する連邦立法を違憲とした2013年の最高裁判決（United States v. Windsor）を受けて、改めて「婚姻の平等」を求める訴訟がアメリカ各地で提起され、下級裁判所は次々と同性婚推進派の主張を認めていった。そして、連邦最高裁でも15年、実体的デュー・プロセスに基づく「婚姻する権利（right to marry）」を強調し、同性カップルに婚姻関係に入ることを認めないのはこの権利を侵害するとして、同性婚推進派の全面勝利と言える判断に至っている（Obergefell v. Hodges）。

COLUMN22

連邦裁判官人事をめぐる争い

ここまで見てきた通り、アメリカでは多様な問題が裁判所に持ち込まれて、その是非が争われている。特に本章でフォーカスを当てた憲法訴訟は、いったん連邦最高裁がある憲法解釈を打ち出すと、最高裁自身が態度を修正しない限り、これを覆す回路は憲法修正しかない。しかし、硬性憲法である合衆国憲法の修正は至難の業である（第5編参照）。

こうしたことから、政治の場においても、そのような裁判所を構成する裁判官に注目が集まることとなり、その人事が政治的な関心対象と争点となっている。前述の通り、レーガン大統領は人工妊娠中絶に関するロゥ判決等に対する保守層の不満を背景として、意識的に保守的な法律家を連邦裁判官に任命していった。

連邦裁判所の裁判官は、大統領が指名し、連邦議会上院の承認を得た上で任命する（→第10章Ⅳ❶）。特に、影響力が大きい一方で数年に一度しか起こらない連邦最高裁裁判官の人事は、大統領自身にとっても極めて大きな関心事項であるとともに、政治的・社会的にも多大なる注目が集まる。連邦議会上院の多数派が大統領と異なる党派の場合には、両者の間に緊張感を伴った駆け引きが繰り広げられることとなる。

現代における党派対立の走りとしてしばしば想起されるのが1987年のボークの事例である。この極めて保守的な人物が最高裁裁判官候補として指名されると、当時上院の多数派であった民主党を中心に反対運動が巻き起こり、上院本会議での採決が強行されたものの承認は否決された。

こうした経験に学んだのか、その後の最高裁裁判官の選任は比較的穏当に進んでいる。あまりに党派的な人物や物議を醸すような経歴・記録を持つ人物は避ける、上院公聴会等でも（妊娠中絶のような）論争的な話題について旗幟を鮮明にすることは避け、抽象的で穏当な回答に徹する、といった具合である。

連邦裁判官人事をめぐる党派対立は、直近では2016年にピークに達した。この年の2月、保守派の重鎮であったスカリア最高裁裁判官が急逝し、民主党のオバマ大統領が後任候補を指名する機会を得ることになった。リベラルな人物が後任となると最高裁のイデオロギー・バランスはリベラル寄りに大きく傾くこととが見込まれたことから、共和党の主要な政治家は、この年の秋の選挙によって人民の付託を受けた新大統領が後任を指名すべきだ、との主張を展開した。オバマは後任候補を指名したものの、共和党が多数派を占める議会上院はこの案件を完全に棚晒しにした。秋の選挙では結局、共和党は大統領職のみならず議会上院の過半数をも確保した。選出されたトランプ大統領は2017年1月に就任すると早速、保守的な人物であるゴーサッチを指名し、上院の手続を経て4月に任命された。

さらに2018年には、中間派としてキャスティング・ボートを握っていたケネディ裁判官が最高裁からの引退を発表した。トランプ大統領は早速、後任候補を指名し、今回は大統領と上院多数派の党派が一致していてスムーズな審議が見込まれた。だが、審議終盤に学生時代のセクハラ疑惑が取り沙汰され、最終的に承認には漕ぎ着けたものの、上院での票差は歴史的な僅差であった。

こうした事例が積み重なっていくと、「大統領と上院多数派の党派が異なる場合には連邦裁判官人事はまず不可能」ということが事実上、確立することになる。そうなると、大統領と議会上院の党派が異なる時期には、双方を将来確保することを期待して裁判官ポストを空席のままにし、両者をともに獲得したら一気に人事を進める、という対応をせざるを得ない。この間の上院での審議手続の変更も相俟って、反対党に配慮して穏健な候補を指名するインセンティブはほぼなくなり、候補者はますますイデオロギー的に先鋭化していくことになろう。

かくして連邦司法部もまた、党派対立の渦中にある。だが思い起こせばマーベリ判決もまた、政治的な党派対立から生じて、司法部による違憲審査制の世界的な先駆けとなったのであった（**→第9章Ⅰ❸**）。生々しい政治対立と、理性的な討議を追究する裁判過程。これらの相互作用によって日々躍動していく動態こそが、アメリカ法の魅力と醍醐味である。

第12章 刑事事件の流れ

I　刑事実体法、陪審などの基本的枠組み

本章では、刑事司法の制度的枠組みと運用を概観する。Iにおいて、刑事実体法、陪審審理の保障などの基本的な説明をした上で、刑事裁判の実態面について説明する。その後IIでは、刑事手続の流れについて被疑者・被告人の手続保障に重点をおいて説明する。その際できるだけ運用実態が表れるような叙述を心がける。最後のIIIでは、刑事司法の担い手について簡単に触れる。

❶………重罪と軽罪

英米法の伝統においては、犯罪を**重罪**（felony：フェロニー）と**軽罪**（misdemeanor：ミスディミーナ）に分けてきた。元来中世封建制の義務との関係で、土地や財産を没収される犯罪を felony と呼んできたが、その後当時の中心の刑罰であった死刑との関連性のほうが強くなった。つまり、重罪なら死刑、軽罪なら死刑にはならないという区分けが重要となった。

アメリカにおいて最も影響力を及ぼしたのは、19 世紀初めのニューヨーク州刑法であった。そこでは死刑もしくは州刑務所での拘禁刑が科されるものを重罪とした。合衆国では、刑務所の発展を契機として更生が刑罰の主目的となったことが影響し、通常更生プログラムを持たない**ジェイル**

（拘置所［jail］。軽刑務所と訳されることもあるが、一般的には、未決囚、処遇決定前の既決囚および軽罪犯を収容）では1年以内の拘禁に限られ、これもまた重罪・軽罪の区分に影響した。最終的には20世紀初頭の連邦法や1962年の模範刑法典の定義に従い、現在の重罪は、有罪となった場合に1年を超える拘禁刑が科される可能性があるものを指し、軽罪は1年以内の拘禁刑となるものとされている。

重罪と軽罪（より正確には、重大な犯罪と軽微な犯罪）の区別は、上記のように刑罰の重さを導くだけではない。以下に述べる手続保障の手厚さにも影響するし、さらに重罪での前歴は、公民権停止（典型的には選挙権の剥奪）など付随的なサンクションも伴う。また伝統的な手続としては、重罪の場合、犯罪の行われた地域（district）から選ばれた市民から構成される陪審員によって有罪無罪が審理される。それに対して軽罪では陪審審理の保障はなかった。アメリカでは、連邦憲法上の保障として、やや異なる基準が用いられており、6ケ月を超える拘禁刑が科される可能性がある重大な犯罪（つまり法定刑の上限が6ケ月を超える犯罪）で起訴された場合には、第6修正による陪審審理の保障が担保されるのに対し、それ未満の犯罪については、憲法上、**陪審**審理の保障はない。ただし、これに加え州法によっては軽微な犯罪についても陪審審理を受ける権利を認めるところもある（➔**図表12-1**の州法②）（➔連邦憲法と州憲法の関係は、**第9章**）。なお、新聞などでは陪審「員」制度と表記されることもあるが、一般的にアメリカ法では陪審制度、陪審制ないし単に陪審と記す。原語では陪審はjury、陪審員はjurorであり、juror systemという表記は通常なされないためである。

歴史的には犯罪も個別の制定法以外は、裁判所の判例法によって規制されていた（つまり刑法にも判例法主義が及んでいた）。だが、19世紀に入ってから法典編纂の動きが始まり、現代においてはすべての州および連邦が刑法典を有する。つまり刑法の領域では、判例法の役割は非常に小さく、基本的に制定法によって規制されている。コモン・ロー（判例法）が全く意義を失っているというよりは、コモン・ロー上の犯罪とされたものの他

【図表 12-1 陪審の権利の保障と重罪・軽罪】

伝統的区分	連邦憲法上の区分	拘禁期間	陪審審理の保障		
			連邦憲法	州法①	州法②
重罪	重大な犯罪	1年超	○	○	○
軽罪	重大な犯罪	6～12ケ月以内	○	×	○
軽罪	軽微な犯罪	6ケ月以内	×	×	○
州法と連邦法の優劣			――	連邦憲法	州法

COLUMN23

陪審以外の選択肢

被告人には陪審審理以外にも2つの選択肢があり、①起訴事実を認めて有罪答弁を行うこと（事実の争いがなくなるので起訴事実の存否が争われる陪審公判は省略される）も可能であるし、②起訴事実は争いつつ、公判の判断者を陪審ではなく裁判官に委ねることも許容されている。陪審審理を受ける権利は連邦憲法上の保障であるが、その放棄は制定法などによって許容されるに過ぎず、大多数の州では検察官および裁判所（またはそのいずれか）の同意が必要となっている。もっとも放棄が認められないのは、実際上相当稀である。

大多数は、制定法によっても犯罪として認められているので、コモン・ロー犯罪の独自の機能の重要性は基本的には失われており、裁判所が立法抜きに自由に犯罪を処罰することが現実には考えにくい。アメリカの刑法の歴史の中で、重要とされるのが、アメリカ法律協会の1962年の模範刑法典である（➔模範法典（モデル法案）については、**第４章Ⅰ❷**）。採否は各州の議会に委ねられているが、権威のある学者や法律家による模範法典として、裁判における解釈上も大いに影響を与えた。

そして大多数の犯罪は、それぞれの州の刑事手続で処理される。連邦法でも多くの同種の行為が犯罪とされているが、州をまたがる犯罪や薬物事犯など、連邦に与えられた限定的な権限の中でも特に関心を持つ行為について規制しているに過ぎない。またアメリカは連邦制度をとっているため、

1つないし一連の行為が複数の法域（複数州および州・連邦）で刑事訴追の対象となる場合があるが、通常は一番関連性が強い1つの州で処理される。稀に州での無罪判決後に、連邦や別の州によって訴追されるなどの例があるが、同一の行為について重ねて刑事責任を問われることがないという連邦憲法上の保障である二重の危険（double jeopardy）の法理は、基本的には同一主権内での話なので、適用されない。

❷………殺人罪，ホワイト・カラー・クライム

次に、刑法について簡単に説明する。刑法の中で、特に重要な殺人罪と日本の企業などが巻き込まれる可能性のあるいわゆる white collar crime についてだけ述べる。

一般に殺人は、正当防衛や警官による正当な職務執行上の行為によらないものは、犯罪として処罰される。大まかに言えば、犯罪となる殺人（homicide） は、故意などの主観的要件によって分類されており、故意的な殺人であって、被害者側の挑発などによる激高状態などの事情がないものが、 謀殺罪（murder）とされる。一般的には、事前の周到な計画などの予謀（malice aforethought）がある不法な殺人のことを指す。ただし、重大な犯罪（felony）の過程で殺害が起こった場合（例えば、強盗の共犯者が拳銃で殺害した場合)、ひきがねを引いていない共犯者も重罪殺人（felony murder）として謀殺罪で処罰される可能性がある。多くの州では、殺人でもこれらの重大な殺人を第1級殺人（first degree murder）として厳罰に処している。

ちなみに死刑については、通常の謀殺罪の要素に加え、制定法で特別に規定された加重的な要素を満たす場合に、死刑相当謀殺罪（capital murder）となる。金銭目的の殺害や極めて残虐な殺害方法などがそれらの要素の例である。基本的には謀殺罪プラス・アルファが必要である。

謀殺罪よりも一段低い殺人の類型として、故殺罪（manslaughter）がある。定義としては、予謀なしに行われた不法な殺害である。故殺は、日本法のいわゆる未必の故意による殺人から過失による殺人を含む広い概念で

あり、故意故殺（voluntary manslaughter）と非故意故殺（involuntary manslaughter）に分かれる。故意故殺は、被害者側の挑発（provocation）などによって激高し殺害した場合（これを激怒状態［heat of passion］という）、または意図的な無関心（「無謀（reckless）」と呼ばれる）による殺人である。無謀の度合いがひどい場合には、黙示の悪意として謀殺罪となり得る。非故意故殺は、それ自体適法な行為だが、不法な方法でなされる最中に、相当な注意や慎重さを伴わない行為で人を死なせた場合である。アルコールや薬物の影響の下で重大な交通事故を起こした場合などがこれに当たる。州によっては、非故意故殺を過失致死（negligent homicide）に類型化している。故意故殺に分類される無謀な殺人（reckless）と、過失殺人の差は、「人命に対する重大かつ正当化できない危険」について、認識しつつ意図的に無視した場合（reckless disregard）は故殺罪に当たり、認識すべきだったのにしなかった場合に（should have recognized）、刑事過失となる。なお模範刑法典は、謀殺、故殺、過失殺の３類型に分類する。

次に、アメリカで活動する日本企業や従業員が巻き込まれる可能性が高い犯罪に、いわゆる white collar crime（ホワイト・カラー犯罪）がある。これは、殺人、強盗などの粗暴犯ではなく、企業に勤める従業員など比較的社会での経済的地位の高い層が、企業活動の過程で犯す犯罪のことを指す。典型的には、詐欺、独占禁止法（シャーマン法）違反、環境汚染、証券犯罪、脱税などである。日本企業も、談合など不正な取引や、それらの不正行為を組織的に隠蔽した場合などに、高額の制裁金などとともに、企業自体だけではなく、従業員も厳しい刑罰が科され得る。特に注意が必要なのは、それらの違法行為自体だけではなく、捜査の過程で嘘をつくと虚偽供述罪、司法妨害罪、 重罪隠蔽罪などの罪に問われる可能性もあり、企業犯罪専門の弁護士への相談が必須である。

従来は、企業は意思を持つ人間でないため、故意や過失などの主観的な要素を満たすことができないと考えられて、企業の刑事責任が問われることは稀であった。しかし時代の流れとともに、企業が様々なスキャンダラスな違法行為をしていることが判明し、企業の社会的責任が大きく問われるようになってきたことを背景に、20世紀初めには企業の刑事責任が認められるようになる。企業活動などの過程で行われた犯罪は社会に重大な悪影響を及ぼすにもかかわらず、従来型の犯罪に焦点を当てる体制では十分対応できないことが明らかになったためである。

一般的に企業の刑事責任を問うためには、①構成員の行為が業務上与えられた権限の範囲内であること（within the scope and nature of employment）と、②当該行為が企業のために行われたことが必要である。第一の要素については、実際に権限が与えられている場合だけにとどまらず、権限を持っていることの外観がある場合（apparent authority：表見上の権限）も含まれる。さらに第二の要素も、企業側に実際に利益を得ていなくとも、行為が企業を利する目的でなされていればよいとされていて、企業の責任が問いやすくなっている。また次章で述べる連邦量刑ガイドライン（**→第13章Ⅲ❹**）に1991年に企業による犯罪に対する規定が追加されて以降、企業による犯罪について高額の罰金刑を規定する傾向がある。それに加え、企業がそのような犯罪に手を染めないための抑止の手続、および、一旦違法行為に走ってもその後の捜査に協力することを促進するような効果的なコンプライアンス・プログラムの策定を求めることで、減刑や起訴の猶予を行うなどの制度が組み込まれており、いわば飴と鞭の組合せでの規制がなされている。

Ⅱ　被疑者・被告人の手続保障

以下典型的な重罪の刑事事件の流れを紹介する。一般的な刑事事件の流れは、犯罪発生、警察による認知から捜査、検察による起訴、陪審審理を前提とした公判準備手続と当事者間での事件処理をめぐる交渉、裁判による有罪・無罪の判断、有罪の場合の量刑、上訴などと続く。

❶………逮捕・捜索押収

捜査段階において特に重要なのは、①**捜索・差押**（search & seizure）、②尋問（interrogation）、③犯人の同一性識別（identification）、④**逮捕**（arrest）の4つの場面である。捜査機関による活動の根拠法は、当該地域（州や連邦）の刑事訴訟法や規則となる。ただし犯罪捜査ではルールの想定通りにならないことも多く、捜査機関の裁量を広く認めておき、事後的な規制が重要となることも多い。このような捜査手続に対する規制の根拠法として重要なのは、連邦憲法第4修正の**不合理な捜索などの禁止**、第5修正の**黙秘権**と第6修正の**弁護人依頼権**である。連邦憲法の規定が直接捜査のあり方に大きく影響を与えることから、刑事手続規制の連邦憲法化などと呼ばれる。

多くの刑事事件は、犯罪の発生の通報から捜査が始まる。警察への緊急通報である911などで現場に駆け付けた警官は、その場にいる加害者と思しき人物に話を聞き、持ち物検査を求める。また通常の巡回中に怪しい動きをしている人物に対して、警官自身の安全確保を主目的に武器を所持していないかを服の上から確認することが認められている（pat downとか、stop & friskと呼ばれる）。連邦憲法の不合理な捜索・差押禁止の保障などによって、法の建前では事前にマジストレイト（magistrate, justice of the peaceという言葉で日本語では治安判事などと呼ばれる逮捕令状などを発給する役目の下位裁判官）の発給した**令状**を基に行われるが、大多数で令状なしで行われ、それでも違法とされることは比較的稀である。

警官は様々な形で関係者に事情聴取を行うが、多くの場合は規制なく自由に行われている。しかし逮捕後は被疑者（suspect）とされ、重大な事件において警察署などで被疑者に尋問する場合には、「拘禁下での尋問（custodial interrogation）」であるとして、ドラマなどで有名な**ミランダ警告**（事件の被告人の名前にちなんでいる［Miranda v. Arizona］）を与えなければならない。誘導など虚偽の供述を生み出す危険性が高いからである。内容として、何かを供述した場合には事後の手続で不利益になる可能性があること、弁護人を依頼する権利があること、弁護人を自分で依頼できない場合には州に無料で弁護人を選任してもらうことができることなどを告げる（Gideon v. Wainwright; Strickland v. Washington; Powell v. Alabama）。これは連邦憲法第6修正が認める権利であるとされ、判例で確立している。

逮捕後には、事件処理に向けた裁判所・検察・弁護人などの活動が始まる（→**図表 12-2** の⑦～⑯）。告発状は、通常、警察官によって作成される。犯罪が行われた基本的な事実を記載した文書であり、検察官による起訴状が提出されるまでの正式な根拠文書となる。捜査過程で、被疑者が犯罪を犯したと考える「**相当の理由**（probable cause）」があると判断した場合には、令状なしに逮捕できる。逮捕に伴っては本人を含めより周到な捜索・

【図表 12-2 刑事手続の流れ】

警察による捜査段階	①犯罪発生	
	②警察による認知	
	③逮捕（arrest）	
	④捜索・差押（search & seizure）	
	⑤尋問（interrogation）	
	⑥犯人の同一性識別（identification）	
検察・弁護人・裁判官による事件処理	⑦告発状（complaint）	有罪答弁をめぐる検察・弁護側による断続的な交渉（⑦～⑯）
	⑧無令状逮捕の審査（Gerstein hearing）	
	⑨最初の審問（initial appearance）	
	⑩大陪審・予備審問（preliminary hearing）	
	⑪罪状認否（arraignment）	
	⑫公判前申請手続（pretrial motions）	
	⑬公判（trial）	
	⑭量刑前調査・量刑（sentencing）	
上訴等	⑮上訴（appeal）	
	⑯非常救済手続（collateral proceeding）	

差押が可能となる（search incident to arrest）。被疑者の自宅は個人にとっていわば「城」に当たるようなもので、自宅における捜索には、より厚い保護が与えられるが、それ以外の逮捕では、裁判官による事前の許可は不要である。だがその場合は通常48時間以内にマジストレイトの面前に遅滞なく引致しなければならず、本当に逮捕を正当とする相当な理由が存在したのかがチェックされる。

「不必要なほどの遅滞なく（without unnecessary delay）」チェックがなされなければならないと表現される規制などがあるが、通常は、前日に逮捕され拘禁された者は、平日であれば翌朝に裁判所で「最初の審問（initial/first appearance）」と呼ばれる手続が行われる。その際、無令状逮捕の場合は、逮捕の妥当性の判断も（Gerstein v. Pughの判決にちなんでGerstein hearingと呼ばれる）行われる。同じ言葉が用いられる場合もある起訴後の罪状認否手続（arraignment）とは機能が異なる。

多くの都市では逮捕者数は相当数になるので、1人ないし複数の当番の検察官と公設弁護人が一括して担当して逮捕の記録などを見た上で、もし逮捕の理由が不十分な場合はその場で釈放される。しかし、逮捕が合理的な場合はどのような条件で釈放を認めるか、認めずそのままジェイルなどに拘禁するかなどを短時間で決める。被疑者と弁護士はその場ではじめて顔を合わせることもしばしばである。自ら私選で弁護人をその段階で依頼している被疑者は多くない。

最初の審問では、本人の氏名・年齢・住所などを確認したのち、基本的に3つのことがなされる。第一は逮捕の妥当性判断である。逮捕が妥当だとされた場合には、第二に被疑者の防御権を保障するための権利の告知と、第三の公判前釈放の可否と条件の判断が続く。告知が必要な権利として重要なのは、被疑事実（complaint）、弁護人依頼権と公設弁護制度の存在、さらに黙秘権と、進んで供述した場合には不利益な証拠として利用され得ることなどである。この手続は、あくまでもこの後の手続に進めるかどうかを判断するためのものであり、個々の判断は相当簡便に行われる。殺人など重大な事件以外の事件であれば、それに要する時間は数分から十数分程度であり、被疑事実の告知もコピーを受け取ったかどうかを確認するのみである。被疑者が犯罪を犯した点について、相当の理由があるか否かについても、逮捕した警察官の証言または宣誓供述書に依拠するが、それも相当簡易な手続である。ちなみに大都市などでは人口構成や社会階層の影響から被疑者とされるのは圧倒的に黒人、ヒスパニック系などが多い。日本人旅行者がいれば目立つ光景である。

被疑者にとって最も重要なのは釈放条件で、それ次第で実際に釈放できるかどうかが決まる。被疑者の身柄拘束の目的は逃亡を防止することであり、逆に逃亡の恐れがなければ基本的には公判前に釈放されることになる。何よりも公判準備のための自由な活動を保障するという建前が生きている。このような実務の背景にあるのは、手続の公平性と並んで、多くの被疑者を拘束しておくことの財政的な負担も見逃すことはできない。なお**保釈**については過度な保釈金を禁止した合衆国憲法第 8 修正の規制がある。ただ謀殺など凶悪な事件で保釈されることは、よほど高額な保釈金を支払うことのできる場合を除いて、例外的である。なお連邦では、Bail Reform Act of 1984 によって、終身刑以上の刑が科される犯罪に例外を認めている。重罪犯の 4 %～ 6 %で保釈が否定される。

当然大多数の被疑者が釈放を望む。公判前釈放の中で最も好条件なのは、何らの条件も付されない出廷通告書（citation）による釈放である。似たものとして実質的に条件が付されない自己宣誓（personal recognizance）による釈放がある。特定の日時に自らが出頭すると宣誓することで釈放されるもので、実質的には出廷通告書によるものと同じである。

最後は伝統的な公判前釈放の方法である保釈（bail）である。これは一定額の保釈金の支払いを条件に釈放されるものである。裁判官の裁量によって決定されるが、その際、定住や安定した職の有無、家族関係、前科その他の事情を総合的に判断して決定される。保釈金の金額は裁判所が定める基準表などに基づいて、犯罪の重大性などを考慮し決定される。出廷しないことは、別の犯罪（bail jumping）となる。さらに保釈金利用の場合は不出頭では保釈金が没収されるため、大多数の被疑者は出廷する。なお保釈金が現金で支払えないときは、数%から10%程度の手数料や持ち家などを担保することによって肩代わりしてくれる民間業者であるbondsmanが利用される。一部の州では非金銭的な条件設定と担当部局による監視を組み合わせることによって、民間業者の利用を禁止するところが出ている。

❷………大陪審と起訴

その後検察官は起訴の可否を決定する。逮捕などによって身柄を拘束されている場合には、逮捕を基点として72時間以内に判断すべきとする厳格な基準を手続法が規定する（ワシントン州など。ちなみに連邦では30日以内となっている）が、様々な例外がある。通常は最初の審問から2週間以内に予備審問（preliminary hearing/examination）という手続が裁判所において行われ、犯罪行為の存在と被疑者が犯人であることについて相当な理由（probable cause）があるかどうかを判断する。相当な理由があると裁判所が判断した場合には、検察官は**略式起訴状**（information）を裁判所に提出する。前段階で警察が作成した告発状に代わって、この書類が手続継続の正式な根拠書類となる。この審査は、あくまで被疑者を次の訴追段階に進めてよいかどうかの判断である。例えば「検察側の手持ち証拠がすべて真実だとして、有罪を立証できるレベルにあるかどうか」を判断するに過ぎない。警察や検察などが関与して集めた証拠をすべて信じたとしても有罪とならないような事件は、例外である。

grand juryは、その機能から「起訴陪審」とか単に「**大陪審**」と呼ばれる。公判で有罪無罪を判断する**小陪審**（petit jury）より通常人数が多いことから「大」陪審と呼ばれるようになった。連邦では16人以上23人以下となっている。現在でも大陪審による**正式な訴追**（indictment，インダイトメントと発音）を要求している連邦や相当数の州では、一般市民から選ばれる陪審員が、検察側の起訴の根拠として証拠が訴追に十分かどうかを証拠の優越（preponderance of evidence）の基準で判断する。連邦憲法の第5修正は、大陪審による正式な起訴が必須と規定するが、その対象は連邦の訴追に対してのみである。

大陪審の第一の機能は、検察がした訴追判断を是認するかどうかである。大陪審の手続では、検察官の主導により非公開で行われ、裁判官もいない。被疑者が証言を求められる場合もあるが、基本的に弁護人は同席できず、自らが刑事責任を問われる可能性を理由とする証言拒否（第5修正に基づく自己負罪拒否特権［privilege against self-incrimination］の主張）をする以外は、証言が強制される。訴追に足る十分な証拠があるかどうかについて通常過半数で判断を行う。そのため訴追が否決されるのは、ほんの少数の事件に過ぎない。大陪審が判断する場合は、前述の予備審問は開催されない。

COLUMN24

大陪審と検察審査会

大陪審に近い制度として、日本にも検察審査会制度がある。日米の制度の最大の差異は、アメリカでは検察官が起訴したい事件の可否を市民が判断する（つまり起訴を取りやめさせる方向で市民が関与する）のに対し、日本の制度は不起訴事例を起訴する方向で市民の意見を反映させる点である。つまり、日本では検察官が起訴する事件を、市民の手で防ぐことはできない。

大陪審の第二の機能は、証人を強制的に召喚し、自己負罪拒否特権による例外を除き証言を強制できる機能（罰則付き召喚、サピーナ［subpoena］）を利用して証拠収集し、犯罪者を告発すること（presentment）である。大陪審による告発は、歴史的には権力者の収賄事件や警察・検察自体の汚職などで一定の役割を果たした。

❸………罪状認否手続・証拠開示

正式に訴追がなされると**被告人**（defendant）は、**罪状認否**（arraignment）の手続を行う。被告人は起訴状を受け取り、有罪もしくは不抗争、または無罪（not guilty）の答弁を求められる。精神的な病を理由として刑事責任の免除を申し立てる（not guilty by reason of insanity）答弁を行う場合もある。有罪答弁（plea of guilty）と不抗争の答弁（plea of nolo contendere）は実質的には差はない。不抗争は有罪を正面から認めることに躊躇する被告人の心理的な負担を軽減することによって有罪答弁を誘引しようとする（合憲性が確認された事件名から Alford Plea と呼ばれる［North Carolina v. Alford］）。量刑が軽くなるわけでも、前科にならないわけでもない。州によっては民事責任の推定を、認める、認めないという点で違いがある場合がある。

いよいよ公判準備の段階になるので、裁判での争点を定め、さらに検察側証拠の強弱などを検討するために、また有罪答弁による早期解決のためにも、捜査側の証拠開示が重要となる。警察官の捜査資料や、警察が得た供述証拠、その他の物証などについて証拠開示が憲法、制定法、判例などに基づいて求められる。従来は警察・検察側も証拠開示には積極的ではなかったが、近年では、基本的にはすべての証拠を開示する方針をとる地区検察官事務所も出ている。

❹………有罪答弁のための交渉

アメリカでは、大多数の事件は**有罪答弁**によって処理され、陪審のいる正式な事実審理（公判）は開催されない場合が多い。その場合裁判官単独で量刑のみが判断され処理されている。網羅的な統計はないが、大まかにいって9割以上の事件が有罪答弁で終えられている（**➔図表12-3**）。

【図表12-3 重罪事件の有罪処理方法】

	正式審理			
	総計	陪審	裁判官	有罪答弁
全体	6％	4％	2％	94％
粗暴犯	10％	8％	2％	90％
殺人	39％	36％	2％	61％
強姦	16％	13％	3％	84％
強盗	11％	9％	2％	89％
財産犯	5％	3％	2％	95％
薬物犯	4％	3％	2％	96％

まず、どのように有罪答弁が行われるのかを見ておく。トライアル（陪審審理）か有罪答弁かの選択で、重要な役割を担うのが弁護士と検察官である。被疑事実に対する反論（被害者側の落ち度、人違い、アリバイなど）や、捜索押収などの適法性、証拠の強さなどについて、また有罪を認める場合には、前科の有無、学歴、成育状況、安定した職や住居・家族の有無などについて、主張することによって、適正な訴追と量刑について落としどころを探る。そして、双方が合意すれば、被告人は有罪を認める代わりに、当初よりも軽い刑罰を一般的には受ける。あたかも有罪を認めることと、軽い刑罰を得ることを取引しているように見えるため、これらの法律家の行動は、いわゆる**答弁「取引」**（plea “bargaining”）と呼ばれる。有罪か無罪かという国家にとって重大な関心事を取引するなどもっての他だという批判も大きい。しかし、例えば、自分の罪を素直に認めて反省している人間と、罪を認めず徹底抗戦をする人間とであれば、同じ罪を犯しても非難度は異なり得る。つまりその内実を見ると、反省して罪を認めた被告人には軽い刑罰を科すことは、ある意味自然なことであり、日本でも事情は同じである。日本では有罪率がほぼ100％で、一旦起訴されれば圧倒的に不利であるため、「素直に認めて寛大な刑罰を期待する」ことはむしろ普通のことである。

いくつかの類型にまとめられるが、例えば、殺人、誘拐、性犯罪などの重大な犯罪は、弁護側検察側双方にとって利害は大きく、妥当な結論について意見が異なる可能性が高い。その結果妥協が図られず、陪審公判となる場合が多い。また犯罪の性質上、訴追側にとって強力な証拠を得難い事件（DNA解析が未発達の時代の性犯罪など）では、当事者以外の有力な目撃証人も客観証拠もない場合には、陪審公判になりやすい。いずれにせよ、弁護士、検察官、裁判官など刑事司法、陪審公判を実質的に運用する専門家集団が陪審の判断結果を予測しながら、陪審によるべきかを判断している。

❺………公判前準備手続

公判前準備手続では、公判を有利に進めるために裁判所への様々な申立てがなされる。起訴状に犯罪事実の必須要素が欠如しているなどの問題点や、裁判所管轄の問題、検察側証拠の排除申立てなどがなされる。数としては少数だがそれらの問題によって、それ以上の訴追の継続が不可能になる場合すらある。

❻………陪審審理を受ける権利――裁判官との協働作業

正式事実審理に進む事件が、すべて陪審によって審理されるかというとそうではなく、事件の性質によって、裁判官単独で裁かれる場合（つまり被告人が裁判官による審理［bench trial］を選択すること）もある。どんな事件で裁判官による公判が選ばれるかというと、例えば、一般に素人の常識と必ずしも一致しない法的な抗弁が問題になる場合や、コミュニティに犯罪に対する怒りが渦巻いているような場合、特定の裁判官の判断傾向から有利であることが確信できる場合などである。

重大な犯罪での訴追においては、陪審審理に加え、資力がない被告人には州が無料で弁護人を付けることが、被告人の憲法上の権利として保障されている（第６修正）。有利な証人や証拠を集めるなど公判準備や被告人のために弁論を行う弁護士抜きには、陪審審理の保障などの手続保障が実質的に無意味になりかねないためである。さらに検察側の証人に対して、公判で質問を行う対面対質の権利が与えられ、証人に尋問することができる。そして尋問の準備のために、当然事前に誰が証人となる可能性があるか、その証人は事前に警察にどのような証言をなしているかについての証拠開示がなされる。逆に、第５修正の保障として、被告人自身は、自分に不利な発言は強制されない。国家が、被告人の生命や自由を奪うために、警察・検察という非常に大きな人的物的資源を持つ装置を用いて証拠収集し、訴追を行う以上、一個人の被告人は何一つ立証する必要はなく、州側が有罪とする十分な立証活動を行うべきという判断に基づいている。

だからといって何もせずに無罪を勝ち取れるわけではない。検察側の証人に対しては、弾劾目的で激しく質問し反論を行い、さらに被告人に有利な別の証人も立てることなどによって、はじめて無罪判決が実現できる。ちなみに、陪審公判は、市民が関与するところばかりに目がいきがちだが、市民が単独で判断するという視点よりも、裁判官との協働作業を通じた公判と見るほうがより正確である。裁判官は、市民であっても合理的な判断に到達できるように様々な段階でコントロールを行う。陪審選任段階、証拠の選択、公判の指揮、適用法令の説明、さらに最終的には陪審評決への直接的な審査である（→図表 12-4）。

【図表 12-4 公判手続の流れ】

1. 陪審選任手続（voir dire）
　(I)理由付き忌避の手続
　　(1)一般的質問（被告人などに対する一般的偏見の有無）
　　（①裁判官，②検察官，③弁護人による質問）
　(II)理由を付さない忌避の手続
2. 罪責認定手続（guilt phase）
　　(1)裁判官による事前の説示（審理の流れ，心構えなど）
　　(2)冒頭陳述（①検察側，②弁護側）
　　(3)検察側立証（証人尋問）
　　　・証人1―検察側主尋問
　　　　　　　―弁護側反対尋問
　　　　　　　―検察側再主尋問
　　　　　　　―弁護側再反対尋問……
　　(4)弁護側立証（証人尋問）
　　　・証人1―弁護側主尋問
　　　　　　　―検察側反対尋問（再主尋問，再反対尋問……）
　　(5)最終弁論（①検察側，②弁護側，③検察側）
　　(6)裁判官による説示
　　(7)陪審評議
　　(8)評決
3. 量刑手続（penalty phase）
　（死刑の可否を決める場合だけ陪審員が関与する）

陪審公判の場合は、証人尋問が検察側から始められ、検察側の証人に対しては弁護側が**反対尋問**（cross examination）を行い、さらに検察側の再反論、弁護側の再々反論などを何度か繰り返して、順番に証人尋問をこなしていく。検察側のすべての証人の尋問が終えられたら、検察側の立証

(case in chief) が終わる。予備審問と同様の基準で、検察側の証拠をすべて見た上でも有罪立証に十分でない場合も稀にはあるので、上訴での争点づくりとして記録のためにも、通常は弁護側が裁判官による職権の無罪判決を求める。弁護側はその段階で終えることもできるが、被告人側の証人尋問を行う場合も多い。検察側証人と同様に、主尋問、反対尋問が、今度は弁護側から検察側という順序で行われていく。

検察側、弁護側の証人尋問をすべて終えた段階で、両者の立証は終わり、証拠調べが終結する。その後は裁判官による適用法令についての説明（陪審**説示**：jury instructions）がなされ、検察側、弁護側が最後の要点整理として最終弁論（closing arguments）を行う。順番は、検察側が立証責任を負うため、検察、弁護、検察の順で行われる。最終弁論は、あくまでも陪審の判断を助けるために主張をわかりやすく再確認するためのものであり、陪審が評決の根拠とできる証拠そのものではない。

説示の内容は、証拠調べ前にどのような論点が争点となるかを想定しつつ、説示案が事前に作成される。そして最終的には、証拠調べが終わった段階で、陪審のいない場で検察官・弁護人、裁判官の間で議論し実際にどの論点が争点となるかが確定し、関係条文と個々の論点について、説示内容が確定する（hearing. トライアル［陪審審理］と区別して聴聞手続と呼ばれる）。説示の選択は、通常は、個々の条文や様々な基準についてのモデル説示集が作成されており、その説示集から関係部分が選択される。

伝統的には、最終弁論後、裁判官が口頭だけで、メモもとらせず、説示を行ってきた。しかし最近は陪審の理解度を高めるために、様々な改革が進んでいる。公判の開始時に裁判の原則や事件で問題となる説示を事前に行う形で進行することも多い。その際、文章を印刷したものを配り、メモを取ることを許す裁判所も増えている。法学教育を受けていない一般市民に対して、法に関する説明を口頭でしかもメモも許さず説明するだけで理解を得られると考えるのはいかにも非現実的である。さらに、証人に対して陪審からの質問を認める裁判官もいる。

陪審公判では、陪審は最終的な結論として、有罪もしくは無罪の**評決**

(guilty or not guilty verdict) を合理的な疑いの余地のない立証 (proof beyond a reasonable doubt) の基準でなすが、一般的には陪審員の**全員一致**による。全員一致できない場合は、自らの立場に固執しないよう裁判官から注意を受けた上で、評議が繰り返されるが、それでも一致しない場合は、**評決不一致** (hung jury) として公判のやり直しがされる。実際に評決不一致になる事例はせいぜい1%～2%程度で、問題になり得ないぐらい稀な事象である。評決不一致の場合は、再度の公判を行うかどうかの判断が検察官に戻ってくるが、その間にも有罪答弁を得るための交渉がなされる場合も多く、陪審員へのインタビューなどからよほど確信がない限り再審理は行われない。ちなみに日本の**裁判員制度**などとは異なり、陪審員には審理終了後に基本的には**守秘義務**は課されていない。

COLUMN25

陪審評決と上訴

刑事事件では、陪審は評決の理由を付ける必要はない。一般市民に判断を求める以上、相反する証言を行う複数の証人の説明を総合的に判断して、常識的な結論に到達することが期待されているのであり、その法的な理由付けの正しさは期待できないからである。そうでないと、結論は正しいのに、理由付けが間違っているとして裁判をやり直さなければならなくなってしまうという奇妙な事態になる。なお理由がなくとも、上訴では、事実認定の誤りについても、合理的な陪審であればあり得ない例外的な場合に限らず、本来陪審に見せるべきではない証拠を採用したことの妥当性という法律上の論点にかけて争うことができるので、大きな支障はない。

❼………量刑手続・判決

有罪評決が出ると、重大な犯罪では通常どのような刑罰を科すかの量刑手続へと進む。現代では死刑事件や少数の州を除いて、圧倒的多数の事件では裁判官が与えられた法定刑の範囲で刑罰を選択する。量刑においては、伝統的に法定刑の枠を超えての規制は非常に緩やかで、立証基準も合理的な疑いの余地ではなく、不起訴や無罪判決さえ考慮に入れることができる。その際、1970代以降は量刑の公平性や厳格化を目指し、議会によって設立された委員会（連邦では、量刑手続委員会［U. S. Sentencing Commission］）などが作成した**量刑ガイドライン**を参考としながら判断される場合が多い。死刑事件では逆に陪審が有罪無罪の判断だけではなく、死刑を科すべきかどうかも判断することになっている。また南部を中心に少数の州では、依然として**陪審が量刑を行う**選択肢が維持されている。

さて量刑手続においては、適正な刑罰を科すための事前の情報収集がなされる。それは量刑前調査報告書（presentence investigation report）という形で、犯罪の態様、被害者感情、当該人物の前科のみならず、成育環境、家族関係・経歴、職業など包括的な調査が行われる。その報告を聞いた上で、検察側の求める量刑提案と、弁護側および被告人の弁明・反省の言葉を聞いた上で、総合的に判断される。

❽………上訴・非常救済手続

被告人に無罪の評決がなされた場合には、日本のように検察側から上訴することは許されず、無罪が確定する。これは連邦憲法第５修正上の二重の危険禁止条項の保障の解釈によるものである。警察・検察という膨大な人的・物的資源を有する政府側が努力しても市民からなる陪審を説得できない以上、それ以上継続して刑事手続にさらし続けるのは不公平と考えるところにその根拠がある。それに対して、日本では最高裁で確定するまでの手続全体で１つの危険と解釈するので、検察官上訴が認められている。

反対に被告人が有罪とされた場合は、憲法上の権利としてではないが、すべての州で、控訴して中間上訴審で争うことができる。そこでも満足できない場合は、最上級審の裁量で上告を認めることができる。さらに連邦最高裁に救済の申請をすることができる。

通常の上訴手続の過程で判断が覆らない場合は有罪が確定することになる。しかしその後も州法や連邦法に基づいた非常救済手続を求めることが可能である。とりわけ重要なのが、州での有罪が連邦憲法や連邦法に反する形でなされたことを理由として、連邦地裁に救済を求める**人身保護令状**（ヘイビアス・コーパス）の手続である。州での非常救済手続などすべての手段を経ても有罪が覆らない場合、最後の手段として連邦裁判所に求める救済である。人身保護令状は、もともと身柄提出令状（writ of habeas corpus）として、不法に拘束されている身柄を記録とともに裁判所の下に強制的につれてくるものであった。それによって当事者や陪審員を強制的に出頭させるために使われた。近年ではヘイビアス・コーパスの利用について制限的な方向で改正がなされた。

Ⅲ　刑事司法の担い手

❶………警察・検察

アメリカは連邦制度だけではなく、1つの州内においても分権的な政治体制がとられていることの反映で、警察組織も非常に複雑である。通常警察のことを法執行機関（law enforcement agency）と呼ぶが、それは1つの州内にも警察（police）だけではなく、保安官（sheriff）、州警察（state trooper）など様々な名称があるためである。さらに、連邦には、連邦犯罪を捜査する連邦捜査局（FBI）の他、薬物犯罪を統括する連邦アルコール・タバコ・銃火器局、さらに脱税関係のIRS（Internal Revenue Service）などがある。また連邦裁判所の指揮下にある連邦保安官（U. S. Marshal）もある。

警察組織も州の制度が基本である。少し古い統計になるが、2008年の数字では全米に約18,000の警察組織があり、113万以上の警察官がいる。

また、2007年の段階で州レベルで2,330の地区検察官の事務所がある。大多数が郡（county）単位であるが、アラスカなど人口規模の小さい州は州全体をカバーする場合もある。約78,000人の職員が雇用されている。法律家は約3割である。

❷………弁護人

刑事被告人への弁護は、その圧倒的多数の被告人が弁護士を雇う資産を持たないために、州ないし郡による**公設弁護制度**によっている。ちなみに、資力のない被告人への弁護人の提供のあり方としては、公設弁護人制度に加えて、事件ごと個別任命型（assigned counsel system）と、一定事件数の受任を複数の弁護士が契約する制度（contract system）がある。2007年段階でメイン州を除く、49州とワシントン特別区が資力のない刑事被告人のための、公設弁護人の制度を持っている。弁護士事務所は総計957で、州単位が427、郡単位が530となっている。22州が州レベルの制度となっていて、残りの27州では郡単位の制度となっている。

❸………裁判官

州地裁の裁判官総数は全米で約27,500人（2011年）であり、1980年から約11%増加している。上訴審の裁判官は1,336人で、最終審がそのうち26%となっている。上訴審の裁判官では、はじめて裁判官になった際は52%が任命、48%が選挙によって選ばれている。選挙は29%が**党派選挙**、20%が**非党派選挙**である。地裁では25%が任命、75%が選挙（34%が党派選挙）である。再任になると、その数字が上訴審では選挙が81%（党派・非党派選挙各20%、再任投票42%）、地裁レベルでは90%（党派選挙20%、非党派選挙43%、再任投票27%）となっている（合計が合わないのは四捨五入のため）。

❹………矯正職員

2015年段階で、5,000を超える矯正施設に全米で75万人（連邦4万名弱、州約44万人、郡など27万人弱）の矯正局の職員が雇用されている。少し古い数字だが、男性7割、女性3割であり、人種は、白人70%、黒人21%、ヒスパニック系8%となっている。ちなみに、2010年の段階では、州および連邦合わせて1,800の矯正施設があり、さらに倍以上約3,200の郡ジェイルがある。これらの数字は短大を含めた大学の数よりも多い。

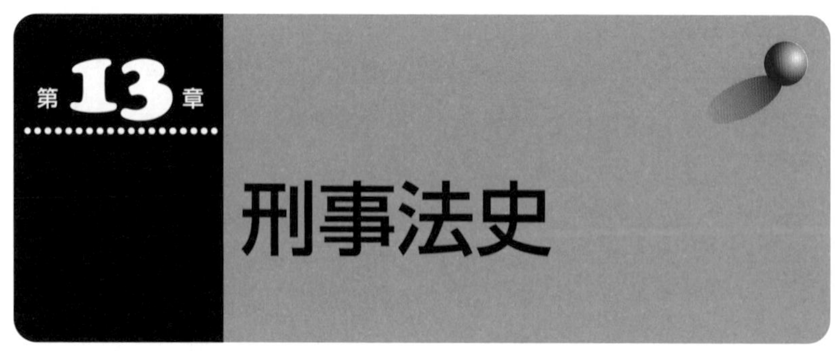

第13章 刑事法史

アメリカは犯罪大国でもある。その背景と課題を十分理解するために、本章では、アメリカの刑事法の歴史を概観する。まず、Ⅰにおいて、20世紀後半以降現在に至る状況を説明し、さらに、現在にまで続くポピュラー・ジャスティス（popular justice：民衆司法）と呼ばれる特色を明らかにする。Ⅱでは、アメリカの**人種差別**問題が、いかに刑事司法にも影響しているかを述べた上で、Ⅲ・Ⅳにおいて、植民地時代から始まる刑事司法制度の歴史を概観する。最後にⅤにおいて、アメリカの刑事司法で注目される陪審制度と有罪答弁による事件処理（**プリ・バーゲニング**。日本では司法取引とも呼ばれる）との関係を取り上げる。

Ⅰ　厳罰化傾向とポピュラー・ジャスティス

20世紀後半以降のアメリカにおける刑事司法の特徴は、犯罪が全米の政治問題となったことである。アメリカでは刑法も基本は州法であり、刑事司法制度もそれぞれの州で対処すべき課題だったものが、どこでも生ずる犯罪の多さに、市民は不安を感じ、それに対し、全米レベルでの政治的対応がなされるようになった。1964年の大統領選での「法と秩序」についての論議から始まり、「犯罪との戦い」・「薬物との戦争」というようなスローガンが選挙のたびに取り上げられるようになった。

しかしながら、犯罪の状況について客観的に見てみると、近年は、経済状況の良さを反映してか重大な犯罪は一貫して減少傾向にある。この状況は1990年代半ばから続いている。それにもかかわらず、全体としての犯罪発生率の高止まり傾向から、市民の治安に対する主観的な不安は充分改善していない。むしろ、犯罪は増加しているという前提の下で、様々な**厳罰化**の施策を打ち出してきた。重大な犯罪で3回有罪となると終身刑とされるカリフォルニア州の三振法（Three-Strikes Law）はその典型である。当初比較的限定的であった「重大な犯罪」の対象が徐々に拡大して「ピザを盗んで終身刑」というような明らかに不合理と思われる事例が出てきた。

その結果、**刑務所**（ジェイル：拘置所を含む）の収容人口が過去数十年間に激増した。1980年に約50万人であったものが、現在では220万を超える状態になった。圧倒的多数は州の刑務所および郡のジェイルに収容されており、連邦の施設での収容は1割にも満たない。先進国のみならず世界的にも突出した収容数である。なおアメリカにおける2017年の凶悪・粗暴犯罪数は、124万件余りで、これでも前年から0.2%減少した（日本では約65,000件である）。また、殺人は10万人当たり5.3件（日本では0.7件）で、これも11.4%の減少であった。

このようなアメリカにおける刑事司法の現実を評価するには、現代の事象を見るだけではなく、その歴史を振り返る必要がある。日本でも、一般人の法観念として、まず刑法を考える人は多く、アメリカでの刑事司法のあり方は、アメリカ法のあり方と大いに関係する。その1つの表れである**民衆司法**（ポピュラー・ジャスティス）という伝統的観念について説明する。

サミュエル・ウォーカーによれば、アメリカの刑事司法の特徴は、ポピュラー・ジャスティスであるという。ポピュラー・ジャスティスとは、刑事司法のあり方に民衆の意思が大きく反映されてきた状況を指す。例えば、アメリカでは、有罪、無罪の決定を行うのは普通の人々からなる小陪審であり、起訴の可否についても多くの州で大陪審で判断する。さらに、警察官、検察官の幹部だけではなく、州の裁判官も、政治的に任命または選挙によって選ばれる。民主制ないし市民への説明責任の観点からは積極的な意義を持つが、同時に、社会に存在する偏見や利害対立が、そのまま刑事司法の運営にも持ち込まれるという否定的な側面もある。

良い面として、例えば、伝統的に死刑判断では、選挙での再選や政治任命を気にする裁判官や検察官のほうが、一般市民から選ばれた陪審よりも世論を気にして厳罰を科す傾向が強く、被告人の人権保障の観点からは全員一致制による徹底した議論や裁判を生業としない強みもあって陪審のほうが優れているという研究結果もある。逆に悪い方の例を挙げると、いわゆる南部陪審（Southern Jury）と呼ばれる現象が過去には少なくなかった。全員白人からなる陪審が、人種を理由として、白人が被害者となった黒人被告人に対しては極刑を、逆に黒人が被害者となった白人被告人には、有罪の確実な証拠があっても無罪とすることもあった。もっとも、南部陪審現象が起こるような場所では、検察官や裁判官は陪審以上の偏見を発揮する度合いが高いともいわれる。つまり、刑事司法の民主化は、多数者による統治の理想がうまく発揮されればよいが、常にそれを保障できないところに難しさがある（**→第 11 章 I**）。

II　人種差別と刑事司法

合衆国は建国前から奴隷制度を持っていたこともあり、人種問題と刑事司法は切っても切り離せない関係にある。受刑者数は近年減少傾向にあり 1990 年代から見れば現在はほぼ半分になっているが、依然として先進国の中でも圧倒的な多さであり、2016 年段階で、仮釈放などを含めると 660 万人以上の受刑者が矯正制度の監視下にある。その内訳を人種別に見ると、近年改善しつつあるが、依然として人種差は大きい。2016 年のアメリカの総人口の人種別内訳は、白人 64%、黒人 11%、ヒスパニック 19% であるが、刑務所人口ではそれぞれ 30%、30%、23% となっている。黒人の収容率は白人の 5 倍を超える。仮に黒人が白人の収容率と同じなら、黒人の収容人口が約 4 割も減少するとの推計もある。

また保護観察などにより判決上は「実刑」を免れたとしても、数万円程度の罰金や裁判費用（court costs）を支払う能力がないために拘禁される黒人は非常に多い。19世紀半ばに廃止された債務者拘禁制度（Debtors' Prisons）の現代版だとの批判もある。意図的ではないとしても、人種と貧困度は関連性があるため、結果的に黒人市民に不利な取扱いになっている。

❶………薬物犯罪と人種の影響

厳罰化傾向を表す典型例として、「薬物との戦争」がある。例えば同じコカインでも、固形の塊であるクラックと、粉末状のコカイン・パウダーでは、クラックのほうがより厳しい刑罰を受ける法制が1980年代（1980年連邦量刑ガイドライン）に作られた。その影響が、人種によって大きく異なる。例えば、10～50回程度の利用しかできないクラック5gの所持で5年の義務的拘禁刑が科されるのに対し、パウダーでは2,500～5,000回も利用可能な量（500g）ではじめて同じ刑罰となる。2009年には、クラックでの有罪の量刑が平均2年間、より厳しかった。興味深いことに、コカインの使用率に人種差がないのに、2006年の統計で、クラックの訴追は約82%が黒人に対し、白人は8.8%であった。そのため黒人の拘禁率は約6倍となっている。ただし、このような差異は2010年の改正法などで改善しつつある（Fair Sentencing Act of 2010）。

❷………拘禁の影響

このような刑務所拘禁は、刑罰以外の側面にも様々な形で大きな影響を与える。拘禁施設の衛生環境は一般に悪いため、肝炎・HIVなどへの感染率が高く健康を害することも多い。また無事に刑期を終えても、安定した仕事や住居を確保することが困難で、加えて投票権や生活扶助も否定される可能性もある。Welfare Reform Act of 1996によって約半数の州において、重罪薬物犯罪者は少なくとも一部の福祉サービスから除外される。近年このような状況を改善するため、就職時の前歴調査を制限もしくは禁止する法律（Ban the Box、犯罪歴調査制限ないし禁止法）が制定されている。

また矯正制度の運営費は莫大なもので、2012年の数字では81億ドル（1ドル120円計算で約9兆7,600億円）にもなる。その運営コストの増加率は、過去30年間の全米の小学校の教育費の伸び率の3倍にもなるとされ、州政府の予算の中で教育、医療に次ぐ規模である。そのため刑務所設備はあるが運営費が準備できないというひどい状況さえ一部に生まれた。

❸………死刑と人種差別

アメリカでは死刑をめぐる議論は今も盛んである。人種差別以外にも、近年議論を呼んだのは、死刑に反対する欧州の製薬企業の禁輸措置によって、薬物処刑に用いる薬品の安定供給がたたれたことである。その結果、麻酔が充分効かないまま窒息死する「失敗」例が相次いでいる。

COLUMN26

イノセンス・プロジェクト

近年はDNA証拠による冤罪事件の発覚（イノセンス・プロジェクトの活動など）や仮釈放の可能性のない終身刑（life without parole）の一般化の影響などによって、死刑の利用が減少傾向にある。2019年9月の段階で21州は死刑を廃止したのに対し、存置州は31州である。存置州の中でも温度差は大きく、2018年には南部8州のみでしか処刑が行われなかった。さらに処刑の過半数はテキサス1州であった。同じテキサス州内でも4つの郡が過半数の処刑を、また全米レベルでは、半数以上の死刑判決・処刑が、3,000を超える郡のうちたった2％の郡においてのものだった。

連邦最高裁は、1976年の判決で、現代の死刑制度の基本的枠組みを合憲としたが、1972年のファーマン判決（Furman v. Georgia）では、死刑制度を違憲と宣言したこともあった。その最大の理由は、死刑判断の恣意性にあるとされ、人種差別的な運用が直接の理由ではなかった。しかし、ファーマン判決では他の2つの事件が死刑の合憲性という同一争点の事件として併合されていたが、被告人はすべて黒人であり、そのうち2事件は人種差別的な運用の疑いが強い黒人による白人女性に対する強姦事件であった。つまり少なくとも死刑制度の合憲性を争う人々の間では、人種差別が最大の関心であった。とりわけ、南部における黒人男性による白人女性の強姦では、人種差別的運用の疑いは非常に強い。1977年のコーカー判決（Coker v. Georgia）で成人女性への強姦で死刑を科すことが違憲とされたことによって、死刑における人種差別の問題が覆い隠されたとする議論すらある。様々な調査によっても、被告人・被害者の人種が、死刑判決を受けるかどうかを左右していた。また、1970年代までの南部では、謀殺罪で死刑宣告された者のうち約70%、強姦では約85%が非白人であり、かつ、処刑された者の約3分の2が黒人であった。今日まで蓄積された調査結果からいえば、死刑事件における人種差別的な運用は否定しがたく、最大の原因は、陪審ではなく、検察官の訴追裁量の行使のあり方であった。

Ⅲ　刑罰制度の理想と現実

アメリカの刑事司法を理解するには、その簡単な歴史を知る必要がある。ここでは、植民地時代（アメリカが独立するまでの約150年間）、独立後、アメリカの近代的な刑事司法創設期に当たる100年間、さらに1920年代以降、20世紀半ばまでの改革の時代という3期に分けて叙述する。この期間に形作られたのは、近代的な警察制度、刑務所制度、保護観察、仮釈放、少年裁判所などである。特に、19世紀後半から始まる新たな地域からの移民の増大と経済の発展によって産業化・都市化が起こって、それが社会不安を生みだしたことが大きな影響を与えた。本格的な刑事司法の改革は1950年代以降の連邦最高裁による規制以降なされるが、**第11章**で背景について一部説明されるので、ここではそれ以前の状況を説明する。

❶………植民地時代

植民地時代は、それぞれの植民地による差が大きい。だが、いずれの植民地も小さなコミュニティとして成立しており、家族、教会、地域などのインフォーマルな人間関係による規制が中心であった。とりわけマサチューセッツなどではピューリタンの役割が大きく、神への冒涜、親や年長者を含め社会秩序への反抗はまさに「犯罪」と同義であり、現代のように法と倫理の峻別という意識は希薄だった。社会のそのような性格から、典型的な制裁は罪を公衆の面前で認めることであった。つまり、社会的な制裁が重要な役割を果たした。また新たに開拓された社会では警察組織の整備も不充分であったため、地域住民が自らの手で直接対応せざるを得ず、民主的ながら時に荒削りな対応となった。

植民地時代の法執行の中心は保安官だが、犯罪捜査だけではなく、徴税から道路管理まで地域の行政一般を担っていた。もともと国王の権力の一部として始まった当時の裁判所も行政の一部として、治安維持を担った。無料の弁護人制度は言うまでもなく、警察も検察も現代のような組織はなく、実際の刑事裁判の運用は、インフォーマルな処理が大半であった。例えば、ニューヨークでは実際陪審審理（当時は陪審員には、人種、財産、信仰などの資格要件があった）へと進むのはほんの少数の事件であり、大多数は証拠不十分で公訴棄却（dismissal with prejudice：再び訴追されることのない棄却判断）か、被害者との和解による取下げで終わっていた。こう見ると現代のアメリカ刑事司法の特徴とも言える有罪答弁などの非公式的な処理は、植民地時代に始まっていた。

また植民地時代には、具体的な嫌疑などを明示しない一般令状（general warrant）を本国イングランド政府が濫用し、人権侵害を行ってきたことが影響して、アメリカ連邦憲法には、刑事司法に関する人権規定がわざわざ複数にわたって規定されている。第4・5・6・8・14修正などに不合理な捜索押収の禁止、自己負罪拒否特権、弁護人依頼権、残酷および異常な刑罰の禁止、適正手続の保障、迅速かつ公開の陪審審理を受ける権利、さらに人身保護令状手続など恣意的な権力に対する充実した保護規定が明記されている。しかし当時は多くの場合絵に描いた餅に過ぎなかった。それが時代を経て徐々に実現されるようになる。

❷………刑事司法の創設期

第2の時期には、アメリカの近代的な警察制度、刑務所制度、保護観察、仮釈放、少年裁判所などが形作られた。1820年代には、新たな地域からの移民が増大し、また経済が急激に発展して社会の都市化・産業化が進展した。その反面、社会秩序が悪化し市民の不安が高まった時代だった。その対応として生まれたのが、近代的な警察・検察組織の誕生である。歴史も異なり、権限も重複し、明確な区分けもない一種の競合する組織が併存していたが、実態を明らかにする経験的な調査の影響もあって、1920年代までには、刑事司法の全体を1つの**システム**（制度）として見る捉え方が生まれる。ただピラミッド型の組織とは異なり最高責任者も存在しないため純粋なシステムとは言い難いが、相互関係の密接性から見てくる重要な視点もあるという意味で「システム」という表現が頻繁に用いられるようになる。

⑴　**近代的な警察制度の創出**　アメリカにおける近代的な警察制度の創設は、1830年代である。例えば、Boston警察は1838年に8人の常勤体制をとった。住民が感じる不安の対象は地域特性によって大きく異なり、都市化による犯罪が念頭にある場所もあれば、奴隷による反乱対策が中心の地域もあった。警察の組織化には、常に運営コストの大きさと警察による権力濫用の問題がつきまとうが、都市化・産業化によってそれを上回るほどの社会不安があった。

そこでモデルとなったのが、1829年に設立された準軍隊式のロンドン市警察であった。画期的だった点は、制服姿の警察官がコミュニティの中を恒常的にパトロールすることによって、犯罪抑止を目指した部分である。巡回自体は従来からある手法だが、それを犯罪予防の中心手段としたことが新しかった。

前述のように、より民主的な社会のアメリカでは、警察の権力濫用をコントロールする態勢がとられた。しかし民主的なコントロールの名の下に実際に行われたのは、適正な警察運営のためという理想実現ではなく、より現実的な見返りであった。具体的には、賄賂を渡して、警察への就職のあっせんを求めたり、取締りに手心を加えてもらうことなどである。皮肉にも、選挙権もより限定的で非民主的な度合いの高いイングランドにおいて、ロンドン市警は行政機関の一部として、民衆からの直接的な影響を受けることがなかったことにより、専門性を発揮できる人材の確保と運営が可能となり、汚職も少なかった。

アメリカにおいては、警察官は政治的に任用されることも多かった。そのため、権力者が入れ替わると職を失うなど身分の安定性も低く、専門的な訓練も欠いていた。さらに現代のように無線や携帯電話のような上官による監視手段もなかったために、現場の警察官の行動をコントロールすることはほぼ不可能であった。現代の捜査で重要なツールである犯罪歴の管理システム、指紋などの鑑識技術と鑑識部門の設置は20世紀に入ってからであり、できることも限られていた。実際に行われていたのは、酔っぱらいや浮浪者の保護など日常的に起こるもめごとの処理に過ぎなかった。つまり警官の巡回による社会安全の確保は夢物語だった。このような専門性の欠如と汚職の蔓延、犯罪抑止の失敗が、現代まで続くアメリカの警察の抱える根本的な問題である。

COLUMN27

警察と暴力

現代においても大きな影を落とす警察による市民への過剰な暴力も、このような警察組織のあり方に源流がある。つまり、警察官は何ら専門的な訓練も資格もなく、採用後の教育・訓練の仕組みも貧弱であった。さらに政治的な任用であるため、政治家の手先と見られ、市民からの尊敬は得られなかった。そうすると、警察官は市民を従わせるためにはむき出しの暴力に頼らざるを得なくなるという悪循環に陥った。現代の問題にも繫がる負の遺産である。

(2) 公的検察官制度の誕生　現代において、刑事犯罪の起訴の中心には**検察官**がいるが、この期の初めの間は、イングランド以来の伝統から被害者が中心になって訴追を行う**私人訴追**の制度がとられた。検察官が公的な役職となった後も、南北戦争以前は、私人訴追が大半の地域もあった。19世紀を通じ、職業検察官は徐々に権限を広げていき、刑事司法の重要な役割を担う存在となる。county attorney、county prosecutor、state's attorney、district attorney など州や自治体によって呼び名が異なるだけではなく、選任方法も郡単位の選挙や裁判所による任命などに加え、任期や給与もまちまちだった。加えて、この時代の裁判所は警察同様、党派政治の一部として機能し、裁判官の任命も首長による政治的な任用、情実人事がなされた。そのようにして任用された裁判官や治安判事がさらに保安官やジェイル職員などの郡の職員を任命する形になっており、汚職も絶えなかった。裁判所の改革の動きは遅いが、19世紀後半から近代的な組織へと変化することになる。

❸………死刑・刑罰制度の人道化

合衆国は、日本と並んで先進国の中で数少ない**死刑存置国**である。さらに、時に年間100人近い処刑が行われたり、複数の犯罪を犯した場合、それを合計して何百年の拘禁刑が科されるなど、厳罰重視の国にも見えるが、歴史的にはそうとは言いきれない。英語圏ではじめて**死刑廃止**を実現した州もあるなど、植民地時代からの伝統で建国当初から死刑の利用には慎重であった。母国であるイングランドでは、重罪であれば死刑かつ財産没収というのが基本原則であったのに比べ、アメリカの植民地では死刑が科される対象犯罪は、非常に限定的だった。例えば、マサチューセッツ植民地では実際の処刑は稀だった。1780年からの10年間で48人の死刑囚に対して19人が恩赦ないし減刑となっていた。そのためもあって、死刑を多用したイングランドでは重要な死刑に対する緩和策として機能した聖職者の特権（benefit of clergy）は、公平性の問題も重なって、アメリカでは18世紀末には廃止された。

処刑方法についても、20世紀初めから、当時残酷とされた絞首刑から、電気処刑・ガス室・薬物処刑などへと転換するための努力が継続的に行われてきた。つまり、死刑の残酷性をなるべく低めるための死刑の「**人道**

化」が模索されてきた。また死刑や身体刑（むち打ち刑など）を科さなくとも、より洗練された刑務所制度を整備して、拘禁刑を工夫するなどの努力が行われてきた国でもある。死刑の人種差別的運用、ピザの窃盗で終身刑などからは、想像しにくい側面も持っている。

このような刑事制裁の人道化、死刑の利用の縮小は、大まかにいって①死刑犯罪の縮小および完全廃止、②死刑の代替刑の確立、③**犯罪の等級**（degree of crime）の創設、および、④**裁量的量刑制度**の導入、という4方向からまとめられた。

⑴ **死刑犯罪の縮小**　独立革命期には、多くの植民地において、次の犯罪だけが死刑犯罪（死刑を科すことのできる犯罪）とされた。謀殺（murder）、反逆罪（treason）、海賊行為（piracy）、放火（arson）、強姦（rape）、強盗（robbery）、押込み（burglary）、反自然的性交（sodomy）、奴隷による謀反（slave rebellion）などである。イングランドのように100を超える財産犯で死刑を科すことは一度もなかった。

⑵ **近代的な刑務所の出現**　この死刑犯罪の限定と密接に関係するのが、刑罰を目的とした拘禁施設（刑務所）の出現である。現代では当たり前のように見える、施設に収容して「犯罪者を懲らしめ更生させる」制度は、建設・運営費用が高いことなどから、社会がある程度豊かになり、同時に犯罪やそれに対する刑罰の目的についての意識が変化してはじめて可能となった。それに加え犯罪者が刑務所で反省をして更生することで充分だと社会が受け入れる土壌ができてはじめて刑務所は誕生する。刑務所の出現によって、死刑に代わる刑罰（拘禁刑）が確立され、死刑の必要性が徐々に減少した。これ以前にも拘禁施設であるジェイルは存在したが、主たる目的は裁判までの勾留場所であった。つまり、ジェイルへの拘禁自体は、制裁とは観念されていなかった。ニューヨークでは独立前の100年間に、制裁目的の拘禁は20件弱の事例しかなかったとの報告もある。

拘禁刑に加えて、強制労働が科されるのは、イングランドでは16世紀からであるが、マサチューセッツで矯正院（House of Correction）が設立されたのは1656年であった。この矯正院がモデルとなって近代的な刑務所制度が1820年代に始まった。ちなみにそれ以前のジェイルなどの収容環境は劣悪な場合が多く、子供、女性の区別もなく、衛生状況も悪かった。

近代的な刑務所の始まりは、1790年にペンシルバニア州で開設されたWalnut Street Jailとされる。そこでは、犯罪者を刑務所に送り、重労働、沈黙の強制、独居房制度などによって犯罪者の更生を目指した。刑務所での拘禁自体を制裁とした点が、画期的であった。これがニューヨーク州のNewgate刑務所など他州にも広がることになる。これらの近代的な刑務所には、キリスト教が大きな影響を与えていた。ちなみに、刑務所を指す言葉の1つであるpenitentiaryは、「悔悟する（penitent）」ための独居拘禁施設を意味する。

しかし、キリスト教や人道主義を背景とした刑務所創設の理想の実現は簡単ではなかった。野蛮な身体刑に代わる制裁として考案された刑務所でも、暴力は日常的であった。しかも一般市民の目から隔離されて、一旦暴力が始まるとそれが日常化かつ増幅される傾向にあった。

(3) 実体刑法の改革——等級化、裁量的死刑制度の導入　死刑制度の縮小を促進した第3の要因は、18世紀末からはじまる犯罪の等級（degree）の創設である。ペンシルバニア州においては、既に1682年の植民地の段階で、謀殺罪以外の犯罪については死刑を廃止していた。さらに1794年には同じ謀殺罪（murder）の中にも、死刑となる謀殺と、それ以外の謀殺の区分けをした謀殺罪の等級（degree）制の導入を行った。この後この等級制は全州で用いられるようになり、死刑利用の限定に大きな役割を果たす。つまり、第1級謀殺（first degree murder）以外の犯罪類型においては、死刑の廃止を意味した。

さらに裁量的量刑制度の創設がほぼ時期を同じくして起こる。はじめて導入したのは1838年のテネシー州法であるといわれる。裁量的死刑制度の下では、有罪評決後に、陪審などの量刑判断者が改めて死刑の妥当性を判断する。つまり、従来の有罪イコール死刑の自動的な制度から、有罪と量刑が切り離されることになる。それが1963年の時点では死刑制度を持つすべての法域が、陪審による裁量的量刑制度に移行していた。それに対し、非死刑事件においては、犯罪を病いと捉える「医療モデル」や社会復帰（リハビリテーション）理念が、**陪審量刑制**を廃止する方向へと機能する。更生を重視する制度においては、矯正の専門家が更生の度合いを判断して釈放の是非を判断する体制になるが、一般の市民が直感的に刑罰を決定する制度（陪審量刑制）は相容れないと捉えられた。1960年代頃までには、ほんの少数の例外的法域（5州〜6州）を除いて非死刑事件では陪審量刑制が廃止された。量刑のあり方の変化が、陪審量刑制と密接に関連し、死刑事件と非死刑事件で異なった影響を与えていた。死刑ではその後の更生はあり得ないが、拘禁刑では更生が重要な要素であり、その成否を判断する専門家の役割が重要であると認識されていた。

(4) 処刑方法の改革、一部の州での死刑全廃　死刑廃止については、1837年に死刑制度の実質的な廃止であるメイン州方式（死刑確定後1年間刑務所に送られ、その後執行は期限の定めのない知事の裁量とされ、長期にわたり執行がなされなかった）を成立させたことが、死刑廃止運動を大きく前進させる。1846年、ミシガン州では、すべての犯罪について死刑を廃止する法律が可決された。これは、英語圏の諸国におけるはじめての死刑廃止であった。全米レベルでの死刑全廃にはつながらなかったが、多くの州において、死刑全廃運動が展開された。そのような背景のもとに、当時一

COLUMN 28

公開処刑廃止と人道主義？

初期の死刑廃止の運動は、当時の一般的な処刑方法であった公開の処刑の問題から始まった。公開処刑は一種のお祭りで、興奮した聴衆がしばしば暴動を起こした。そのため公開処刑が廃止される。社会のエリートは暴動などによる社会の不安定要素をより大きく危惧し、同時に社会の発展により生まれた中間層の人々の価値観にも公開処刑が合わなくなっていたことが大きな要因であった。最後の公開処刑は1937年のミズーリ州であったが、既に19世紀半ばまでに20州が公開処刑を廃止していた。

般的な処刑方法であった絞首刑の残酷さが問題とされるようになり、ニューヨーク州で 1890 年には電気処刑が導入された。その後アメリカでは継続的に処刑方法の「人道化」の努力が続けられ、ガス処刑、薬物処刑の開発へとつながる。

❹………量刑制度の発展——不定期刑から定期刑化への変容

刑務所制度による「犯罪者の**更生**」という目的達成が、必ずしもうまく機能しない中、1870 年代から新たな改革が生まれる。その中心は**不定期刑**（indeterminate sentencing）である。そこでは、量刑段階では刑期について一定の範囲（上限などを設定するので相対的不定期刑と呼ばれる）を定め、刑務所収容後の囚人の反省の態度等によって、釈放時期を事後的に決める。不定期刑の下では、全体としては刑期が長期化する傾向があったが、他方、**恩赦**（pardon）、**善時法**（good-time law）、**仮釈放**（parole）などによって、相当数の囚人が早期に釈放された。

善時法は、1817 年のニューヨーク州法が最初のものだが、刑務所内での善い行いによってポイントが加算され、それが基準に達した段階で、仮釈放委員会に早期の釈放を申請する資格を与える。犯罪者の更生を早期釈放のインセンティブで後押ししようとした。不定期刑・善時法・仮釈放の組合せは現代では違和感はないが、本来司法の権限であるはずの量刑を、行政の一部である仮釈放委員会に委ねることになるために、発足時には三権分立の観点からの疑義があった。そして、20 世紀に入ってやっと合憲性が確認される。

20 世紀初めの段階で、17 州が成人犯罪者に対して不定期刑を用いるようになった。20 世紀の刑事司法の特徴となった不定期刑の承認、成人の重罪犯罪者への不定期刑の適用、量刑裁量の普及などは、20 世紀の初頭に確立した。不定期刑に対しては、犯罪者にあまりにも寛容で社会の安全を危機にさらすという批判がある。しかし、不定期刑の下では、実際には刑期が長期化する傾向がある。一見刑罰が甘く見えるのは、あくまでも最初に設定された刑期より短くなる見かけの寛容さである。

その後仮釈放の更生について、仮釈放された者の再犯率の高さなどが問題となり、その効果に疑問が出るようになる。19世紀半ばから始まった保護観察制度も同様で、理想とされた保護司による犯罪者の更生のための処遇は、担当人数が過剰になりきめ細かな処遇が不可能になった。一人当たりの理想的な担当人数は50名程度であるにもかかわらず、多くの州では3倍から5倍を超える負担となっていた。

近代的な刑務所、保護院、矯正院、女性刑務所などの創設は、犯罪の原因について、環境要因を重視し、悪い環境から犯罪者を引き離し更生を目指すものであった。しかし刑務所制度も、実態として収容環境は劣悪で、収容者に対する暴力も一般的であり、犯罪者の更生だけではなく、社会の秩序維持などの理念が実現できたかについては大いに疑問符がつくものであった。

その後1970年代以降の量刑制度については、アメリカの近代の歴史を特徴付けていたリハビリテーション（更生）の理念が急速に力を失い、大きく方向転換したことが注目される。不定期刑、仮釈放、善時制など更生を担う制度が、大きく後退する。そのきっかけになったのが、1978年のミネソタ州の量刑ガイドライン委員会による改革や1984年の連邦包括的犯罪規制法である。さらには、1987年に連邦の量刑ガイドライン（Federal Sentencing Guidelines）が採用されて、多くの州に広がった。それまで主要であった不定期刑から、裁判官の量刑裁量を取り上げる**定期刑化**が加速した。

量刑ガイドラインは、基本的にまず、犯罪の種類などから決まる犯罪の重大性と、被告人の犯罪歴などによる被告人の事情の掛け合わせで数値化され、事前に決められた量刑表（sentencing tables）を見ることでほぼ決定する。ガイドラインが想定していない場合には、量刑判断者の裁量は残っているが、それは、刑の下限と上限が広く設定されている不定期刑時代の裁量の幅とは、比べ物にならないほど狭い。量刑判断は、もはや矯正の専門家が行う専門的な性質ではなく、基準への当てはめだけで決まるものへとその性質が変化した。犯罪者と犯罪によって刑罰が決まるのであれば、どのような犯罪で起訴するかが決定的な重要性を持つことになり、実質的に量刑裁量が検察官に移ることになる。ちなみに量刑に関する認定については、公判で求められる**合理的な疑いの余地のない立証**という厳格な基準ではなく、民事裁判で用いられる**証拠の優越**（preponderance of evidence）の基準が用いられる。

Ⅳ 刑事司法運営の専門職化の確立

第３期は、1920 年代以降に始まる改革の時代である。この時代は近代的な様々な制度が創設された後、その専門職化が進展し確立する時代である。いわば現代的な刑事司法の原型が形作られた時代である。そしてこの時期には近代的な刑事司法を特徴付ける制度、保護観察（probation）、仮釈放（parole）、少年裁判所（juvenile court）、前述の不定期刑と仮釈放の組合せを中心とする量刑改革（indeterminate sentence with parole）などが全州で確立し、さらに新たな警察組織である州警察や連邦捜査局（FBI）も 1920 年代に創設される。

この時期に象徴的な制度が少年裁判所の確立であった。1920 年から 30 年の時代は、適切な制度化を行えば犯罪者や非行少年の更生が可能だと信じられていた。非行少年を犯罪者ではなく、悪い環境によって道を踏み外した不幸な若者と捉え、適切な収容場所で保護することで更生することを目指していた。そのため、有罪無罪を決める上で、英米の伝統である当事者対抗的な制度（アドヴァーサリー・システム）が排除された。この更生を担う政府の後見的な機能にも好意的な時期でもあった。この機能をパレンス・パトリエ（parens patriae）というが、簡単に言えば政府を親と同様とみなし、その保護権限を認めることである。

このような人道主義の政府の権限の拡大には、強権的な側面もあることには注意が必要である。改革は常に中立性・非党派性を掲げるが、少年裁判所においては、移民の貧困層の少年に焦点が当てられたことに明確に表れているように、そこには移民への不信感や社会の偏見が背後に潜んでいた。裁量は刑事司法の運営には必然であるが、この期の政府権限の拡大に伴い、その裁量も大幅に拡大した。しかし、例えば、裕福でしっかりした家庭の子供は寛大な処置を受けるのに、貧困にあえぎ両親が昼夜問わず働かなくてはならない移民の子供は長期にわたって厳格な措置を受けることなど、裁量行使が人種や貧富によって大きく異なる結果を生んでいることが明らかになり、1960年代以降の批判と改革へとつながった（➔行政国家化については**第9章**を、併せてそれ以降の背景については**第11章**）。

V　答弁取引によって、陪審審理は「衰退」したか

前章で説明したように、現在のアメリカの刑事司法においては、おおむね9割以上の被告人が有罪答弁（guilty plea, plea of guilty）を行う。つまり自らの有罪を認め、公判を開催せず刑を受けている。さらに公判を経る事件の約半数は、陪審ではなく裁判官によるものである。そのため現在では陪審による事件処理は例外的なものとなっている。もちろん、被告人が陪審審理開催を譲らなければ、陪審によって裁いてもらうことはできるが、陪審審理を選択して有罪となった場合には、陪審を選択したことによって、検察の求刑が交渉過程よりも加重される（trial penalty などと呼ばれる）ことも多い。そこで陪審審理を選択する魅力はもはや大部分失われた、さらに実質的には廃棄同然であるという見方もあるほどである。

しかし同時に陪審を用いない処理においても、陪審審理に到達すればどのような結果となるかを推測しつつその前の対応がなされる点を忘れてはならない。このことを「陪審の影響下（in the shadow of jury）」での事件処理という。またそもそも第6修正が制定された当時には、重大事件においては裁判官による事実審理は存在しなかった（Patton v. United States）。有罪答弁も法的には可能であったが、1970年代までは裁判所は事後的に有罪答弁の妥当性が争われた数少ない事件では大変慎重な態度であった。

しかし、実際には20世紀初めには、既に9割近くの事件が有罪答弁によって処理され、その後争われることはなくそのまま確定していた。

このような現象に対しては、陪審審理は、詳細な陪審員選任手続、複雑な証拠法など、過度ともいうべき手続保障がとられていて非常に効率が悪く、コストの高いものとなったために、陪審審理を選択すれば検察および裁判官からより重く罰せられる可能性が高く、通常の被告人にとって実際上利用できないものになっているという批判がある。

しかし答弁「取引」による陪審の衰退説は、必ずしも実態の正確な描写とは思えない。陪審員の構成が時代を経るごとに民主的になるにつれて、陪審の役割が極小化されたという皮肉な歴史像は魅力的だが、「答弁の取引」（"plea bargaining"）による陪審の実質的廃棄という評価には有力な反論がある。そもそも、事実審理および有罪答弁で行われる実質を考慮せずに、有罪答弁率という単なる数字から結論付けるのは安易である。さらに日常的な刑事事件の処理では、「過度の手続保障」といわれるほど被告人の手続保障が手厚いわけではない。裕福ではないのに、無料の公設弁護人の収入基準を満たさないために、弁護人に依頼できない被告人も少なくない。

そもそも現在よりも圧倒的に事件数の少なかった時代から「答弁の取引」は行われていた。例えば19世紀末のカリフォルニア州のオークランド（アラメダ郡）の調査では、重罪での逮捕者の51％しか訴追されておらず、43％は検察官ないし裁判官によって手続続行を決定されており、それはほぼ1世紀後の1980年代の状況とほぼ同じになっていた。1880年代には陪審審理の割合も低くなっており、訴追された者の41％は有罪答弁を行っていた。要するに、「答弁の取引」の原因として一般的に主張される事件数の処理圧力がより低かった時代にも、既に、公式の陪審審理によらず、非公式の交渉による処理が始まっていた。有罪答弁による処理には長い歴史があるのである。実は被告人が有罪を認めても何も得られない、"bargain" が全くない事例も数多いが、それでも被告人は有罪答弁を行っている。有罪無罪や刑罰を「取引」するという刺激的な用語ではなく、アメリカの一部の論者は自らの主張を尽くした上で処理を目指す plea negotiation（答弁による解決を目指す交渉）などの中立的な用語を用いる。むしろ、一方で、公的な検察制度の創設と警察の捜査能力の向上によって、他方で、弁護人の存在によって、事件を合理的に処理することが可能となった状況が生まれたことで、一般市民からなる陪審よりも、警察検察と弁護人という専門家による処理が拡大してきたという見方のほうが重要である。昔は、いくつもの事件を１つの陪審が連続して担当し、一日の終わりに一括して評決していた。その審理の実態は、現代の有罪答弁と大きな違いがないという評価も可能で、存在しない陪審の理想像で現状を批判している可能性も高い。

第14章 アメリカ法の調べ方

本章では、アメリカ法をさらに勉強するためのいくつかの基本的な情報を記す。多くの読者にとっては日本語での勉強が中心になると思うが、アメリカ法において最も重要な連邦最高裁判所の判決と法令の調べ方についてだけ、英語での情報を最初に記す。その後、日本語で書かれたアメリカ法、英米法についての基本的な文献に加え、アメリカ法と社会との関係をよく表す映画、小説、ノンフィクション文芸書などを紹介する。さらに専門的な研究をしたい人向けに、日本語および英語でのリサーチの発展編を置く。以下のインターネットのリンクは、すべて2020年1月末段階のものである。

I 合衆国最高裁判所判決と口頭弁論の調べ方

ここでは簡単に連邦最高裁の判決の調べ方を紹介する。まず連邦最高裁の公式ホームページに行くことをお勧めする（https://www.supremecourt.gov/）。

アメリカでは社会における裁判所の役割の大きさに比例し、裁判所のアクセスが格段に容易である。実際に現地を平日に訪問すると最高裁内部を見学できる。さらに運がよければ口頭弁論を聞くことができ（口頭弁論の予定表もWEB上でわかりやすく掲示されている）、また簡単な案内ツアーにも参加できることも紹介されている。ワシントン D. C. を訪れる機会があれば、ぜひ見学に行ってもらいたい。

COLUMN 29

口頭弁論を聴いてみよう

最高裁のホームページでは、過去の判決が掲載され、口頭弁論の音声も聞くことができる（https://www.supremecourt.gov/oral_arguments/argument_audio/2019）。

Oyez（後述の Cornell 大学の LII プロジェクトの一環で、最高裁の口頭弁論の音声を聞くことができる。発音は、OH-yay、オゥイェ（もしくはオゥイェス）で、裁判所の開廷時に廷吏が 3 回繰り返して静粛を求めることに由来）。事件名をクリックすると、口頭弁論の様子を、トランスクリプト（弁論・質疑の書き起し）を追いながら聞くことができる。裁判官が質問する際は、裁判官の写真が画面の上に出るので、どの裁判官が発言しているかがわかりやすい。公式のホームページでも口頭弁論の音声を聞けるが、外国人にとっては上記のトランスクリプトを自動的に追ってくれるサービスなどがあり、Oyez のほうが使いやすい（https://www.oyez.org/）。

口頭弁論は書面で既に提出した上訴理由に関する主張を口頭でわかりやすくかつ説得的に議論する場であり、各当事者の代理人の持ち時間は 30 分である。その 30 分の間にも、すぐに裁判官の質問が様々な角度から飛んできて、それに対して冷静かつ的確に答えることが求められる。時に代理人に質問しているというよりは、裁判官同士での説得や判決の草稿づくりの場面の議論を見越した議論が行われる。判決がどのような文脈で出されたのかをよく理解する上では、事件が最高裁に届くまでの原審までの経緯に加え、口頭弁論は非常に重要な情報を与えてくれる。またロー・スクールでは弁護士に必要なこととして、教員陣がしばしば「1 に準備、2 に準備、3、4 がなくて、5 に準備」と強調することの意味がよくわかる。

最高裁は、毎年 10 月から翌年 6 月末まで開廷する。例年、7,000～8,000 件の上告の申立てがなされるが、大多数は実質審査なく却下される。口頭弁論が開催され、詳細な理由を伴った判決が出されるのは年80件程度である。1975年には上告申立件数は4,000件に満たなかった。連邦裁判所の役割拡大や連邦政府の方針変更などによって事件数は増大してきた。それらの判決には、法廷意見（opinion of the court），補足意見（concurring opinions）、反対意見（dissenting opinions）などが顕名で述べられる場合も多い。

判決は正式なものは公式判例集（United States Reports）に収録される。連邦最高裁の公式ホームページでも公刊されるが、トムソン・ウエスト社（Thomson West）やレクシス・ネクシス社（LexisNexis）などの民間出版社の非公式判例集のほうが、補足的なサービスもあり、かつ、迅速に出版される。アメリカのロー・スクール図書館なども非公式判例集をそろえる場合が多い。2018年段階で570巻（各巻が分厚い2〜3分冊）まで刊行されている（最初に速報版が出された後、合本としてまとめられる）。加えて1990年代後半からはインターネット上での公開もなされており、公式ホームページ、上記の有力出版社による有料のオンライン・データベース（WestlawNext, Lexis Advanceなど）に加え、大学連合などによる無料のデータベースも充実している。

判決の記載の体裁：Furman v. Georgia, 408 U.S. 238 (1972).

上訴人、被上訴人、判例集巻数、判例集名の略称、頁数（判決年）

判例は、上のような体裁で記載されるが、このような記載は、コンピュータが発展しておらず、膨大な判例集などの中から、効率的に文献を探すために発展してきたサイテーション（出典：citation）のルールに基づく。アメリカのロー・スクールに行くと1年生で、法律家になるための基礎的な訓練として、法律的な文章の書き方に加え、判例・法令・法律文献の調べ方、出典の書き方などについての授業を受けなければならない。出典の記載方法については、いくつかの方法に分かれるが、サイテーション・ガイドブックが出版されているほどである。最も有名なものが、青の表紙であるThe Bluebook: A Uniform System of Citation（Claitors Pub Div, 20th edition, 2015）（https://www.legalbluebook.com）である。現在はインターネット検索が便利になっているので、事件名などが分かれば、比較的簡単に判決文が読める場合も多いが、専門的に勉強する場合には、間違いや検索漏れがないように判例集などの構造や性格を充分に理解しておくことが重要である。

なお連邦最高裁の判例の多くは、非常に論理的な文章になっており、論述の方法も、要約、事実の概要と訴訟経過、法的な争点と適用条文、結論と理由付けという順になっており、わかりやすい。ただやはり英語で書かれているので一般的にはハードルが高いが、一旦慣れてしまうと思ったより読みやすい。

ちなみに州の判例は、連邦と同様に、各州の公式の判例集とともに、民間出版社の非公式判例集に掲載される。最も一般的なトムソンウエスト社のNational Reporter System（アメリカ合衆国判例体系）について述べておく。各州を7つのブロックと2州に分け、上訴審判決の多くを収録する。いくつかの州を束ねるAtlantic Reporter, North Eastern Reporter, North Western Reporter, Pacific Reporter, South Eastern Reporter, Southern Reporter, South Western Reporterのほか、California ReporterとNew York Supplementがある。

判決の記載の体裁：Furman v. State, 167 S.E.2d 628 (Ga. 1969).

上訴人、被上訴人、判例集巻数、判例集名の略称、頁数、裁判所略称（判決年）

また英語の法律文献を読む際に役立つのが辞典である。この分野で最も定評があり、信頼がおけるのが、1991年刊行とやや古いが、田中英夫編集代表**『英米法辞典』**（東京大学出版会）である。学習者向けの『BASIC英米法辞典』（東京大学出版会・1993）は、合衆国憲法の日本語訳や裁判組織図などの付録が充実している。その他、法制史研究者による**『英米法律語辞典』**（小山貞夫編著、研究社・2011）もある。

以下は、日本の大学でも利用可能な有料のデータベースである（最初のものは法学紀要などの検索に便利であり、後二者は判例・制定法などの文献検索に便利である）。

・Hein Online (https://www.heinonline.org)
・Lexis Advance (https://www.lexisnexis.jp/global-solutions/lexis-advance)
・WestlawNext (https://www.westlawjapan.com/products/westlaw-next/)

なお東京大学・立教大学で教鞭をとられた末延三次氏が設立した末延財団では、英米法・比較法研究の下支えのために、上記の有料データベースなどの提供事業を行っている(http://www.suenobu-zaidan.or.jp/online/index.php)。

無料のデータベースとしては以下のものがある。

・Cornell 大学ロー・スクール Legal Information Institute (LII) (https://www.law.cornell.edu/supremecourt/text/home)
・FindLaw (トムソンウェスト社と同じ系列の Thomson Reuters 社) (https://lp.findlaw.com)

最高裁判決を中心に紹介する邦語文献で、一番簡易なのは『アメリカ法判例百選』(ジュリスト別冊、有斐閣・2012)である。また日米法学会の雑誌「アメリカ法」(年2回刊行)では最新の判例が1〜2年遅れで紹介されている。

Ⅱ 法令の調べ方

制定法について調べたいと思う場合もあるかもしれないので、制定法集の基本などについても少しだけ説明しておく。アメリカでは議員立法が中心で活発に立法活動がなされることもあり、膨大な数の制定法が存在する。しかも効力の点では制定法が判例法に優る。ただし、多くの場合は分野網羅的なものではなく、具体的な課題への対応といったパッチワーク的な性格である。

アメリカにおいて制定法を調べる際に、厄介なのは、日本のように六法全書やポケット六法のような形でコンパクトに基本的な制定法がまとめられた書籍が入手しにくい点である。これはアメリカにおいては、基本的には、日本が近代化の過程で明治初期に行った網羅的な制定法の体系化（法典編纂という）がないことを表している。

連邦法を例にとると、基本的には２種類の法令集（法令全書型と六法全書型）がある。第一の法令全書型は、開催議会ごとに成立した制定法をまとめるもので、United States Statute at Large と呼ばれる（session ごとという意味で session laws［会期別法律集］という）。連邦の議会である合衆国議会は 1789 年に第１議会が開催され、２年ごとの選挙を経て次の議会になる。最新の議会は第 116 議会（2019–2020）である。

例えば、下の図は合衆国議会のホームページから最近成立した予算関連

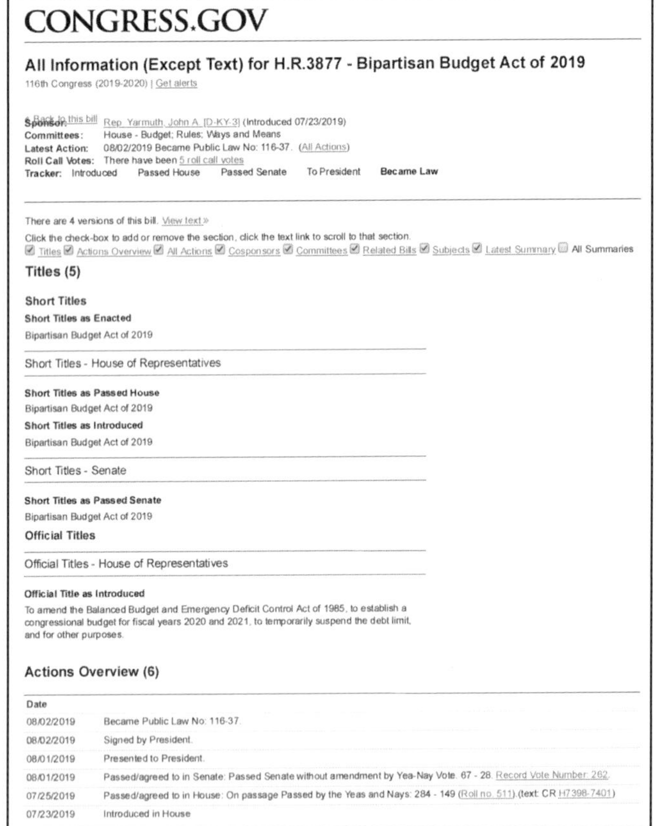
CONGRESS.GOV

All Information (Except Text) for H.R.3877 - Bipartisan Budget Act of 2019

116th Congress (2019-2020) | Get alerts

« Back to this bill

Sponsor: Rep. Yarmuth, John A. [D-KY-3] (Introduced 07/23/2019)
Committees: House - Budget; Rules; Ways and Means
Latest Action: 08/02/2019 Became Public Law No: 116-37. (All Actions)
Roll Call Votes: There have been 5 roll call votes
Tracker: Introduced Passed House Passed Senate To President Became Law

There are 4 versions of this bill. View text »

Click the check-box to add or remove the section, click the text link to scroll to that section.
☑ Titles ☑ Actions Overview ☑ All Actions ☑ Cosponsors ☑ Committees ☑ Related Bills ☑ Subjects ☑ Latest Summary ☐ All Summaries

Titles (5)

Short Titles

Short Titles as Enacted

Bipartisan Budget Act of 2019

Short Titles - House of Representatives

Short Titles as Passed House

Bipartisan Budget Act of 2019

Short Titles as Introduced

Bipartisan Budget Act of 2019

Short Titles - Senate

Short Titles as Passed Senate

Bipartisan Budget Act of 2019

Official Titles

Official Titles - House of Representatives

Official Title as Introduced

To amend the Balanced Budget and Emergency Deficit Control Act of 1985, to establish a congressional budget for fiscal years 2020 and 2021, to temporarily suspend the debt limit, and for other purposes.

Actions Overview (6)

Date	
08/02/2019	Became Public Law No: 116-37.
08/02/2019	Signed by President.
08/01/2019	Presented to President.
08/01/2019	Passed/agreed to in Senate: Passed Senate without amendment by Yea-Nay Vote. 67 - 28. Record Vote Number: 262.
07/25/2019	Passed/agreed to in House: On passage Passed by the Yeas and Nays: 284 - 149 (Roll no. 511).(text: CR H7398-7401)
07/23/2019	Introduced in House

法の流れを表したものである。それを見ると略称として“Bipartisan Budget Act of 2019”とされていて、Rep. Yarmuth, John A. [D-KY-3] という民主党のケンタッキー州選出の下院議員が中心になって7月23日に提出した法律が、両院で可決され、さらに大統領の署名を受け8月2日に成立したと書かれている。そして第116議会で成立したものとして、“Public Law No: 116-37”という番号が付けられている。ちなみに正式名称 は、“an act to amend the Balanced Budget and Emergency Deficit Control Act of 1985, to establish a congressional budget for fiscal years 2020 and 2021, to temporarily suspend the debt limit, and for other purposes”という長いものである。United States Statutes at Large（https://www.govinfo. gov/app/collection/statute/2012/billnumberlist）で見ることができる。2019年8月段階で、2012年の第112議会で成立したものを見ることができる。以下のように"126 Stat. XX"のような形で掲載の巻数とページが記されている。

126 Stat. 1313-Continuing Appropriations Resolution, 2013. Public Law 112—175（H. J. Res. 117）. Friday, September 28, 2012.

第二の六法全書型は、現行法を内容面から53に分類し、改正部分などを本体に組み込む形でまとめたものである。連邦法は、United States Code（https://www.govinfo.gov/app/collection/uscode/2017/）が公式法令集である。公式のものは1926年にはじめて刊行され、その後6年ごとに刊行されている。しかし条文のみしか記されていないので、それに注釈などを付したものが民間出版社から刊行されている。United States Code Annotated（USCA）（annotatedは注釈をつけるという意味）とUnited States Code Service（USCS）とがあり、以下のような体裁で記載されている。

18 U. S. C. A. § 1111. Murder 編番号、制定法集名（註釈付合衆国法律集）、条文番号、条文名

最後に現代社会では、行政命令も重要なので、連邦では、上記の法令全

書型は、“Federal Register”（Fed. Reg.）（https://www.federalregister.gov/）（編年体連邦行政命令集）、六法全書型は、“Code of Federal Regulations”（CFR）（https://gov.ecfr.io/cgi-bin/ECFR）（主題別連邦行政命令集）として、刊行されている。

Ⅲ　文献検索の仕方

アメリカ法の文献が日本語で公刊されている場合も多いので、大学の図書館などで利用できる日本語文献のインターネット・サーチについていくつか代表的なものを記す。多くの大学図書館などでは、調べ方の講習会なども開催されている。ただ講習会で学んだことは、すぐに忘れてしまう場合も多いので、具体的な調べ方よりも、どんなことを調べることができるとか、何に便利であるとか、それぞれのデータベースや特性を大づかみにできれば充分である。

まずCiNii（サイニーと発音）である。CiNiiは国立情報学研究所が運営するサービスで、日本の論文や書籍、さらに、博士論文などを無料で検察できる。

- CiNiiarticles：論文検索
- CiNiibooks：全国の大学図書館の書籍検索
- CiNiidissertations：博士論文の検索

あまり多くの資料を印刷し過ぎると、それだけで疲れてしまったり満足してしまったりするので、まずは自分の関心のあるテーマについて1つか2つ印刷して読むのがよい。通常、重要な先行研究や判例などは引用されているので、そこからいもづる式に次の文献を調べることができる。

その他、最近大学の紀要（大学が出版する論文集）は、各大学が**機関リポジトリ**と呼ばれるデータベースを整備している場合が増えている。以下の2つが便利である。

- J-STAGE（https://www.jstage.jst.go.jp/browse/-char/ja/）

・JAIRO（http://jairo.nii.ac.jp/）

最近ではインターネット上の検索機能も充実しており、単にキーワードをGoogleなどの検索機能を用いても同じような結果が得られる場合も多いので、そこから始めるのでも悪くはない。ただインターネット上の情報は玉石混交で、中には信頼のおけないものもあるので、誰が書いたものかなど、信頼できる情報かどうかを見極めることが重要である。ウィキペディアなども便利だが、レポートや発表の根拠資料にはなり得ない場合が多いことに注意する必要がある。

Ⅳ　アメリカ法に関する啓蒙書、小説、映画

外国法の１つであるアメリカ法についてさらに学ぶためには、何よりもアメリカ法の面白さを感じることが最善である。そのためには、一般向けの啓蒙書や、小説、さらに映画などでも、アメリカ法の神髄に触れることができる。

古い本だが、図書館などに入っていればぜひ読んでほしいのが、田中英夫『アメリカの社会と法―印象記的スケッチ』（UP選書・1972）である。英米法の大家が自身の経験も踏まえ、アメリカ法と社会のかかわりの特徴を論じている。弁護士でかつベスト・セラー作家であるスコット・トゥローの一連の作品も、読み物としての楽しみだけではなく、法的な特徴を学ぶことができる。『極刑　死刑をめぐる―法律家の思索』（岩波書店・2005）、『無罪（上）・（下）』（文春文庫・2015）などがお勧めである。日本人がアメリカのロー・スクールに入って弁護士資格を得る経験談を記した阿川尚之『アメリカン・ロイヤーの誕生―ジョージタウン・ロー・スクール留学記』（中公新書・1986）を読むと、アメリカの法曹教育やアメリカ法の特色が読み取れる。また日本でも2009年から始まった裁判員制度の１つのモデルともなった陪審制度については、丸田隆『陪審裁判を考える―法廷にみる日米文化比較』（中公新書・1990）と、コリン・P. A.ジョーンズ『ア

メリカ人弁護士が見た裁判員制度』(平凡社新書・2008)がある。

アメリカではエンターテイメントにおいても法や裁判が大きく扱われてきた。日本でもリメイクされた『グッド・ワイフ』(原題:The Good Wife)はアメリカで放映された人気ドラマで、一旦主婦となって引退した女性が弁護士に復帰し活躍する様を描いたものである。

人種や人権に関するものでは、『ミシシッピー・バーニング』や『アラバマ物語』(原題:To Kill a Mockingbird)が有名である。前者は、1960年代にミシシッピ州で起きた公民権運動家の殺害に関する連邦政府やFBIの活躍について描く。後者は、アカデミー賞受賞作であるが、黒人差別について、フェアネスを信じる弁護士の孤高の闘いを描いている。陪審裁判については、何といっても『十二人の怒れる男』が有名であり、有罪になれば死刑になる事件で、11対1の不利な状況から逆転し無罪評決へと導く。現実には起こりにくいが、陪審制の理想をよく表す。

アメリカの法学教育については、1960~70年代のハーバード・ロー・スクールでの初年度の大変さについて『ペーパー・チェイス』が有名である。アメリカの法学教育の理念型であるソクラティック・メソッドに焦点を当てる。学生が、教授の繰り返しの厳しい質問に回答していくことを通じて、法律家の思考方法を身につける姿が描かれている。現代版のものとしてややコミカルに描くのが、『キューティ・ブロンド』(続編もある)である。

アメリカ法の重要な特徴とされているのが、法の実現における私人の役割の大きさである。それを如実に表しているのが、『エリン・ブロコビッチ』と『シビル・アクション』である。両者とも実話の映画化である。前者は、シングル・マザーがひょんなことから弁護士の秘書として働くことをきっかけに、大企業による環境汚染とその健康被害について暴き出し、結果的に莫大な賠償額を得る。その後夜間のロー・スクールを出て弁護士となった女性の名前が映画のタイトルとなっている。そこには、被害が出ているにもかかわらず、加害企業を信じ続ける住民の姿、裁判官や弁護士に大きな不信感を持ちながら、庶民的な主人公によって住民が態度を変えていく姿、地道な努力と才覚によって社会に埋もれた事件を見出し、そこから大きな報酬を得るアメリカの弁護士の理想像がよく表れている。後者では、原告側弁護士が、敗訴し、結果的に破産してしまう。大きな成功の可能性とともに、リスクも背負った弁護士の仕事が一種のベンチャー企業的なものであることを描く。

関連して英語版しかないが、以前NHK-BSで放映された『Hot Coffee』というドキュメンタリーがある。これはマクドナルド・コーヒー火傷事件の内実に焦点を当てたものである。1990年代以降のいわゆる不法行為「改革」の流れの中で、被害者自身の不注意でも企業に莫大な賠償が降りかかるという言説にもかかわらず、実はいかに被害者が泣き寝入りを強いられてきたか、また事件報道が歪められてきたかなどについて批判的に描く。

先進国の中で死刑を存置する数少ない国が日本とアメリカであるが、死刑の現実を死刑囚の視点から描いた作品が、『ラストダンス』と、『デッドマン・ウォーキング』である。ラストダンスは、死刑執行を直前に控えた女性死刑囚と、何とか処刑をくい止めることを目指して努力する弁護士との葛藤に焦点が当てられている。後者は、実在のカトリックのシスター、ヘレン・プレイジョーンと死刑囚との交流を描く。なお法廷ものなどの映画については、野田進＝松井茂記編『新・シネマで法学』（有斐閣ブックス・2014）、尾崎哲夫『アメリカ法廷映画ガイド』（自由国民社・2006）などの書籍もある。

V　アメリカ法入門・英米法のテキスト、文献リスト

❶………アメリカ法入門書

以下は日本語での基本的な文献についていくつか紹介する。

①樋口範雄『はじめてのアメリカ法』（補訂版、有斐閣・2013）

契約法、不法行為法、司法制度、憲法に関係する具体的な事件を用

いながら、アメリカ法の特徴と面白さをわかりやすく話し言葉で伝えている。

②伊藤正己＝木下毅『アメリカ法入門』（第5版、日本評論社・2012）

アメリカ研究の意義から始まって、法系論、アメリカ法の歴史・法文化、法源の多元性、判例法主義、陪審制度、連邦制などについて説明するオーソドックスな教科書である。

③丸山英二『入門アメリカ法』（第4版、弘文堂・2020）

アメリカの法制度の特徴に加え、契約法と民事訴訟について説明するところに特徴がある。

④丸田隆『現代アメリカ法入門――アメリカ法の考え方』（日本評論社・2016）

訴訟を通じていかに法を実現するかの視点を重視したテキストで、法の担い手、陪審、クラス・アクションや懲罰賠償などについての説明に重点を置いている。

❷………アメリカ法基本書・シリーズ

①アメリカ法ベーシックス（弘文堂）

アメリカ法の正確な理解を行うための基本的なテキストとして、歴史、契約法、労働法、民事手続法、憲法などについて刊行されている。個別分野の全体像について学びたい場合には、最適の文献であろう。

②松井茂記『アメリカ憲法入門』（第8版、有斐閣・2018）

アメリカの憲法についての入門書である。刊行以来頻繁に最新動向に合わせて版を重ねており、アメリカ憲法を学ぶ場合に初めに手に取るべき文献である。

❸………アメリカ法研究書・文献目録など

専門的な研究書や論文は膨大なので、すべてを挙げることはできないが、重要なものについてリスト化している文献を挙げて代えることにする。

①寺尾美子「第14章　法」五十嵐武士＝油井大三郎編『アメリカ研究入門』(第3版、東京大学出版会・2003) 196〜198頁には、それぞれの文献についての簡潔な紹介を含めリスト化されている。

②樋口範雄「第8章　法」阿部斉＝五十嵐武士編『アメリカ研究案内』(東京大学出版会・1998) 157〜158頁。

加えて、**1**①の『はじめてのアメリカ法』283〜284頁、**1**②の『アメリカ法入門』275〜280頁にも基本文献が記載されている。

この他、大学図書館などには入っている以下のデータベースや雑誌・書籍でも網羅的にアメリカ法関連の文献を調べることができる。

・D1-Law「法律判例文献情報」(https://www.daiichihoki.co.jp/d1-law/hanreibunken.html)

・日本評論社の「法律時報」12月号に掲載の年度ごとの「学界回顧」には外国法ないし英米法の各年度の文献がリストアップされてきた (2017年度まで)。

・田中英夫＝堀部政男編『英米法(邦語)文献目録』(東京大学出版会・1966)、田中英夫＝堀部政男編『英米法研究文献目録』(東京大学出版会・1977)、日米法学会編『英米法研究文献目録 1976-1995年』(東京大学出版会・1998) などはやや古いが、最も網羅的な文献リスト集である。

・北村一郎編『アクセスガイド外国法』(東京大学出版会・2004)

参考文献

アメリカ法全般

伊藤正己＝木下毅『アメリカ法入門』（第5版、日本評論社・2012）

E・アラン・ファーンズワース＝スティーヴ・シェパード編（笠井修＝髙山佳奈子訳）『アメリカ法への招待』（勁草書房・2014）

田中英夫『英米法総論 上・下』（東京大学出版会・1980）

樋口範雄『はじめてのアメリカ法』（補訂版、有斐閣・2013）

裁判制度等

浅香吉幹『現代アメリカの司法』（東京大学出版会・1999）

浅香吉幹『アメリカ民事手続法』（第3版、弘文堂・2016）

コリン・P.A. ジョーンズ『手ごわい頭脳―アメリカン弁護士の思考法』（新潮新書・2008）

コリン・P.A. ジョーンズ『アメリカ人弁護士が見た裁判員制度』（平凡社新書・2008）

髙橋脩一「『実体』法の実現における『手続』の役割―アメリカ連邦裁判所の民事手続制定過程を巡る議論から（1）～（8・完）」法学協会雑誌132巻3号～10号（2015）

ダニエル・H・フット著（溜箭将之訳）『裁判と社会―司法の「常識」再考』（NTT出版・2006）

ダニエル・H・フット著（溜箭将之訳）『名もない顔もない司法―日本の裁判は変わるのか』（NTT出版・2007）

ダニエル・H・フット「外からみた日本の法曹人口・法曹養成―司法へのアクセスは本当に向上するか」法律時報80巻4号（2008）

溜箭将之『英米民事訴訟法』（東京大学出版会・2016）

樋口範雄『アメリカ渉外裁判法』（弘文堂・2015）

契約法

樋口範雄『アメリカ契約法』（第2版、弘文堂・2008）

平野晋『体系アメリカ契約法―英文契約の理論と法務』（中央大学出版部・2009）

山本孝夫『英文契約書の書き方』（第 3 版、日本経済新聞出版社・2019）
樑博行『アメリカ民事法入門』（第 2 版、勁草書房・2019）

財産法

板持研吾「現代アメリカにおける不動産賃貸借法制―財産法と契約法の協働」国家学会雑誌 126 巻 5 = 6 号（2013）
板持研吾「アメリカ不動産取引法概説」神戸法学雑誌 67 巻 3 号（2017）
デイヴィッド・キャリーズ（山岡公一 = 板持研吾訳）「土地開発に係る公法上・私法上の条件付け」アメリカ法 2018-2 号（2019）

信託法

タマール・フランケル（溜箭将之監訳）『フィデューシャリー―「託される人」の法理論』（弘文堂・2014）
樋口範雄『フィデュシャリー［信認］の時代―信託と契約』（有斐閣・1999）
樋口範雄『アメリカ信託法ノートⅠ』（弘文堂・2000）
樋口範雄『アメリカ信託法ノートⅡ』（弘文堂・2003）
樋口範雄 = 神作裕之編『現代の信託法―アメリカと日本』（弘文堂・2018）

会社法

カーティス・J・ミルハウプト編『米国会社法』（有斐閣・2009）
黒沼悦郎『アメリカ証券取引法』（第 2 版、弘文堂・2004）
樋口範雄『アメリカ代理法』（第 2 版、弘文堂・2017）
萬澤陽子『アメリカのインサイダー取引と法』（弘文堂・2011）

憲法

阿川尚之『憲法で読むアメリカ史(全)』（筑摩書房・2013）
大沢秀介『アメリカの司法と政治』（成文堂・2016）
樋口範雄『アメリカ憲法』（弘文堂・2011）
松井茂記『アメリカ憲法入門』（第 8 版、有斐閣・2018）

刑事法

A. トクヴィル（松本礼二訳）『アメリカのデモクラシー』（岩波文庫・2005［第 1 巻（上）・（下）］、2008［第 2 巻（上）・（下）］）

E. H. サザランド＝D. R. クレッシー（平野龍一監訳、高沢幸子訳）『アメリカの刑事司法―犯罪学Ⅱ』（有信堂高文社・1984）
ゲルハルト・O.W. ミュラー（斉藤豊治＝村井敏邦訳）『アメリカ刑法学史―犯罪、法および学者たち』（成文堂・1991）
サミュエル・ウォーカー（藤本哲也監訳）『民衆司法―アメリカ刑事司法の歴史』（中央大学出版部・1999）
島伸一『アメリカの刑事司法―ワシントン州キング郡を基点として』（弘文堂・2002）
藤本哲也編『現代アメリカ犯罪学事典』（勁草書房・1991）
森本哲也『概説　アメリカ連邦刑事手続―日本企業に対する刑事訴追への法的対応』（信山社・2005）
ヨシュア・ドレスラー（星周一郎訳）『アメリカ刑法』（レクシスネクシス・ジャパン・2008）
ローク・M・リード＝井上正仁＝山室恵『アメリカの刑事手続』（有斐閣・1987）

事項索引（和文・欧文）

し

め

ゆ

れ

判例索引

日本の裁判例

岩田　太　神奈川大学法学部教授
会沢　恒　北海道大学大学院法学研究科教授
髙橋脩一　専修大学法学部准教授
板持研吾　神戸大学大学院法学研究科准教授

基礎から学べるアメリカ法

2020（令和２）年４月15日　初版１刷発行
2023（令和５）年４月30日　初版３刷発行

著　者　岩田太・会沢恒・髙橋脩一・板持研吾
発行者　鯉　渕　友　南
発行所　株式会社　弘　文　堂　101-0062　東京都千代田区神田駿河台1の7
TEL 03(3294)4801　振 替 00120-6-53909
https://www.koubundou.co.jp
装　丁　笠 井 亞 子
印　刷　三 美 印 刷
製　本　井上製本所

ISBN978-4-335-35810-4